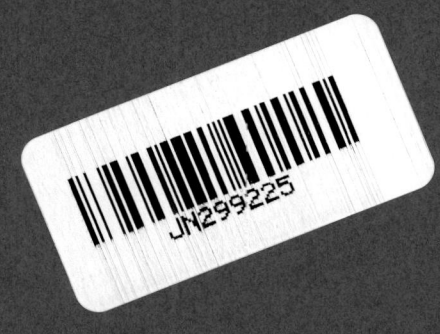

現代社会政策の
フロンティア
5

個人加盟ユニオンと労働NPO

排除された労働者の権利擁護

遠藤公嗣 編著

ミネルヴァ書房

社会政策にかかわる研究の飛躍的な発展のために
——現代社会政策のフロンティアの発刊に際して——

現代は、社会政策システムの転換期にある。

第二次世界大戦後における日本の社会政策システムには、その主要な前提の一つとして、男性労働者とその家族の生活が企業にふかく依存する、という関係があった。この依存関係は、いわゆる高度経済成長期と、それにつづく安定成長期のどちらにおいても、きわめて強固であった。その依存は、労働者の企業への献身と表裏であり、日本の経済的パフォーマンスの高さの主要な源泉ともみなされていた。

しかし、バブル経済が崩壊し、1990年代に経済が停滞するなかで、この依存関係は大きく揺らぐこととなった。そして、この揺らぎとともに、社会のさまざまな問題が顕在化するようになった。それまでの社会政策システムが行き詰まったこと、これが明白になったのである。

とはいえ、現在までのところ、これに代わる新しい社会政策システムが形成されたわけではない。それどころか、どのような社会政策システムが望ましいのかについて、社会的な合意が形成されたとはいえず、むしろ、諸見解の間に鋭い対立がみられる。そして、これに類似する社会状況は、現代日本のみならず、他の国にも存在する。総じていえば、20世紀後半に先進諸国の社会政策が機能する前提であった諸条件が失われたのであり、まさに現代は社会政策システムの転換期である。

このような社会状況のもとで、ひろい意味の社会政策システムにかかわる研究を飛躍的に発展させる必要性を、私たちはつよく感じている。研究を発展させ、それによって豊富な知的資源を蓄積し、新しい社会政策システムをより望ましいものとするために役立てたいと考えている。

社会政策システムにかかわる研究とは何かについて、私たちはひろい意味に理解している。政府による社会保障制度や税制、教育、福祉、医療、住宅などの社会サービス施策、雇用と労働にかかわる諸施策等々の研究は、もとよりこれに含まれる。また、これら分野の少なからずは、政府による諸施策のみでは十分な成果を期待できず、NPO／NGO、労働組合／協同組合、社会的企業などの機能も等しく重要である。したがって、それらに関連する事項の研究も含まれよう。そして、諸政策が取り上げるべき問題やその担い手に関する研究も不可欠であり、大いに期待される。

これらについての新しい研究成果は蓄積されつつあり、より広範な読者を得る機会を待っている。私たちは、さまざまな研究成果に目を配り、より広範な読者との出会いを促したいと考える。

2010年12月

現代社会政策のフロンティア
監修者　岩田正美　遠藤公嗣　大沢真理　武川正吾　野村正實

個人加盟ユニオンと労働NPO

——排除された労働者の権利擁護——

目　次

序　章
新しい労働者組織の意義

遠藤　公嗣

1　本書の課題

いわゆる日本的雇用慣行のなかで働き，その恵まれた処遇を享受している労働者は，概していえば，正規労働者であり，そのなかでも男性労働者であった。そして，彼らの利益を代表したのが企業内組合であった。というよりも，企業内組合もまた日本的雇用慣行の重要な構成要素であったというべきであろう。

非正規労働者と女性労働者は，こうした日本的雇用慣行を存立させるための必要条件でありながら[(1)]，日本的雇用慣行から排除されてきた。また，彼または彼女らの利益は企業内組合によって代表されてこなかった。しかし，非正規労働者と女性労働者の多数が男性稼ぎ主型家族から供給されるかぎりは，彼または彼女らの雇用上の諸権利が十分に擁護されず，その利益が企業内組合によって十分に代表されなくても，それは大きな社会問題にならなかった。日本社会はいわば丸く収まっていたのである。男性稼ぎ主型家族と日本的雇用慣行がセットとなった社会システムを，遠藤は「1960年代型日本システム」と呼んでいる［遠藤，2011］。

ところが，1990年代初までのバブル経済が崩壊し，その後，景気停滞が長期間にわたると，日本的雇用慣行も，男性稼ぎ主型家族も，すなわち1960年代型日本システムも，崩壊の途をたどることとなった。これらの崩壊によって全労働者の処遇は悪化したが，特に，非正規労働者と女性労働者の処遇が悪化した[(2)]。そして，こうした処遇の悪化に対して，既存の企業内組合が有効に対応できないことも次第にあきらかになった[3]。他方，こうした処遇の悪化に対して，対処の必要に迫られて活動するところの，企業内組合ではない労働者組織が社会的注目を集めるようになった。そうした労働者組織が，現在の個人加盟ユニオンと労働NPOであった。

本書の課題は，現代日本の個人加盟ユニオンと労働NPOのいくつかの側面をとりあげて解明し，それら労働者組織の現代的意義の解明に資することである。また，韓国と中国の類似した労働者組織も研究対象にとりあげて，国際比較の視点からも現代日本のそれらを研究すべきことを提起したい。

さて，労働組合の活動が法認された社会では，労働者が雇用上の諸権利を擁護する手段は，概していえば２つであろう。第一の手段は，労働者が労働組合に加入して組合員となり，労働組合の活動によって，自らの権利を擁護することである。第二の手段は，労働者が，市民社会の一員として，既存の法律や司法手続きを利用して，自らの権利を擁護することである。その典型的手段は，裁判を起こすことである。そして，これまでの歴史からみれば，労働者にとって有利度が高いのは，第一の手段であると考えられてきた。第一の手段によれば，労働者の法的権利を使用者に遵守させることはもちろん，労働組合と使用者との労使交渉によって，それ以上の労働条件を，また，そもそも法律で決めることに適さない労働条件を高いレベルで，獲得できる可能性があるからである。他方，第二の手段によると，法的に承認された労働者の権利を使用者に遵守させることまでが，労働者が獲得できる上限である。

ところが現代では，世界のいくつかの国において，第一の手段が十分に機能しない状況が生まれることがある。日本では，労働組合の主流が大企業の企業内組合となったため[4]，大企業の企業内組合が十分に機能しない状況と読み替えたうえで，日本はそうした国々の一例に含めることができよう。その結果，企業内組合の活動によって権利を擁護できない日本の労働者は，第一の手段としては，企業内組合ではない労働組合を組織し発達させることとなった。その現在の典型が個人加盟ユニオンである。また，そうした日本の労働者は，第二の手段にも頼ることとなった。そして，労働者が原告となる裁判において，原告を支援する労働者組織も結成されることになった。この原告支援の労働者組織が現在の労働NPOの一つの類型となる。現在の日本の個人加盟ユニオンも労働NPOも，このような意味で新しい労働者組織である。

さて現代日本の個人加盟ユニオンと労働NPOは，バブル経済崩壊の後にはじめて生成した労働者組織ではない。それ以前から生成と発展の歴史があったというべきである。それらの生成発展史とは，端的にいえば，日本的雇用慣行ないし企業内組合から排除された労働者が，自らの雇用上の諸権利をいかに擁護し，自らの処遇をいかに改善するかについて，創意し工夫した結果としての労働者組織の自主的な生成発展史であった。そして，そうした労働者組織の生成と発展は，当然にも，日本的雇用慣行ないし企業内組合の生成と発展に，その裏面から歩調を合わせていた。そうした労働者組織の生成と発展は，第二次世界大戦後における日本の労働史の，もう一つの面であった。

2　新しい労働者組織の発展史(1)——個人加盟ユニオン

戦後日本における新しい労働者組織の生成発展史を簡単にふりかえろう。まず，現在の個人加盟ユニオンにいたる発展史について，ふりかえる。

1950年代後半になると，大企業の企業内組合が中小零細企業における労働者の組織化に熱心でないこと，しかし，その組織化が日本労働運動の重要な課題であること，これらは心ある労働運動指導者に自覚されるようになった。この自覚のもとに考案され組織されたのが，合同労組とよばれる労働組合の組織形態であった［沼田，1963］。合同労組の大きな特徴の一つは，その規約にあらわれていて，その規約によれば，労働者がどのような企業や使用者のもとで働いていようと，労働者が個人の意志のみで合同労組に加入できた。この規約によって，合同労組は企業横断的に組織できたが，これでもって，中小零細企業における企業内組合の結成の困難さを克服しようとしたのである。合同労組の規約は，企業内組合の規約と明確に異なった。企業内組合の規約は，その組合員となるための資格を，その企業に雇用される従業員のみに限定したからである。また合同労組は，企業内組合との違いを示すため，その組合名称に「一般組合」をつけることが多かった。合同労組ないし一般組合は1960年代に発展した。(5)

しかし，1960年代における合同労組の実際は，中小零細企業の企業内組合の連合団体である場合が多く，文字どおりの個人加盟である組合員は少数であった。また組合員は，正規労働者が全部または大多数であって，今日でいう非正規労働者(6)は少数であった。これらの点を考慮して，本書では，合同労組を個人加盟ユニオンに含めず(7)，個人加盟ユニオンの前身形態と理解する。

個人加盟ユニオンは，その生成と発展の過程で，およそ３つの類型をもつことになったと考えられる。すなわち「地域組織援助型」「一般組合転化型」「特定労働者志向型」の３つの類型である(8)。

① 第１類型「地域組織援助型」

1984年に，東京都江戸川区において江戸川ユニオンが結成された［小畑，2003］。当時の江戸川区には，地域にある中小零細企業の企業内組合の協議体として地区労が組織されていた。この地区労は，パート労働者の労働相談を受ける活動を重視したため，パート労働者の労働条件の悪さを認識していた。そこで地区労は，その改善のための労働組合として，パート労働者が勤務企業にかかわらず個人の意思によって組合員となることのできる江戸川ユニオンを結成したのである。江戸川ユニオンは非正規労働者を組織化対象として明白に意識したことに注目したい。また，英語発音の日本語表記であるユニオンを労働組合の名称に用いたのは，江戸川ユニオンが日本で最初であったと思われる。その理由は，パート労働者が個人の意思で加入できるという組織の特徴を強調するためであった。

江戸川ユニオンは非正規労働者の組織化に関心ある労働運動指導者の注目をあつめ，「ユニオン」の語を用いた類似の労働組合が全国に設立された。1988年に，それらの活動紹介と「ユニオン」設立を薦める著書『コミュニティ・ユニオン宣言』が出版された。1989年に第１回コミュニティ・ユニオン全国交流集会が開催され，1990年にCUNN（Cummunitiy Union National Network）が結成された。CUNNは現在に至る。江戸川ユニオンからCUNNへの経緯の影響を受けたユニオンは，自らの一般名称として「コミュニティ・ユニオン」の語を使用することが多い。

コミュニティ・ユニオンの多くは，江戸川ユニオンがそうであったように，労働組合の地域組織からさまざまな援助をえて結成され活動している。援助とは，例えば，資金援助や役員派遣などである。ユニークな援助のしくみとして，準組合員やサポーターと呼ばれる人々の組織化がある。これら人々は，地域組織に属する主に公務関係他組合の組合員ないし元組合員でもあることが多く，会費や人手によって，コミュニティ・ユニオンを援助する。これらを「地域組織援助型」の個人加盟ユニオンに類型化しよう。コミュニティ・ユニオンの多くはこの類型である。

2000年代になると，全労連と連合が，それぞれ「地域組織援助型」個人加盟ユニオン結成の支援を本格化させ，多数の個人加盟ユニオンが結成された。それらの一般名称として，全労連も連合も「コミュニティ・ユニオン」の語を避けた。すなわち全労連は「ローカル・ユニオン」の語を使用し，連合は「地域ユニオン」の語を使用した。

「地域組織援助型」が，個人加盟ユニオンのなかでもっとも多い類型と思われる。

②　第２類型「一般組合転化型」

さて，非正規労働者が社会全般でしだいに増加するとともに，合同労組ないし一般組合の一部組合では，一方では，個人加盟した組合員，そのなかでも非正規労働者の組合員が増加し，他方では，組合を構成する企業内組合の比率がしだいに減少していった。この現象は1980年代から1990年代のことと考えられる。この状況の下で，個人加盟組合員の組織化を意識的に重点化した一般組合は，個人加盟ユニオンに転化したと考えるべきである。また，このように転化した一般組合は，コミュニティ・ユニオンの影響を受けて，その名称ないし通称に「ユニオン」をしばしば使用するようになった。この類型が「一般組合転化型」個人加盟ユニオンである。

もっとも上記の説明では，一般組合と個人加盟ユニオンの区別は明確でないかもしれない。実のところ，区別できない一般組合があるかもしれない。しかし，転化しない一般組合の役員にとっては，両者の区別はかなり明白である。というのは，彼らの規範意識では，労働相談を経由した個人加盟による組合員の組織化は，労働組合として追求すべき方向でないからである。彼らの規範意識では，労働組合は職場につくるべきものである。ところが，個人加盟の組合員とくに非正規の組合員は雇用の流動度が高く，労働組合を職場につくることが困難であるから，組織化で重視できない労働者なのである。しかし彼らの規範意識は，事実上は，雇用の定着度が高い正規労働者を中心とした企業内組合の組織化を重視する意味となろう。労働組合は職場につくるべきものである，との規範意識を相対化させることは，個人加盟ユニオンが生成し発展する過程における１つの分岐点である。

③　第３類型「特定労働者志向型」

1993年12月に，管理職を主な組織対象とした東京管理職ユニオンが結成された。東京管理職ユニオンの大きな特徴は，特定の労働者層を組織対象として明示したことであり，東京管理職ユニオンはそうした個人加盟ユニオンの最初である。というのは，地域組織援助型も一般組合転化型も，ユニオンは特定地域のあらゆる労働者を組織対象に想定していたからである。東京管理職ユニオンの結成に刺激されて，1995年３月には女性ユニオン東京が結成され，2000年12月には首都圏青年ユニオンが結成された[(9)]。これらの結成に刺激されて，管理職，女性，青年の名をつけた個人加盟ユニオンが全国各地でつづいて結成された。そして，女性と青年の名をつけたユニオンのほぼすべては，非正規労働者を重要な組織化対象とした。さらに３ユニオンと同種のユニオンとして，例えば東京の派遣ユニオンをあげることができよう。この類型が「特定労働者志向型」個人加盟ユニオンである。

付言すると，外国人労働者のみを組織化対象と明示しないけれども，事実上，多数の外国人労働者が組合員となっているユニオンが存在する。例えば，神奈川シティユニオン，ユニオンみえ（三重県），ゼネラルユニオン（大阪府），武庫川ユニオン（兵庫県）などである。これらは「特定労働者志向型」に含めてよいかもしれない。

現在，全国でおよそ300程度の個人加盟ユニオンが存在し，3－5万人の組合員がいて，そのうちの1－2万人が非正規労働者であると遠藤は推測する。推測の理由は以下のとおりである。

CUNNは，75ユニオン1万5000人を組織する（2009年10月現在　CUNN［2009, 1］）。これとまったく重複しないで，全労連のローカル・ユニオンは，135ユニオン1万355人を組織する（2009年5月末現在　全労連内部資料）。さらに，遠藤が参加した研究プロジェクトの調査によれば，CUNNも全労連も組織していない個人加盟ユニオンが，約100ユニオン存在する(10)。この約100ユニオンの相当数は，連合が組織した地域ユニオンと全労協系のユニオンと思われる。そして，個人加盟ユニオン組合員の3分の1程度が非正規労働者であるとは，しばしばユニオン役員から聞く数値である（例えばCUNN［2009, 1］）。

3　新しい労働者組織の発展史(2)——原告支援の労働者組織

つぎに，労働者が雇用上の権利を擁護する第二の手段の選択と，原告支援の労働者組織の発展史について，ふりかえる。これらの先行研究は乏しいため，また，これらを労働研究の中に理論的に位置づける試みも少ないため(11)，発展史の不完全なふりかえりにとどまらざるをえない。なお，原告支援の労働者組織は労働NPOの一つの類型であるが，多種多様な労働NPOの全体の発展史をふりかえることは，現在の遠藤の能力をはるかに超える。しかし，それは今日の重要な研究課題であると遠藤は考えるので，その手がかりとして，原告支援の労働者組織の発展史をふりかえりたい。

①　第1段階「レッドパージ解雇反対裁判闘争」

第二次世界大戦後の初期に，労働者が，自らの権利擁護のためにもかかわらず，第一の手段に頼ることを拒否され，やむなく第二の手段に頼った著名な裁判事件の一団が存在する。1950年のレッドパージによって解雇された労働者が，その復職を求めた裁判である。レッドパージとは，日本を占領したアメリカ軍の指示を根拠として，日本国憲法の思想自由規定を超越して，労働者が共産党員またはその支持者であることを理由に，その労働者を使用者が解雇したことである［三宅，1994］。解雇された労働者が組合員であっても，当該の労働組合が労働者の復職を要求することはあまりなかった。そのため，解雇された労働者は，裁判に訴えて復職を求めるという第二の手段のほかに，とるべき手段はなかった。そして，裁判で原告となった労働者を支援した労働組合もあまりなかった。そのため，原告を支援する目的で，多種多様な労働者組織が結成された。もっとも，これら組織は弱体であって，影響力は小さかった。しかし，本書が注目する意味での新しい労働者組織の先駆であったと遠藤は考える。なおレッドパージ解雇についての裁判の多くは，原告の敗訴によって1960年代までには終了した。

② 第２段階「組合員差別反対裁判闘争」

レッドパージ後であっても，労働組合が労使対立的方針をとることは少なくなかった。しかし，1950年代後半から1960年代にかけて，労働組合の多数は労使協調的方針に変化した。変化のあり方は二とおりであって，労使対立的方針に反対する組合員が労働組合を脱退して労使協調的方針をとる別の労働組合（「第二組合」と呼ばれた）を結成し，それが多数派組合となる場合と，労使対立的方針に反対する組合員が増加した結果，労働組合方針そのものが変化する場合があった。労使協調的方針への変化は，日本的雇用慣行，ないしは日本的雇用慣行を構成する要素としての企業内組合，が成立したことの１つの指標といってよいであろう。

こうした状況のもとで，1960年代から1980年代にかけて，労使対立的方針に賛成する左翼の組合員が，個人であれ集団であれ，配置転換や転勤や昇進・昇格や賃金などについて，使用者により差別処遇を受けていること，そして，差別処遇の真の理由は彼らの労使対立的方針への賛成ないし左翼思想であること，これらを主張して処遇是正を要求する裁判が増加した。彼らは，労使協調的方針をとる企業内組合の反主流派組合員であるか，または，労使協調的方針をとる多数企業内組合と対立する少数労働組合の組合員であった。労使協調的方針をとる企業内組合が，反主流派ないし少数労働組合の組合員である原告を支援したことはなかった。そのため，企業内組合とは別に，多種多様な労働者組織が原告を支援するために結成された。[12]

こうした裁判は多く，裁判闘争のやり方や，原告を支援する労働者組織についての経験は労働運動のなかに蓄積された。その結果，労働者が第二の手段によって自らの権利を擁護するならば，原告となった労働者を支援する労働者組織を結成することは，労働運動のなかでの普通のノウハウとなった。もっとも，こうした裁判は1990年代になると減少した。

③　第３段階の１「過労死・過労自殺裁判闘争」

1980年代後半から現在にいたるまで，新しい２つの形態の裁判が増加している。この第３段階は，現在も継続している。

一つは，過労死・過労自殺した労働者の遺族が，労働者災害補償保険に規定する業務上の疾病であることの認定を国に求め，安全配慮義務違反であることの損害賠償を使用者に要求して，国と使用者を訴える裁判である［熊沢，2010］。過労死・過労自殺は労働者災害補償保険の規定する疾病に想定されてなかったうえ，業務との因果関係の証明に容易でないこともあり，国が認定しないことが少なくなかった。これに不満な遺族は，認定と損害賠償を要求して，裁判を起こした。しかし裁判となって，過労死・過労自殺した労働者が企業内組合の組合員であっても，その企業内組合が，原告となった遺族を支援しないことは珍しくない。その場合，原告となった遺族を支援するために，さまざまな労働者組織が結成されることがある。その結成と活動のノウハウは，先行したところの，処遇是正を要求する裁判における原告支援の労働者組織のノウハウを継承している。

④　第３段階の２「女性労働者差別裁判闘争」

いま一つは，雇用上の性差別を受けたことの認定と，その是正を要求して，女性労働者が使用者を訴える裁判である。1985年男女雇用機会均等法は不完全な法律であったけれども，その制定は女性労働者の権利意識を高めた。そのため，性差別されたことを確信した女性労働者は，使用者に是正を要求した。そして，その要求が受け入れられなかった女性労働者の幾人かは，是正を求める裁判を起こした。ところで，彼女らが労使協調的方針をとる企業内組合の組合員であることもあった。しかし，そうした企業内組合のいくつかは，彼女らによる使用者への是正要求について，彼女らを支援しなかった。また，裁判でも支援しなかった。その場合，原告となった彼女らを支援するために，さまざまな労働者組織が結成された。そのもっとも有名な労働者組織の1つがワーキング・ウィメンズ・ネットワーク（WWN）であった［ワーキング・ウィメンズ・ネットワーク，2005］。その結成と活動のノウハウもまた，先行したところの，処遇是正を要求する裁判における原告支援の労働者組織のノウハウの影響を考えられるであろう。

労働者が第二の手段をとると，原告支援の労働者組織を結成すること，これはノウハウとして現在の労働運動に深く定着している。そして，原告支援の労働者組織ばかりでなく，多種多様な労働NPOが現在は活動している。

4　新しい労働者組織の国際比較——アメリカ合衆国の例

既存の労働組合が労働者の権利を十分に擁護できず，その社会的影響力を低下させる事態は，日本にかぎらず，他の国でも見られる事態である。また，そのために，労働者の権利を擁護する新しい労働者組織が生成し発展することも，他の国で見られる事態である。これらの事態には，ある程度の国際共通性がある。もちろん，既存の労働組合が社会的影響力を低下させる状況についても新しい労働者組織のあり方についても，国によって違いがあることも当然である。ここでは，労働組合が後退している国の例としてアメリカ合衆国をとりあげ，労働組合が後退するなかで，労働者の権利を擁護する新しい労働者組織が生成し発展している状況をみておこう。アメリカ合衆国をとりあげる理由は，日本労働政策・研修機構（JILPT）の企画により，2011年1月と8月に合計4週間余にわたって，こうした労働者組織をふくむ新しい労働組織とネットワークについて，遠藤は面接インタビュー調査を実施する機会を得ることができたからである。[13]

（1）要因としての法制度

アメリカ合衆国において新しい労働者組織が生成し発展する要因は，経済的にも社会的にもいくつか指摘できるだろう。例えば，国際生産分業や国際市場競争の変化が遠因となって各国の産業構造が変化すること，アメリカ合衆国においては，英語を話さない移住労働者が増加し，低賃金で違法な労働が増加すること，また，雇用形態の変化によって自営的な労働者が増加すること，これらである。これら要因のなかには，日本における要因と共通性のある要因もあろう。しかし，その考察をここでは行わない。ここで注記しておきたいことは，アメリカ合衆国における要因のなかで，日本にほぼ存在しない重要な要因について，である。それは，法制度の３つの特徴である。

第一の特徴。アメリカの全国労働関係法（NLRA）は労働組合法にあたるが，同法が保護の対象とする被用者（employee）の定義は狭い。同法は，被用者の定義から除外される者を明記する（同法第２条（３））。すなわち，例えば(ア)農業労働者，(イ)家事使用人（any individual employed... in the domestic service of any family or person at his home），(ウ)親または配偶者により使用される者，(エ)独立請負人（any individual having the status of an independent contractor），(オ)監督者，などがある。これら被用者から除外された者は，自主的な権利擁護組織を結成しても，全国労働関係法の保護を受けない。

第二の特徴。労働者権利の擁護手段について，全国労働関係法が保護対象とする手段は限定されている。同法の基本的な性格として，労働組合による団体交渉と，それに付随する争議行為という手段をつうじる労働条件・生活条件の改善のみを，同法は保護する。さらに加えて，使用者を団体交渉に応じさせるには，労働組合は，交渉単位における選挙で被用者の多数決によって排他的交渉代表とならなければならないなど，同法の多くの手続きをクリアーしなければならない。このため，団体交渉でない方法で労働条件・生活条件の改善をめざす労働者組織とか，全国労働関係法が求める多くの手続きをクリアーできない労働者組織は，同法の保護を受けない。

第三の特徴。1964年公民権法第７編以降に発達した多様な差別禁止諸法は，現在のアメリカ社会において労働者権利を擁護するもっとも強力な法であることである[(14)]。その強力さは，いわば全国労働関係法にまさる。労働者が非組合員の場合は，1938年公正労働基準法とそれから派生した諸法や，その他の市民権を擁護する諸法も，これに近い機能をもつといってよいであろう。そして，いうまでもないが，これら諸法が規定した権利の履行を使用者に要求し実現する組織は，労働組合である必要がない。

法制度の前２つの特徴によって，アメリカ合衆国における労働者のある部分は「排除」されるけれども，３つ目の特徴によって，ある程度の「包摂」がされる，という状況になっている。

（2）新しい労働者組織

アメリカ合衆国における新しい労働者組織のいくつかは，上記した法制度の前２つの特徴で排除された労働者ないし労働者組織である。そして，３つ目の特徴を十分に活用する労働者組織である。遠藤が面接インタビュー調査した組織から例をあげて，これを考察しよう。

ところで，アメリカ社会における一般的な認識によれば，労働組合とは，全国労働関係法の保護を受ける労働者組織，ないしは団体交渉に従事する労働者組織のことである[(15)]。この認識は，全国労働関係法の規定につよく影響されていると思われる。したがって，つぎに例示する労働者組織は，労働組合とは一般的にはみなされない。

① ワーカーセンター（Worker Centers）

ワーカーセンターは普通名詞であって，低賃金の移住労働者の生活支援と権利擁護を目的とした，コミュニティを基盤とする組織のことである。1990年代に入ってから結成されはじめたといってよく，現在，全アメリカで約200が存在する。ワーカーセンターは，地域コミュニティを基盤とする地域ワーカーセンターと職業コミュニティを基盤とする職業ワーカーセンターに，便宜的に区分することができる。全国労働関係法が求める多くの手続きをワーカーセンターがクリアーし同法の保護を受けることは困難であるし，また多くのワーカーセンターは手続きをクリアーすることを追求もしない。したがってワーカーセンターは，全国労働関係法に保護された団体交渉は行わない。ワーカーセンターの活動は，(1)英語教育のメンバーへの提供（メンバーには移住労働者が多いためである），(2)移民法，労働法，差別禁止法，労働災害補償といった労働者の権利擁護に関する教育のメンバーへの提供，(3)メンバーにたいする使用者の各種法令違反を指摘して，その遵守を使用者に要求するキャンペーン，(4)賃金不払いや不当解雇などの法的救済をメンバーが求める場合に，法律扶助のメンバーへの提供，(5)法律上でなく事実上の団体交渉の実行[16]，などである。

② Domestic Workers United（DWU）とNew York Taxi Workers Alliance（NYTWA）

2つの労働者組織とも，固有名称であって，職業ワーカーセンターに分類できる。DWUは2000年創立で，ニューヨーク市の家事使用人を約4000人組織する。NYTWAは1998年創立で，ニューヨーク市のタクシー運転手を約1万5000人組織する。家事使用人は全国労働関係法による被用者の定義から明文をもって除外され，またアメリカ合衆国の法律では，タクシー運転手は独立請負人とみなされるので，やはり全国労働関係法による被用者の定義から除外される。したがって，DWUもNYTWAも全国労働関係法によって保護されない。したがって，上記したワーカーセンターに共通する活動を行う。

ただし，2つの労働者組織とも，いわば団体交渉を志向する。DWUはニューヨーク州法の立法によって団体交渉権を獲得するキャンペーンを重視している。NYTWAは，2回のストライキを実行した経験があり，2回目のストライキではニューヨーク市の担当部局にNYTWAの要求をかなり容認させた。またNYTWAが中心の全アメリカ組織であるNational TWAは，2011年10月20日にAFL-CIOの57番目の正式加盟団体となった。

③ Freelancers Union

固有名称である。フリーランサーすなわち独立請負人ないし自営的労働者を組織し，ニューヨーク州で８万人以上，全アメリカで16万人以上の会員がいる。なお，アメリカ合衆国におけるフリーランサーは，日本のそれより広い意味であり，独立請負人ないし自営的労働者の全般を意味する。1995年に前身組織が創設された。Freelancers Unionは，健康保険や年金保険など各種保険を提供し，また制度政策要求を重視する。法律上の団体交渉は追求しない。全国労働関係法の規定によって，独立請負人はその保護の対象でないからである。

もっとも，Freelancers Unionの活動が保険と制度政策要求の分野であることは，労働組合運動を解明した古典的著作であるWebb, S. & B. ［1897］を意識してのことである可能性が高い。というのは，オフィスの入り口付近の書棚にWebb, S. & B. ［1897］の復刻版が置かれていたからである。Webb, S. & B. ［1897］は，労働組合が採用する３つの方法を定式化する。その定式によれば，方法の第１「相互保険」と第３「法律制定」をFreelancers Unionは追求しているのである。そして，方法の第２「団体交渉」をFreelancers Unionは棚上げしているのである。

④　Make the Road New York（MRNY）

固有名称である。ニューヨーク市に所在する。会員8200人の組織であるけれども，スタッフが110-120名いて，そのうち約70名がフルタイムという，大規模組織である。フルタイム・スタッフの中には，７-８名の常勤弁護士がいて，労働者にたいする法律扶助活動を重視している。すなわち，多様な差別禁止諸法や公正労働基準法や多様な市民権法を活用して，労働者に有利な決着を追求するのである。その結果，例えば2008年に，1510件の法律事件を決着させ，それは4923人に影響する事件であって，890万ドル（１ドル77円で換算すると，６億8000万円）以上を低賃金の移住労働者のために獲得した。こうした法律扶助活動にたいして，労働者側にたつ多数のロースクール学生が支援を与えている。その支援は，正規授業の一環である。

なお，つぎの事情も付加しておきたい。

上記の労働者組織や労働組合の周辺に，法律を活用して労働者の権利を擁護することを直接の目的にしてはいないけれども，労働者を支援する多種多様な労働NPOが存在し活動することである。その１つの好例はIndustrial Areas Foundation（IAF）である。IAFは，コミュニティ組織のネットワークであるが，ネットワークに加盟する各組織は，コミュニティにおける住宅や地域活性化などの問題をとりあげ，とくにコミュニティ活動家の養成を重視する。IAFの全国スタッフJonathan Langeによれば，上記の労働者組織や労働組合が職場における労働者の問題を対象にするのに対して，IAFは地域における労働者の問題を対象にする，だからIndustrial Areaなのである，とのことである[(17)]。いいえて妙と遠藤は思った。IAFの創設者はサウル・アリンスキー（Saul Alinsky）である[(18)]。また一般的にいって，IAFとIAF加盟組織の最大の支援団体は，多様な宗教・信仰団体といってよいと思われる。

（3）日本との比較

アメリカ合衆国における上記の状況を，日本と簡単に比較しておこう。

まず日本の労働組合法は，アメリカ合衆国の全国労働関係法と比較して，労働者と労働組合にたいして非常に寛容である。寛容さの第一は，その適用を除外する労働者の種類が少ないことであり（第２条（i）（ii）と第３条），例えば家事使用人と独立請負人は除外されないことである。寛容さの第二は，労働組合の定義について，団体交渉の当事者となる労働者組織のみに限定していないことである（例えば，第２条（iii））。

このため，例えば，全国建設労働組合総連合（全建総連）は労働組合として認証されている。全建総連は，大工の一人親方を組織する労働組合の連合団体であって，全国で60万人余の組合員がいる。活動の中心は保険であって，団体交渉ではない。大工の一人親方は，独立請負人ないし自営的労働者とみなしてよい。したがって，もし仮に，日本の労働組合法によって判断されるならば，ワーカーセンター（DWUとNYTWAを含む）およびFreelancers Unionは，その全部が労働組合と認証される可能性が高いであろう[(19)]。

日本の労働組合法の寛容さの第三は，労働組合が使用者との団体交渉の当事者となるための条件が非常に緩やかなこと，すなわち，ある企業の労働者１人が労働組合に加入すると，労働組合はその１人の組合員を代理して使用者にたいして団体交渉を申し込むことができ（第６条)、この団体交渉に，使用者は応じる義務があることである（第７条（ii))。全国労働関係法の特徴である交渉単位制度はない。

この結果として，個人加盟ユニオンは，１人の組合員を代理して使用者と団体交渉ができ（実質的には，組合員代理交渉ができ)，この交渉によって，組合員に有利な解決を得ることができる。もし仮に，寛容さの第三がなければ，個人加盟ユニオンの多くはこの交渉ができないであろうし，ひいては，労働組合として存在できないかもしれない。さてアメリカ合衆国のワーカーセンターの活動（上記したワーカーセンターの活動の(1)から(5)まで）は，法律上の団体交渉の可能不可能をのぞいて，日本の個人加盟ユニオンの活動に類似すると思われる[20]。ワーカーセンターとの対比であえていうならば，日本の個人加盟ユニオンは，日本の労働組合法の寛容さのゆえに，労働組合として存在するのである。

アメリカ合衆国における全国労働関係法の狭さないし欠陥が，同国における労働組合の後退の一因と考えてよいが，日本の労働組合法はそうでない。したがって，法の狭さないし欠陥を，日本における労働組合の後退の一因とすることはできない。日本の場合は，労働組合そのものの活動が，特に労働組合の主流である大企業の企業内組合の活動が，後退の要因に深く関係すると考えなければならない。

5　労働研究理論への示唆

（1）労使関係論の衰退

一方では，既存の労働組合が労働者の権利を十分に擁護できず後退し，その社会的影響力を低下させていること，他方では，労働者の権利を擁護する新しい労働者組織が生成し発展していること，これらは労働研究の理論に深刻な影響を与えるだろう。

「労使関係（industrial relations）」論は，第二次世界大戦後のイギリスとアメリカ合衆国を中心に，主として，労働組合が一方の当事者となるところの，労働組合と使用者の間の集団的な雇用関係を研究する分野として成立し発展してきた。イギリスの労使関係論は，労働組合の構造や機能に注目して，その職場における労働条件規制を詳述するという特徴をもっていた。アメリカの労使関係論は，ダンロップ［Dunlop, 1958, 第1章］が影響をもつことになったが，ダンロップは，労使関係の当事者（労働組合・使用者・政府）が形成する「ルール」は労使関係論でしか研究対象にならないと主張し，「ルール」の解明と記述を重視するという特徴があった。なお，ダンロップ労使関係論でいう「ルール」は，事実上，労使間の安定した団体交渉関係に関心を集中する議論であったが，それは上述したアメリカ全国労働関係法の狭さを実は反映した議論であったと，現在では総括できよう。それはともかくとして，イギリスとアメリカの労使関係論の違いは，ここで議論する必要はない。

ここで確認すべき重要なことは，労使関係論が成立する前提条件について，両者に共通性があることである。その共通する前提条件とは，第一に，労働条件の決定について，あるいは労働者の権利の擁護と実現について，職場・企業・産業を組織する労働組合が重要な役割を演じていること，そして第二に，労働組合が重要な役割を演じていることが社会のなかで疑問の余地のない事実として受け入れられていること，この2つにある。この2つがあってはじめて，イギリス風であれダンロップ風であれ，労使関係論は成立できるのである。

ところが現在，既存の労働組合は推定組織率を低下させ，したがって非組合員を増加させ，結果として，非組合員の労働条件ないし権利擁護に，既存の労働組合が重要な役割を果たさなくなっている。さらに，多くの既存の労働組合が企業の市場競争力維持のために労使協調方針を重視するようになると，その労働組合は職場における労働条件規制を緩めなければならない。このような現状によって，労使関係論を成立させる前提条件は失われていく。そして，それは研究に反映せざるをえない。その結果が，労使関係論の衰退であった。

労使関係論の衰退は，イギリスとアメリカ合衆国においては，労使関係研究の制度的枠組みがゆらぐ現象として顕在化した。1つは，2000年代の最初の10年間で，大学で労使関係を教育する組織のいくつかが再編され縮小された。イギリスでは，ロンドン政治経済学院（LSE）とキール大学の労使関係学部の再編が注目された。両者とも事実上の学部廃止であった。アメリカ合衆国では，ミシガン大学の労働教育コースの再編が注目された。もう1つは，学会名称の変更である。アメリカ合衆国では，1947年設立の「労使関係研究学会（IRRA）」が2005年に名称変更して「労働雇用関係学会（LERA）」となった。これに影響されて，1966年設立の「国際労使関係学会（IIRA）」も2010年に名称変更して「国際労働雇用関係学会（ILERA）」となった。この名称変更の含意は，労働組合がかかわらない雇用労働についての研究も学会がカバーすることの強調である。学会名称にかぎらず一般社会でも，「労使関係」との用語は減少し，「雇用関係（employment relations）」との用語が広まりつつある。

アメリカの労使関係研究者は，こうした衰退状況に危機感を抱き，労使関係論の再活性化をテーマにかかげて，労働雇用関係学会（LERA）の2007年1月大会で1つのシンポジウムを開催し，発表論文その他の成果を一書として公刊した［Whalen, 2008］。イギリスでは，キール大学の学部再編反対運動を契機として，2008年12月に，英国大学労使関係学会（BUIRA）が批判的社会科学の擁護を目的としたコンファランスを開催し，発表論文その他の成果を一書として公刊した［Darlington, 2009］。批判的社会科学とは，イギリスの労使関係論を意味する。

現在，労使関係論の衰退という現実を前に，労使関係論を意識した研究者の間には，労働研究の理論はどうあるべきかを模索する議論がある。ここでいう労働研究とは，新古典派経済学としての労働経済学でなく，経営学としての人的資源管理論でもない，いわば制度学派の社会科学としての労働研究である。上記2書所収の諸論文もそれらの議論に含められようが，その他にも多数がある。そのなかで，労使関係論を擁護する立場からもっとも精力的に文献を発表しているのはカウフマンであって，著書や多数の論文（例えばKaufman［2010］）がある。

それら議論する文献のいくつかに遠藤は目をとおしたが，そのなかで，遠藤がもっとも共感できた文献は，労使関係論を擁護する立場とは必ずしもいえないPiore & Safford［2006］であった。彼らは，アメリカの職場における変化を「団体交渉レジーム」から「雇用権レジーム」への遷移と理解し，その変化がダンロップ労使関係論の問題点をあぶり出したと，主張した。「団体交渉レジーム」がダンロップ労使関係論の前提である。なお彼らは，「男性稼ぎ主型家族」が「団体交渉レジーム」を成立させる重要な構成要素であることを，そして労働力の女性化が「団体交渉レジーム」を揺るがすことを，明確かつ適切に指摘している。また彼らがいう「雇用権」とは，多様な差別禁止諸法が労働者に付与したところの雇用上の権利のことであり，アメリカ雇用社会を変動させる力である。「雇用権」は既存の労使関係の外部で形成される。

彼らの主張の意味を，「ルール」との用語で遠藤なりに表現するならば，労使関係の当事者が形成しない「ルール」すなわち「雇用権」こそが，アメリカの職場における新たな「ルール」になったのである。あるいは，上記した遠藤による指摘の言葉で表現すると，アメリカ法制度の第三の特徴を考慮に入れて労働研究の理論を再構築すべきだ，という主張になろう。また，ダンロップ労使関係論の「ルール」が安定的で静態的であって，変化・遷移という動態を理解することができないとの，かねてからある批判も彼らは再論した。

（2）日本におけるダンロップ労使関係論受容の批判

ダンロップ労使関係論は，日本の労働研究にも受容され，大きな影響があったといってよいであろう(21)。その受容のあり方について，現在は批判されるべきである。

上述したように，ダンロップ労使関係論の「ルール」は，労使間の安定した団体交渉関係を重視した。それを日本の状況にあてはめると，第一の影響は，企業内組合と企業との間の団体交渉・労使協議という関係とその結果の重視となる。これ以外に，安定した「ルール」らしいものは日本の労使関係に存在しないからである。さて，1960年代以来のこの労使関係の主流は，一般的には，協調的労使関係とか相互信頼的労使関係といわれものであり，遠藤の言葉でいえば「贈与交換労使関係」であった。そこで第二の影響は，協調的労使関係にのみ研究関心を寄せることであった。第一と第二の影響の結果として，ダンロップ労使関係論の影響を強く受けていればいるほど，企業内組合と使用者の間の協調的労使関係しか，研究対象にならなくなった。いいかえると，非正規労働者など企業内組合員でない労働者，企業内組合でない個人加盟ユニオンや労働NPO，動態的な労働者組織の動き，協調的でない労使関係，これらは研究課題とは思われなくなったのである。

第三の影響についての批判がより重要であろう。

協調的労使関係のもとでは，企業の競争力強化という目標に労使間で対立がないが，そのことを前提に，企業の競争力強化との目標を達成する手段の研究が，あたかも労使関係研究の「発展」と理解されるようになったことである。労使関係論の何らかの痕跡を残すことに，「発展」は示される。日本独自の「発展」観といってよいであろう。これが第三の影響である。企業の競争力強化との目標を達成する手段は，大まかには２つに区分できようが，２つをここでは手段(A)と手段(B)と呼ぼう。

手段(A)は，労働者の能力開発・人材形成であって，企業の供給サイドを重視する手段である。手段(A)を研究する方向の創始は，小池［1977］『職場の労働組合と参加――労資関係の日米比較』である。書名も各章の題名も労使関係論的であるが，これが後の「知的熟練」論の出発点となることはいうまでもない。中村圭介は，中村・佐藤・神谷［1988］『労働組合は本当に役に立っているのか』との労使関係研究が一方にあって，これとどう関連するのか遠藤はわからないけれども，「知的熟練」論を全面的に受け入れた中村［1996］『日本の職場と生産システム』も他方にあり，この研究方向の１つに数えてよい(22)。

バブル経済崩壊後，企業の競争力強化の手段として手段(A)が自明でなくなると，手段(B)を研究する方向がはじまった。手段(B)とは，外部環境変化を意識した経営管理の整序化・組織化であって，企業の需要サイドを重視する手段である。この研究方向の創始は「仕事論」を主張した石田［2003］『仕事の社会科学』である。その第１章が「J.T. ダンロップの労使関係論から学ぶ」との議論から出発していることは，その主観としての出自を象徴している。この後の，中村・石田［2005］をはじめとするところの，石田が共著者として加わったいくつかの著書は，手段(B)を研究する方向の推進にあてられている。中村圭介は，中村・連合総合生活開発研究所［2005］『衰退か再生か――労働組合活性化への道』などの労使関係研究が一方にはあって，これとどう関連するのか遠藤はわからないけれども，他方では，手段(B)を研究する方向を推進している。この研究方向がはじまると，中村は，小池和男への依拠からはなれて，石田光男への依拠に変化している。

手段(B)を研究する方向は，石田光男や中村圭介の自己意識にかかわりなく，労使関係論でないことはもちろん，その「発展」でもない。それは，既存の研究分野でいえば，経営学の重要部分である経営管理論（管理会計などを含む）とマーケティング論に非常に近い。協調的労使関係ないし手段(B)を研究する方向は，それが詳細になればなるほど，経営学の研究と重複し融合するところが大きくなるのである。古くからの労使関係論が経営管理をいかに規制するのかを重要な研究テーマの１つとしていたといってよいならば，経営管理を規制対象としない協調的労使関係についての研究は，経営学そのものに近接するのである。ダンロップ労使関係論から出発して経営学に到着するのは，労使関係論の衰退の１つの姿であると遠藤は思う。そして，石田光男と中村圭介が追求する研究方向が生き延びたとしても[23]，遠くない将来に，研究者の世代交代とともに，それが労使関係論の「発展」と自己意識されることもなくなり，経営学の１分野と認識されると思われる。

（３）模索の時期

ダンロップなど既存の労使関係論の影響を脱し，これにかわるところの，今後の労働研究理論はどうあるべきか。現在はその模索の時期であると思う。以下では，貧しい私見を述べたい。

ダンロップがいう労使間の「ルール」の形成は，労働者の側からみると，その形成自体が目的ではない。目的は，労働者が自らの権利を擁護し実現することであって，その１つの手段が労使間「ルール」形成であった。ところが現在，この手段が機能不全に陥っているのである。したがって，目的は不変のまま，別の手段を人々が創意工夫し模索するのは当然のことである。

そもそもイギリスにおける雇用労働者の歴史を19世紀前半からふりかえると，その最初から，概していえば２つの手段が目的達成のために追求されてきた。第一の手段は，賃金水準の高い男性労働者による労働組合の結成であった。この発展が労使関係論の前提となることはいうまでもない。第二の手段は，賃金水準の低い女性労働者や児童労働者にたいする労働保護法の制定であった。これらの２つの手段とも，その後の歴史展開のなかで，多種多様に発達し世界に普及して現在にいたる。そして現在は，第一の手段が機能不全に陥っているため，労働組合ではない新しい労働者組織の結成が創意工夫されるとともに，第二の手段の活用が創意工夫されているのである。(24)

このように考えると，実態についての研究に必要な認識をあらためて述べるならば，(ア)労働者の権利を擁護し実現する方法が多様化しており，この方法の多様化に対応して，(イ)労働者の権利を擁護し実現する労働者組織も新しく多様に生成し発展していること，の２つである。実のところ，(ア)と(イ)の認識による先行研究は，最近10年間で増加している。例えばアメリカ合衆国では，共同研究の成果であるOsterman et al.［2001］［邦訳，2004］や，その共同研究から生まれたといってよいFine［2006］などであろう。Piore & Safford［2006］もまた，その共同研究の産物といってよい。本章の第４節で述べた日本労働政策・研修機構（JILPT）の企画調査は，これらを先行研究として意識している。またイギリスでは，Abbott ［2006］や，それを発展させたWilliams，Abbott and Heery［2011］が，著名な全国的慈善団体であるCABを含めてCivil Society Organizations（CSOs）との概念を設定し，その労働者の権利を擁護し実現する役割に注目している。本書もまた，上述の(ア)と(イ)の認識にたって，日本におけるこれら新しい労働者組織の研究を目指している。

これをどのような理論枠組で捉えるか。実態そのものが動態にあり，静態的なシステムとして理論概念化することは，不適切であろう。理論枠組の開発は，今後の課題と述べるほかない。しかしポイントを１つだけ述べるとするならば，「権利」概念が重要なことから，社会福祉論・社会保障論の理論枠組との親近性が増すのではないかと思う。

6　各章の紹介

本書は，科学研究費補助金（基盤研究（B）2008-2010年度　研究代表者：遠藤公嗣「非正規労働者を組織する新型労働組合——個人加盟ユニオンの構造と機能」）による共同研究の成果であって，各章執筆者は，その研究分担者と研究会参加者である。第**1**章から第**6**章は，現代日本における個人加盟ユニオンと労働NPOのいくつかの側面をとりあげて，それらを解明している。また，第**7**章と第**8**章は，韓国と中国における類似した労働者組織を対象として，その特徴を解明している。以下では，各章における概要や新たな知見などをごく簡単に紹介する。もちろん，この紹介のほかにも新たな知見は豊富なので，読者は各章を熟読していただきたい。本書の各章が労働研究の発展に有益であることを，編者である遠藤は願う。

各章における見解は，その執筆者それぞれの見解であって，その調整を行っていない。また各章執筆者の研究バックグラウンドは多様であって，それらを尊重するため，用語の統一も行っていない。そのため，たとえば「個人加盟ユニオン」と「コミュニティユニオン」，「企業内組合」と「企業別組合」，「NPO」と「NGO」などの用語は，各章間で異なることがある。

○第**1**章　上原慎一「中小労連から地域労組へ——札幌地域労組の事例から」

札幌地域労組の組織的特徴について，1993年のそれと，16年後の2009年のそれを比較し考察している。16年間で，小さな企業内組合の連合体との特徴が薄れたことを確認するとともに，札幌地域労組に加入する組合について組合数と組合員数における16年間の継続する割合（本章では残存率と呼ぶ）を示す。このような残存率の数値表示は，研究として初めてであろう。

○第2章　福井祐介「九州のユニオンと東京のユニオン
——2000年・2010年コミュニティ・ユニオン組合員意識調査から」

九州4ユニオンと東京3ユニオンの組合員の意識調査を，約10年の間隔をもってほぼ同一対象に同一質問項目で行い，その結果を，九州・東京間と10年間の2軸で比較し考察している。多くの質問項目で，変化が10年間で少ないことを示している。例えば，抱える労働問題としての「解雇」は九州より東京が2倍程度高く，その変化は10年間で少ない。このようなことが確認できる調査結果が得られたこと自体が，重要である。

○第3章　チャールズ・ウェザーズ「ゼネラルユニオンと大阪の外国人非正規労働者」

ゼネラルユニオンの組合員の多数は，欧米人の英語教師であり，2008年以降はラテンアメリカ人やフィリピン人の組合員も増えてきた。組合員間の意思疎通に，しばしば英語やスペイン語などが使われる。本章は，ゼネラルユニオン結成から現在までの活動史を概観する。執筆者であるチャールズ・ウェザーズはゼネラルユニオンの正規の組合員であり，執行委員を1期つとめた。本章は，参与観察による研究の成果との側面をもつ。

○第4章　橋口昌治「自己責任論と個人加盟ユニオン
——「若者の労働運動」の事例から」

現代の若者は「自己責任」意識が強く，客観的には労働問題であっても，それを「自己責任」意識で理解してしまう。このような意識をもった若者が，直面した労働問題をどのように主観的に意識し，加入した個人加盟ユニオンと，その助力による問題の一応の解決をどのように主観的に意識しているかを，2事例の研究によって解明する。そのうえで，ユニオンの機能を考察する。視点の新しさと，その予測される広がりがユニークである。

○第5章　小関隆志「労働NPOの特質
——個人加盟ユニオンとの対比・関連において」

本章で定義する労働NPOとは，不特定多数の労働者に対して労働相談などのサービスを直接提供し，個別の労働問題の解決にあたる市民運動組織で，労働組合以外の組織のことである。この定義のうちでも，労働NPOは多様に存在する。本章は，多様な労働NPOを概観し，個人加盟ユニオンとの対比と関連で，その特質を解明する。このようなかたちで労働NPOを研究対象とするのは，研究として初めてであろう。

○第6章　大山小夜「派遣切り問題にみる「協セクター」の可能性
　　　――愛知派遣村のフィールドワークを通じて」

個人加盟ユニオンも労働NPOも，密接なネットワークを形成して活動を展開するのが特徴である。そうした活動の近年におけるピークは，2008年末から2009年春にかけて全国で展開された派遣村の活動であった。執筆者は愛知派遣村の相談会活動に参加し，その知見から，活動の限界と可能性を検討する。本章もまた，参与観察による研究の成果との側面をもつ。

○第7章　金美珍「韓国における女性非正規労働者の組織化
　　　――韓国女性労働組合（KWTU）の事例」

韓国女性労働組合（KWTU）は，組合員の約99%が女性の非正規労働者であるにもかかわらず，1999年の結成から10年後には，約6000人を組織している。組合員の属性の点でも，組合員数の点でも，匹敵する個人加盟ユニオンは日本に存在しない。韓国でもこのような労働者の組織化は困難と思われていたが，それを克服したのである。それがなぜ可能だったのか。この問に解答するのがこの章の課題である。ほぼ全部が，日本語では初めて記述される内容と思う。

○第8章　澤田ゆかり「中国における「工会」と草の根労働NGOの変容
　　　――農民工の権益保護をめぐって」

中国における「工会」は労働組合に匹敵することになっているが，その機能不全は著しい。そこで，それに代わる労働者組織として「草の根の農民工NGO」が発達している。そうした組織のうち，北京に所在する3組織の訪問インタビュー調査をもとに，その活動を解明する。章末の「参考資料」は，労働者の権利擁護を目的とするNGOが扱った個別労働紛争事案の一件書類の翻訳文である。一件書類のコピー原本は，オフィス訪問時に，書類ファイルから抜き出して提供されたものである。日本語ではもちろん，中国語でもおそらく，初の資料である。

注

(1) 雇用量が変動する市場経済のもとで，正規労働者の雇用を高いレベルで保障するという日本的雇用慣行は，雇用量を容易に調節できる非正規労働者が存在するからこそ可能であった。また，入社した男性正規労働者の多くがある職位レベルまで順調に昇進するという日本的雇用慣行（いわゆる「将棋の駒」人事）は，短期勤務で退職する多くの女性正規労働者が存在するからこそ可能であった［八代，1995，86］。

(2) 非正規で働くシングルマザー労働者の場合，すなわち，非正規の女性労働者であって，家族の稼ぎ主にならなければならない場合，彼女らは1960年代型日本システムの対極に位置しているため，その増加は，1960年代型日本システムの崩壊を示す典型現象の１つである。

(3) 既存の労働組合は，処遇の悪化に対処できないばかりでなく，ときには，非正規労働者の増加を明白に促進する政策を推進したとも評価できる。日本と韓国における労働者派遣法の改正過程を比較研究した結果によれば，日本の労働組合（連合）がとった戦略行動こそが，正規労働者を保護するために，派遣労働者の規制をほぼ撤廃させたのである［安，2009-2010］。遠藤はこのような研究の可能性を予測していたが［遠藤，2009，13，注(5)］，予測時にすでに，このような研究が実施され公表直前であったということができる。

(4) 2010年における労働組合の推定組織率で示すと，労働者1000人以上の大企業では推定組織率 46.2%にも達する。これに対して，労働者99人以下の小企業では推定組織率 1.1%にすぎない［厚生労働省，2010］。

(5) 合同労組の組織化は，おもに旧総同盟系の指導者がすすめた［松井，2010］。この組織化と並行しつつ，産業別の個人加盟労働組合を結成すべきことを強調したのは，旧産別会議系の指導者であった［浅見，2010，169-170］。1960年代における企業内組合でない労働組合運動の意義については，当然にも，近年に研究課題として意識されつつある。

(6)『朝日新聞』データベースで記事の「見出しとキーワード」を検索してみると，用語「正社員」は1964年４月21日付夕刊記事が初見であり，雇用についての用語「正規」は1972年１月20日付朝刊記事が初見である。なお，雇用についての用語「非正規」そのものの初見は遅れて1987年７月28日付朝刊記事である。すなわち，概念としての「非正規」は早く意識されても，それが用語として登場するのは相当に遅れたと思われる。

(7) 呉［2010；2011，第10章］は，個人加盟ユニオンの現状を調査し研究したところの，非常に信頼できる論文である。ところが論文は，その研究対象について，個人加盟ユニオンの語でなく，合同労組の語を用いている。その理由は掲載雑誌の編集方針にしたがったためであろうが，用語法が適切でないと遠藤は思う。なぜならば，合同労組の語は個人加盟の意味をまったく表明しないが，個人加盟こそが，個人加盟ユニオンの最大の特徴だからである。なお，呉もまた，合同労組の語が適切でなく，個人加盟ユニオンの語が適切であることを明確に指摘している［呉，2010，50；2011，311］。

(8) 3つの類型は，用語は異なるけれども，しばしばユニオン役員自身や他の研究者も採用する（例えば呉［2010，49；2011，310］）。また3類型は，重複することもありうる。

(9) 現在，東京管理職ユニオンは連合傘下であり，女性ユニオン東京は上部団体なしの独立であり，首都圏青年ユニオンは全労連傘下である。3ユニオンの上部団体は異なるけれども，役員の人脈や活動スタイルの点で，3ユニオンは影響関係がある。また韓国のソウル地域青年ユニオンは，日本の首都圏青年ユニオンをモデルとしている。

(10) 法政大学大原社会問題研究所プロジェクト「労働運動再活性化の国際比較」（代表：鈴木玲　遠藤も参加）では，個人加盟ユニオンの全数にたいして郵送アンケート調査を実施したが，そのため，個人加盟ユニオン全数を確認する作業を行った。なお，このアンケート調査の結果は，法政大学大原社会問題研究所［2010］である。

(11) この試みに関連する重要な文献は，例えば，坂本・坂本［1996］，鴨川ほか［1998］であろう。

(12) こうした裁判事件についての当事者や支援者による記録文献（例えば，東京地方争議団共闘会議［1965］）は相当の数が公刊されているが，労働研究のなかに位置づけた研究文献は乏しい。なお遠藤は，こうした裁判事件の一つにおける賃金差別の実態を計量的に解明した［遠藤，1999，第5章］。

(13) 調査報告書は，日本労働政策・研修機構［2012］である。

(14) 現在，アメリカ合衆国の労働者が裁判所に処遇の不当性を訴えるとき，差別禁止諸法を根拠に雇用差別として訴えることが多い。アメリカ合衆国の判例法であるコモンローは，使用者に「雇用の自由（employment at will)」があると根底で考えるため，労働者にとって不利度が高い。他方，1960年代以降，多様な差別禁止法が制定され，性，人種，民族や出身国，年齢，身体障がい，性的指向などを理由とする差別を強く禁止するようになった。そのため，どのような労働者でも，性や人種など何かの差別禁止事項に該当する可能性は高くなった。そこで労働者は，労働者にとって有用度が高い差別禁止諸法を根拠にして，処遇の不当性を主張する裁判を起こす。その結果，雇用差別を主張する裁判事件が膨大な数に増加したのである。

なお日本の一部研究者は，コモンローだけを念頭において，アメリカ合衆国は「雇用の自由」＝解雇の自由があると，一面的に特徴づけることがある。しかし，これは誤解であろう。この特徴づけは，法の形式としては労働保護法でないところのアメリカ合衆国の差別禁止法が，他国における労働保護法の役割を果たし，実質的に労働保護法を代替していることを見落としている。その見落としは，日本の差別禁止法は他の先進工業国に比較すると相当に緩やかで「差別禁止」を名称とする法律が皆無という状況に，日本の一部研究者が慣れ親しんだ結果と遠藤は思う。

⒂　これは，あくまで人々の一般的認識であって，全国労働関係法の保護を受けない労働者組織であっても，労働組合を自称し労働組合機能をもって存在することは可能である。例えば，20世紀初頭のアメリカ労働史で著名な労働組合であるIWW（Industrial Workers of the World）は現在も少数組織（全アメリカで組合員数千人程度か）で存在し，その一部はスターバックス労働組合として，スターバックス・コーヒーのいくつかの店舗を組織している。スターバックス労働組合は，全国労働関係法による排他的交渉代表の認証は受けておらず，したがって保護を受けていないが，しかし事実上は，労使交渉があるように思われる［IWWのウェブサイト（http://www.iww.org，2011年９月12日アクセス）Wikipedia，Starbucks Workers Union（http://en.wikipedia.org/wiki/Starbucks_Workers_Union，2011年９月12日アクセス）］。

⒃　ワーカーセンターは，多様な差別禁止諸法の活用によって，事実上の団体交渉は可能である。例えば，ワーカーセンターの複数メンバーが，労働条件について差別禁止法違反を主張して，使用者を相手に民事訴訟を起こし，その和解交渉を事実上の団体交渉とするのである。争議行為に代わるのは，使用者の商品を扱う店舗前での市民への広報活動である。こうした事実上の団体交渉を，１つのワーカーセンターの事例で描いたドキュメンタリー映画が2007年制作の「Made in L.A.」であり，同映画はエミー賞を受賞した［http://www.madeinla.com，2011年９月12日アクセス］。

(17) Jonathan Lange, National Staff, IAF. 同氏は，IAFの広範な活動を経験してきた。ワシントンD.C.所在のWashington Interfaith Network（IAF加盟組織）オフィスで面接インタビュー。2011年8月15日。

(18) 現代アメリカにおいては，IAFに限らず，社会運動，あるいは労働組合でない労働者組織の活動にたいして，サウル・アリンスキー（Saul Alinsky, 1909-1972）の影響が強いと思われる。Alinsky［1946］（邦訳［1972］）およびマルガリータ・エステベス・安部［2008］を参照されたい（文献は山崎憲の教示による）。

(19) 例示したアメリカ合衆国のMRNYおよびIAFについては，その組織的性格の判断は留保しなければならない。

(20) アメリカ合衆国のワーカーセンターと日本の個人加盟ユニオンの間の大きな違いは，その財政基盤および役員・職員の特徴の2点にあるように思われる。

(21) ダンロップ労使関係論は，その「紹介」は明確に行われた（例えば，川田［1960］；岡本［1967］；森［1968］；岸本［1969, 148-150］）が，その「受容」は1960-70年代に明確に記述されることはなかった。「明確にしない受容」は，当時の労働研究に影響力があったマルクス経済学の生産主義的性格ないし「管制高地」論に関係すると思われ，興味深い考察課題である。しかし，この課題をここで考察することはできない。

(22) この研究方向に含められるかどうかは留保されようが，この研究方向を書名にシンボル化するのは，久本［1998］『企業内労使関係と人材形成』と戎野［2006］『労使関係の変容と人材育成』である。

(23) この仮定をおくのは，石田光男と中村圭介の議論では，経営管理論的思考とマーケティング論的思考がごちゃまぜになっているからである。この2つの思考は，経営学プロパーの世界では，相当に異なることが自覚されている。これがごちゃまぜな印象を与えるかぎり，経営学プロパーの世界に受け入れられることは容易でないだろう。

(24) このような考え方にもとづいて，大学1年生向け教科書の1章を遠藤は執筆した［遠藤，2012］。

参考文献

浅見和彦［2010］「日本の労働組合運動——改革をめぐる論点と課題」北川隆吉・浅見和彦編『社会運動・組織・思想　21世紀への挑戦6』日本経済評論社，161-196ページ。

安周永［2009-2010］「日本と韓国における労働市場政策の変容(1)(2)(3・完)——労働者派遣法の改正過程を中心に」『(京都大学) 法学論叢』166(3), 85-107ページ, 166(4), 144-165ページ, 166(5), 100-121ページ。
石田光男［2003］『仕事の社会科学』ミネルヴァ書房。
戎野淑子［2006］『労使関係の変容と人材育成』慶應義塾大学出版会。
遠藤公嗣［1999］『日本の人事査定』ミネルヴァ書房。
遠藤公嗣［2009］「雇用・労働政策の変容」『社会政策』1(3), 5-14ページ。
遠藤公嗣［2011］「雇用の非正規化と労働市場規制」大沢真理編『承認と包摂へ——労働と生活の保障 (ジェンダー社会科学の可能性 第2巻)』岩波書店, 143-166ページ。
遠藤公嗣［2012］「労働者の権利と労使関係」明治大学経営学研究会編『経営学への扉　第4版』白桃書房, 277-293ページ。
呉学殊［2010］「合同労組の現状と存在意義——個別労働紛争解決に関連して」『日本労働研究雑誌』604号, 47-65ページ。
呉学殊［2011］『労使関係のフロンティア——労働組合の羅針盤』日本労働政策・研修機構。
岡本秀昭［1967］「労務管理と労使関係」『日本労働協会雑誌』100号, 16-31ページ。
小畑精武［2003］「コミュニティ・ユニオン運動の到達点と展望（上）（下）」『労働法律旬報』1560号, 41-45ページ, 1562号, 79-85ページ。
鴨川孝司・佐藤一晴・戸塚章介・松井繁明［1998］『労働争議——たたかって, 生きる』大月書店。
川田寿［1960］「(書評) ジョン・ダンロップ著　労使関係制度」『日本労働協会雑誌』2(1), 47-51ページ。
岸本英太郎編［1969］『労働経済論入門』有斐閣。
熊沢誠［2010］『働きすぎに斃れて——過労死・過労自殺の語る労働史』岩波書店。
小池和男［1977］『職場の労働組合と参加——労資関係の日米比較』東洋経済新報社。
厚生労働省［2010］「平成22年労働組合基礎調査」。
CUNN（コミュニティ・ユニオン全国ネットワーク）［2009］「第21回全国総会議案」
コミュニティ・ユニオン研究会編［1988］『コミュニティ・ユニオン宣言』第一書林。
坂本修・坂本福子［1996］『格闘としての裁判——労働弁護士のノートから』大月書店。
東京地方争議団共闘会議編［1965］『東京争議団物語』労働旬報社。

中村圭介［1996］『日本の職場と生産システム』東京大学出版会。
中村圭介・石田光男編［2005］『ホワイトカラーの仕事と成果――人事管理のフロンティア』東洋経済新報社。
中村圭介・佐藤博樹・神谷拓平［1988］『労働組合は本当に役に立っているのか』総合労働研究所。
中村圭介・連合総合生活開発研究所編［2005］『衰退か再生か――労働組合活性化への道』勁草書房。
沼田稲次郎編［1963］『合同労組の研究――その実態と法理』労働法学研究所。
日本労働政策・研修機構［2012］『アメリカの新しい労働組織とそのネットワーク』JILPT労働政策研究報告書No.144。
久本憲夫［1998］『企業内労使関係と人材形成』有斐閣。
法政大学大原社会問題研究所［2010］「個人加盟組合の活動に関するアンケート調査結果報告」Working Paper No.41。
松井保彦［2010］『合同労組運動の検証――その歴史と論理』フクイン。
マルガリータ・エステベス・安部［2008］「夢破れた1960年代の『約束の地』」『エコノミスト』3月25日号，89-90ページ。
三宅明正［1994］『レッド・パージとは何か――日本占領の影』大月書店。
森五郎［1968］「Industrial Relationsの諸研究に関する検討」『日本労働協会雑誌』112号，2-12ページ。
八代充史［1995］『大企業ホワイトカラーのキャリア――異動と昇進の実証分析』日本労働研究機構。
ワーキング・ウィメンズ・ネットワーク［2005］『男女賃金差別裁判――「公序良俗」に負けなかった女たち』明石書店。
Abbott, Brian [2006] "Determining the Significance of the Citizens' Advice Bureau as an Industrial Relations Actor," *Employee Relations*. 28 (5) pp. 435-448.
Alinsky, Saul D. [1946] *Reveille for Radicals*, University of Chicago Press（邦訳，サウル・アリンスキー［1972］『市民運動の組織論』未来社）.
Darlington, Ralph ed. [2009] *What's the Point of Industrial Relations?: In Defence of Critical Social Science*, British Universities Industrial Relations Association (BUIRA).
Dunlop, John T. [1958] *Industrial Relations Systems*, Southern Illinois

University Press.

Fine, Janice [2006] *Worker Centers*, IIR Press.

Kaufman, Bruce [2010] "The Theoretical Foundation of Indstrial Relations and its Implications for Labor Economics and Human Resource Management," *Industrial and Labor Relations Review*, 64 (1), pp. 74–108.

Osterman, Paul, Thomas A. Kochan, Richard M. Locke and Michael J. Piore [2001] *Working in America : A Blueprint for the New Labor Market*, MIT Press（邦訳，P. オスターマンほか［2004］『ワーキング・イン・アメリカ——新しい労働市場と次世代型組合』ミネルヴァ書房）.

Piore, Michael J. & Sean Safford [2006] "Changing Regimes of Workplace Governance, Shifting Axes of Social Mobilization, and the Challenge to Industrial Relations Theory," *Industrial Relations*, 45 (3), pp. 299–325.

Webb, Sidney & Beatrice [1897] *Industrial Democracy* v.1 and v.2, Longmans, Green.

Whalen, Charles J. ed. [2008] *New Directions in the Study of Work and Employment: Revitalizing Industrial Relations As an Academic Enterprise*, Edward Elgar Pub.

Williams, Steve, Brian Abbott and Edmund Heery [2011] "Non-union Worker Representation through Civil Society Organisations: Evidence from the United Kingdom," *Industrial Relations Journal,* 42 (1), pp. 69–85.

第1章
中小労連から地域労組へ
——札幌地域労組の事例から——

上原　慎一

1　本章の課題と対象

本章の課題は，札幌地域労組を事例に，地域レベルでのユニオン運動の組織的な特徴を歴史的な観点を踏まえて考察することである。いうなれば，コミュニティ・ユニオン運動を歴史と地域という二つの観点から再検討するということである。

まず，歴史的視点からの考察の意義についてもう少し述べよう。必ずしもコミュニティ・ユニオン研究の系譜に位置づくとは限らないが，近年，戦後日本の労働組合運動の展開過程に即して，中小企業・運輸業・建設業等で働く，企業別組合に組織されがたい労働者の組織化に努めてきた運動の歴史的位置づけの検討［兵頭，2006；浅見，2010；呉，2010c］や運動の当事者への聞き取りが活発になされている［戎野，2010；早矢仕，2008］。組織化の意義・可能性にかかわる研究は，三者で重点は相当に異なるけれども，産別一般や総評の中対オルグの展開過程を詳細に追うなかで，かつての運動が持っていた可能性や問題点について考察している。

こうした問題意識は，現代におけるコミュニティ・ユニオンや中小企業における労働組合あるいは産別一般組合の重要性を再認識させるという意義を有しているといえよう。当事者からの聞き取りからは，組織化の生々しい実態や課題，労使関係の現実を垣間見ることができる。しかし，これらの研究が描いているのは，労働組合運動の諸潮流との関連を踏まえた組織化の課題の全体像や，各単産や単組の動向である。両者の媒介項ともいうべき，組織化の対象となった企業における労使関係，地域や産業の動向，あるいは専従者の思想と行動が，当該の労働組合の活動や組織化のあり方をどのように変化させたのか否かという点は，残念ながら明らかにされていない。

本章はこうした問題意識から，札幌地域労組を事例に地域や中小企業をベースとした労働組合の生成と発展の軌跡を検討する(1)。札幌地域労組の運動や組織化の実践的な特徴についてはすでに呉［2010b］が詳しく，本章も呉［2010b］に多くを負っている。しかし，それでもなお地域におけるコミュニティ・ユニオン運動の事例として，札幌地域労組を選んだのは以下の理由による。例えば，呉［2010c］はコミュニティ・ユニオンを「地区労型」「全国一般型」「市民運動型」と分類し，札幌地域労組を「全国一般型」と位置づけた。

しかし実際のところ，地区労と一般労組は多くの地域で密接な関係を有しており，どちらの影響が強いかというのはやや詳細な事例に則した検討が必要である。全国的にも地域レベルでも労働組合運動が活発であった1960年代から70年代，ナショナルセンターが再編されていく80年代，沈滞化が顕著となる90年代以降と，それぞれの時期ごとに地区労運動の影響や全国一般との関係も異なるであろう。また市民運動の影響についても同じことが指摘できよう。

このように，札幌地域労組の運動の軌跡を検討するなかで，個人加盟の一般労組，中小企業の労組，地区労，社会運動――さらには他労組，他単産，ナショナルセンター――がいかなる関わり合いを持って展開してきたのかを検討することが可能となるのである。

2　「札幌中小労連・地域労組」と地区労

（1）設立の経緯

コミュニティ・ユニオン運動の世界で比較的よく知られている札幌地域労組，この札幌地域労組という名称は実は通称である。正式名称を「札幌中小労連・地域労組」という。正式名称が2つの組織の連名となっていることに注意されたい。この正式名称そのものに，札幌地域労組の上部団体との関係やその発展の歴史が反映されているのである。あらかじめ，組織の変遷を簡単にまとめておく。

1968年　「札幌中小労連」の結成
1975年　「札幌地域労組」の結成
　　　　(2003年までの「札幌地域労組」を，本章では「旧地域労組」と呼ぶ)
2003年　「札幌中小労連」と「札幌地域労組」を統合し
　　　　「札幌中小労連・地域労組」を結成，通称を「札幌地域労組」とする

1968年の札幌中小労連の結成は，形式的には，全国一般の傘下に結成された。1960年代は全国的に中小企業における労働組合の組織化がすすめられた。札幌でも，全国の動向に歩調を合わせ，総評オルグの活動が積極的に展開され，中小企業において労働組合が相次いで結成された。その成果として1968年，全国一般傘下の札幌中小労連が結成されたのである。当初の札幌中小労連は地域レベルの雑多な組合が加盟しており，現在では全自交や自交総連傘下にあるタクシー会社の労働組合なども加盟していたようである。

もっとも注意すべきことは，札幌中小労連の結成に実質的に影響があったのは，地区労であったことである。当時の事情について，関係者は次のように述べている。

札幌中小労連は札幌地区労とともに親と子のきずなのごとく固い連携のもと今日まで市内の中小企業労働運動を進めてきました。

地区労に加盟していた中小労組15組合が中心になって68年の 3 月に中小労連を結成しました。

中小労組が自ら主体的に力量を持ち，中小労働運動のセンターとして役割を果たそうと中小労働運動がスタートしました。結成から25年を経過し，今では100組合を擁する組織に発展……しています。(2)

他方，「札幌地域労組」（旧地域労組）は札幌中小労連から遅れること７年，1975年に発足したことになっている。しかし実態としては，当初から両者は別の組織ではなく，一体のものとして運営されていた。地区労からすれば，いわば札幌中小労連の組織内部の個人加盟部会的な位置づけのもと発足したのが「札幌地域労組」（旧地域労組）だったのである。当時の経緯について，現在の札幌地域労組の書記長は次のように述べている。

札幌地域労組（旧地域労組）が誕生した経緯ですけれども，これも今みたいな地域労組作ろうということではなくて，どうしても我々のような組合をやっていると，どうしても駆け込み相談といってね，電話の相談が必ず駆け込むんですよ。解雇されたとか職場でいじめられてるとか，旦那が死んだんだけど過労死ではないかってね。これは当時，総評としてもそういう運動に一生懸命取り組んでいましたから，これは地区労が窓口になってくるわけですよね。それでこれはちょっとひどいな，会社と交渉しようかという事案が出てくる。ところが当時はまだ個人加盟させるような組織形態になってませんから，どうしようかね，困ったねという話で止まるわけですが，これが個人加盟型の運動をしようということを当時，全国一般の中央も呼びかけてですね，それを地区労のなかに個人加盟できる組織を作る，個人加盟の受け皿として札幌地域労組を作るということにして。これもですね，僕らは本当にアバウトな運動しているなと思うのは，正式な結成大会とかですね，誰がどこでどういう風に発足させたかわかんないんですよ。自然発生，自然発生的にってことはないんだろうけど，だれか僕らのような専従担当がこれで地域労組というのを作るぞ，ということを看板だけぶち上げたんでしょうね。

札幌中小労連と旧地域労組は，このように形式的には別組織として運営されていた。しかし，両組織の活動家・専従役員はほぼ同一人物であり，当初から実態としては一体のものとして運営されていたのである。書記長の証言だけで結成大会が行われなかったと即断することはできないが，開催されたかどうか

おぼつかないという証言自体興味深い。(3)

札幌中小労連は，結成以来比較的活発な活動を展開してきた。代表的な闘争・争議としては国鉄の整備下請企業や札幌市の受け付け・案内業務の委託企業での組織化・争議がある。1970年代には，主力であった金属機械系企業の企業別組合が結集して，札幌の発寒鉄工団地内でデモ行進を行っていた。またオイルショック時には，貸し渋りを行った北海道拓殖銀行に対し，本店内で抗議活動を展開した。他方，旧地域労組の支部もまた，保育園や私立学校，老人ホーム等で生じた事件に対して，積極的な闘争を展開した。

こうした運動は，地域労働市場の動向の影響を直接受ける下請企業の労働者や非正規労働者の労働条件向上を目指したものであったが，ときに本工・正社員からなる元請企業や正規労働者を組織する組合から好ましく受け止められないこともしばしばであった。地区労内部でもこの矛盾が「中小労連の運動は過激だ，無謀だ」［札幌地区労働組合協議会，1993，132］という批判を生んだようである。この批判における「中小労連」は，旧地域労組のことをも含んでいるといってよいが，主張者が札幌中小労連と旧地域労組を区別して認識していないことに注意されたい。

札幌中小労連と旧地域労組の活動を示唆するものとして，主に両者が北海道地方労働委員会に提訴・申請した事件の数をみておこう（表1－1）。全体の事件数の動向をほぼ軌を一にして，札幌中小労連と旧地域労組の事件数も増減していることがわかるであろう。1970年代後半から80年代後半にかけて，年度によって隔たりはあるけれども，地労委への不当労働行為の訴えや争議の15-27%程度が札幌中小労連と旧地域労組関連のものとなった時期もある。それ以降一時的に落ち込む時期もあるが，10%前後を維持している。

（2）札幌中小労連と旧地域労組の相違

札幌中小労連と旧地域労組は，実態としては一体のものであったから，すぐに統合してもよさそうなものである。しかし，統合までには時間がかかった。統合のネックとなっていたのは両組織の結成の経緯および組織対象となった組

表1－1　北海道地方労働委員会に提訴・申請した事件

（単位：件）

	主な提訴（不当労働行為等）	件数	主な調停・あっせんの申請	件数	うち地域労組関係	総件数
1968	北海太洋プラスティック	5	深川自動車教習所	6		81
1969	旭川三菱自動車販売	3	マツダ自動車教習所	5		99
1970	三王交通	4	興亜タクシー	9		97
1971	北見木材産業	3	手稲清掃企業組合	5		90
1972	グランドホテル	10	谷松商店	11		115
1973	千葉ボーリング工業	7	北海道音楽配信	8		112
1974	高翔福祉会	6	北海道道路サービス	16		150
1975	北海道毎日輸送社	10	北海道協同組合通信社	13		124
1976	北海道サニタリーメインテナンス	11	旭川市浄化企業組合	11		87
1977	紀伊国屋書店	15	旭川大谷学園	9	1	83
1978	第一エンジニアリング	8	勤労者福祉会	6	1	60
1979	小原商店	8	水野眼鏡店	8	5	62
1980	幌北学園	4	維新堂	11	5	57
1981	公清企業組合	15	吉田製作所	8	16	78
1982	地域計画センター	8	順天病院	11	12	80
1983	藤福祉会	4	泉車両	7	4	58
1984	北清企業	6	谷内学園	8	6	67
1985	美松善隣会	5	愛国自動車学校	6	1	60
1986	花川病院	9	札幌大蔵福祉会	8	10	72
1987	札幌スキー工業	9	旭ヒューム管工業	7	11	64
1988	キング工業	2	ハガスキー	5	2	66
1989	北海道包装資材	2	北宝運輸	2	1	55
1990	北欧	4	集楽園	1	3	32
1991	東朋学園	3	使徒ルカ会	3	4	30
1992	東朋学園・高宮学園	7	札幌自動車	5	4	35
1993	北海道折込	5	近鉄ホーム連合建設	4	9	42
1994	前田記念福祉会	6	北ガスサービス	3	8	54
1995	札幌里塚温泉	8	大友恵愛園	3	9	66
1996	北海道サッポロ物流	8	サクラ生コン	4	8	56
1997	新日本運輸	5	倉クリーニング	2	4	53
1998	フットワークエクスプレス北海道	6	木の城たいせつ	7	12	57
1999	前田電機	4	ナトリ	2	5	60
2000	札幌蒼生会	9	気仙運輸	2	4	55
2001	ノテ福祉会	3	日の出本田水産	7	8	62
2002	公和会	1	ケイ・イー・パワースタッフ	1	2	50
2003	丸果札幌青果	2	公清企業	3		54
2004		0	公清企業	1		59
2005	大友恵愛園	3	日興美装工業	4		59

注：(1)　総件数とは当該年度の提訴・申請の総数。なお，集団的交渉にかかわる事件についてはすべて1件として集計したため，北海道地方労働委員会による集計とは数が異なる。

(2)　1989，1990，1995年は「月報」の発行の都合上，翌年1月分までの集計である。

(3)　1992年以前と以後では提訴や申請件数の性格は若干異なる。すなわち，92年までは訴えの当事者でない場合でも上部団体としての中小労連や地域労組の実態が記載されており，その影響力の強さがうかがわれる。それゆえ表にはその数字を反映させた。1993年以降は紛争の当事者のみが記載されており，明らかに中小労連傘下の組合であっても当事者でない場合はカウントしなかった。

出所：北海道地方労働委員会『北海道労働員会月報』各月版，及び聞き取り調査より作成。

合の性格の相違であった。

1993年時点の両組織を構成する組合や支部の概要を示そう（表1－2）。なお，1970年代後半から80年代前半までの両組織の構成を示すことができればよかったが，そうした情報は入手できなかったため，1993年時点で示すこととする。表1－2からわかるのは以下の2点である。

第一に指摘できるのは，両者の組織形態の違いである。札幌中小労連は中小企業の企業別組合の連合体である。他方，旧地域労組はそれ自体単独の組合であり，そのなかに企業別の支部，あるいは純粋な個人加盟の組合員がいるのである。札幌中小労連は，地区労のオルグが中小企業で企業別組合の立ち上げを支援し，それを連合体にまとめた組織であったが，旧地域労組は，もともと労働相談の受け皿として発足し，交渉の母体として立ち上げられた組織であった。この違いが組織形態に反映している。

第二に指摘できるのは，それぞれの組織対象も明確に異なることである。札幌中小労連は自動車学校，自動車整備，運輸業，製造業関係企業で組織された企業別組合が多数派である。加えて，中小労連加盟組合の平均組合員数は40名弱と「中小企業」にしては若干規模が大きい。すなわち，裏を返せば小零細企業の組織化に必ずしも成功しなかったといってもよいだろう。他方，旧地域労組は雑多な業種の支部で構成されている。目立つとすれば，清掃関係，保育園・病院，幼稚園・学校関係の支部がやや多く，零細性も強い。

3　札幌地域労組が中心の活動へ

（1）1980年代の変化

1980年代に入ると，札幌中小労連加盟の企業別組合は解散・脱退を余儀なくされるか，加盟を継続している企業別組合でも，企業経営と労使関係が安定するなかで，労働組合としての活動は沈滞化する一方となっていった。また，これらの組合は企業別組合としての性格を強く持ち，他労組で起こっている労働問題や争議に対して比較的冷淡であったという。他方，旧地域労組には，多く

表1－2　1993年の札幌中小労連と札幌地域労組（付：2009年の残存状況）

（単位：人）

札幌中小労連（59単組）	組合員数（1993）	組合員数（2009）
札幌生コンクリート労働組合	10	
北海道ユニオンコンクリート労働組合	14	8
札協生コン労働組合	7	
新日本運輸労働組合	17	
江別生コン運輸労働組合	19	
江別生コン労働組合	16	7
北海道サッポロ物流労働組合	104	39
村井運輸労働組合	8	
日本空輸札幌支店労働組合	6	
札幌製氷労働組合	8	
札幌パリ労働組合	72	
日の丸産業労働組合	41	25
札幌互助会全職員組合	91	
北海道穀物商品取引所労働組合	6	
北日本自動車学園教職員組合	59	
札幌東自動車学校労働組合	27	4
札幌北自動車学校労働組合	25	
篠路自動車学校労働組合	22	
白石中央自動車学園労働組合	45	11
藻南自動車学校労働組合	15	4
啓盛学園自動車学校労働組合	22	
恵庭自動車学校労働組合	11	
千歳自動車学校労働組合	21	
北都整備労働組合	23	25
日北自動車工業労働組合	20	17
三鉱木材労働組合	25	
伊藤組木材集成材工場労働組合	14	
日北酸素労働組合	48	
北海太洋プラスチック労働組合	9	
西山油機労働組合	101	25
札幌石炭労働組合	37	
北ガスサービス労働組合	64	
協和産業労働組合	47	22
あかつき篠路保育園労働組合	13	16
篠路高洋保育園職員組合	5	
白石ハイツ職員労働組合	5	
東邦美装労働組合	16	
第一エンヂニアリング労働組合	19	19
北海道ハイウェイサービス労働組合	76	69
札幌日信電子労働組合	80	81
北海道サニタリーメンテナンス労働組合	25	12
北海道車両整備手稲労働組合	25	
北海道森田ポンプ労働組合	15	23
北海道パナソニックエンジニアリング労働組合	70	
北海道協同組合通信社労働組合	24	15
紀伊国屋書店労働組合札幌支部	4	
維新堂労働組合	11	
道新臨時アルバイト労組	198	6
道新観光サービス労働組合	52	45
北斗倉庫労働組合	16	
日本酪農機械労働組合	6	
中山機械労働組合	92	35
旭鉄工所労働組合	81	128
フジ自動車ボディー労働組合	41	
土田工機労働組合	33	
三和精工労働組合	10	
札幌電鉄工業労働組合	47	
旭製作所労働組合	12	
ホクアイ労働組合	58	
日本除雪機製作所労働組合	91	80
北興化工労働組合	35	31
富士鋼材センター労働組合	14	4
小計	2,228	751

札幌地域労組（33支部）	組合員数（1993）	組合員数（2009）
水野眼鏡支部	4	
小原商店支部	2	
長沼陽風学園支部	18	
HDC支部	300	212
耐雪ハウス支部	52	
東洋実業支部	17	
サンプラント支部	24	
暁運輸支部	2	
毎日輸送新聞営業所支部	13	
札幌公清企業組合支部	118	152
札幌清掃企業支部	13	2
順天病院支部	17	
日興美装工業支部	30	12
元町杉の子保育園支部	7	14
丸和支部	1	
会議録センター支部	2	
地域計画センター	5	
旭ダンケ支部	14	
花川病院支部	5	
喜茂別双葉学園支部	12	22
創成保育園支部	7	
前田電機支部	60	33
馬場食品支部	5	
芦別双葉学園支部	15	12
北一食品支部	16	
ヤマギシズム支部	2	
（合同・一般加盟）	30	
MDS支部	20	
宮崎肉店支部	2	
ルカ病院支部	15	
札幌自動車支部	29	
代々木ゼミナール支部	25	
北ガスサービス支部	50	
小計	932	459
合計	3,160	1,210

注：単組・支部の中で，2009年時点まで残存しているもの（中小労連25組合，地域労組8支部，名称を変更した組織もある）については太字で表し，2009年時点の組合員数も示している。

出所：札幌地区労働組合協議会，1993及び札幌地域労組提供資料より作成。

の労働相談が寄せられるようになった。その背景には，80年代以降の地域経済の沈滞化，それに伴って生ずる労働問題や個別労使紛争の増加，行政改革に伴って生じた中核都市における地区労の機能低下，があった[(4)]。いいかえると，札幌中小労連よりも，旧地域労組の活動が，明らかに活発化してくるのである[(5)]。

さて1980年代後半に連合が結成され総評が解散した。この中央組織の変化が地域労働運動へ与えた大きな影響は，総評が実質的に組織していた地区労が解散したことであった。地区労の解散は，札幌中小労連・旧地域労組にとって死活問題ともいえる課題をもたらした。すなわち，地区労からの財政的な支援がなくなったため，札幌中小労連・旧地域労組は自立を迫られたのである。財政的に自立するためには，組合費による収入を確保しなければならず，組合員を増加させなければならなった。そのため，当時から現在までの書記長によれば，当時「自分が過労死しなくてよかったというね，3カ月くらい休みなく働いたとか……他の労働組合の専従からすれば2倍3倍働いたかな」というくらい「がむしゃらに」組織化に取り組んだのである。

この苦しい局面で書記長の活動を支えたのが，コミュニティ・ユニオン全国ネットワークと，その系列の活動家たちからの支援と協力であった。特にマスコミへの対応のしかたを学んだと書記長はいう。また労働法研究者からの応援もあった。さらに，さまざまな相談機関が受けた労働相談案件が，旧地域労組に紹介されて回ってくるようになり，その相談者を組織化するのに役に立った。

（2） 全国一般との関係の解消

このような変化のなかで，札幌中小労連と，その上部団体である全国一般との関係が変化した。それは，上部団体におさめる加盟費の問題を具体的な契機としていた。なお，一般によく行われていることであるが，労働組合の上部団体加盟費の算出には，官庁調査による組合員数や表1-2に示した組合員数を使用しないのが普通である。組合結成あるいは上部団体への加盟の際，加盟費の算出に使用する組合員数と，それにもとづく加盟費の額を別途定める。

1990年代はじめに，この上部団体加盟費の支払いを巡って，全国一般と札幌中小労連の間に多少の軋轢が生じた。さらに，この軋轢と同じタイミングで，代々木ゼミナール事件[6]は起こった。軋轢の影響か否かは定かではないが，代々木ゼミナール事件に対して全国一般の執行部はやや冷淡な対応を取ったようである。今度は，この冷淡な対応が札幌中小労連の世論に大きく影響し，全国一般からの脱退を決議することとなった。

しかし，すぐに脱退はしなかった。両者の関係を取り持つものもあり，数年は関係を「凍結」するという，あいまいな形でこの脱退問題は一応の決着を見た。その後数年はこうしたあいまいな関係を継続していた。そして結局は，自然消滅のような形で，全国一般との関係は解消された。

全国一般に代わって，コミュニティ・ユニオン全国ネットワークとの関係がますます密になっていった。代々木ゼミナール事件の際にも「困ったことがあったら一声かけてください」との支援の申し出があり，書記長は助かったと述べている。

（3）自治労とUIゼンセンとの関係

1990年代に入ると自治労との関係が深化した[7]。1992年に自治労は組織方針を変更して，地方自治体公務員のみを組織対象とせず，民間企業労働者を組織対象にふくめ，地域公共サービス産別組織を目指すことになった。その新しい組織対象は，まさに札幌中小労連・旧地域労組と重なるものであった。旧地域労組は，当初，自治労がライバル関係となる覚悟をしていた。

しかし自治労は，民間企業を組織化するノウハウがなかったため，旧地域労組に協力を求めた。その結果，旧地域労組は自治労と協力関係を深化させていった。2000年，自治労が主体となって社会福祉法人系の労働者を組織する「北海道福祉ユニオン」が設立されたが，その設立に旧地域労組は全面的に協力することとなった。すなわち，特別養護老人ホームにある旧地域労組８支部が北海道福祉ユニオンにも二重加盟した。さらに，旧地域労組それ自体が北海道福祉ユニオンに加盟して札幌地域労組分会となった。組織化にあたっては，自治労の北海道福祉ユニオンが各地にある自治労支部の援助をえて遠方にある福祉施設等の労働者を組織化する。他方，旧地域労組は札幌市内及び近郊の事業所，施設等の労働者を支部として組織化し，さらにその支部を北海道福祉ユニオンに二重加盟させるという方針で取り組みを進めている。こうした経緯から，旧地域労組には福祉施設や清掃関連等，公共サービス系の支部が続々と設立されることとなった。このようにして，旧地域労組の支部の勢いが増すなかで，2003年に札幌中小労連と旧地域労組の統合は果たされるのである。

さて，旧地域労組の活動が活発化してくると，組織対象の労働者が重複するゼンセン同盟・UIゼンセンとの鋭い緊張関係がうまれてきた。ゼンセン同盟・UIゼンセンとの関係で特徴的な事例は，有名なものを含めて三つある。第一は，1980年代末のことであるが，「Hパン」の組織化を巡って生じた対抗関係である。第二は，2001年以降の，ノテ福祉会の組織化をめぐって地労委・中労委でも不当労働行為事件として争われた対抗関係である。第三は，UIゼンセン加盟組合の組合員から寄せられた労働相談が少なからずあるが，それらへの対応である。

第一の対抗関係は，当時，ゼンセン同盟が経営者に対する説得によって当該企業の労働者を組織化しようとしたが，旧地域労組もまた，当該企業の現場労働者からの労働相談をきっかけに組織化をすすめようとしていて，ゼンセン同盟と旧地域労組による組織化が競合することとなったものである。第二の対抗関係は，地労委・中労委の命令として各所に公開されており，また不当労働行為の代表的な事例として労働法の授業にも取り上げられることもあるほど有名[(8)]なのでここでは詳述しない。第三の労働相談への対応はさまざまである。例えば，UIゼンセン加盟労組の組合員である大手スーパーの管理職から賃下げに関する相談が寄せられた事例では，当事者を旧地域労組の支部である札幌管理職ユニオンに加盟させたうえで，旧地域労組が当該の大手スーパー企業と交渉し，UIゼンセン加盟労組が黙認した賃金の不利益変更を撤回させた。また同様に，UIゼンセン加盟労組が組織する家電量販店の労働者から全国転勤に関する相談が寄せられた事例では，労働者が退職を選択せざるをえない場合でも，少しでも有利な退職金を得られる可能性を追求するための交渉を勧め，そのための申し入れ書を当該労働者が作成するように指導した。

（4）2009年の状況

札幌地域労組は2009年９月時点で，88組合・支部，組合員数は2191名である。その全体像を表１－３に示した。表１－２に示される1993年における状況と比較して，その間の変化を考察しよう。つぎの２点が指摘できる。

第一に指摘できるのは，1993年から2009年の16年間で，札幌地域労組に加盟する組合が継続する割合（本章では残存率と呼ぶ）の小ささである。札幌中小労連系の残存率は，組合数で42.3%，組合員数で33.7%であった。旧地域労組系の残存率は，支部数で24.2%，組合員数で38.2%であった。このような残存率が数値として明らかになることは，個人加盟ユニオンの研究として初めてであろう。

なお残存率について，組合・支部数では札幌中小労連系が，組合員数では旧地域労組系が，それぞれ高い。先にも述べたように，札幌中小労連系ではかつて紛争状態にあったものが，現在では相当に安定した労使関係となっているケースが多いという事情が多分に影響しているだろう[(9)]。それに対して旧地域労組系は，一部の大手支部を除き，支部そのものとしては結成や消滅を繰り返しながら，一定層の組織化に成功しているという。書記長は，加入組合の入れ替わりが激しい状況を「作ってはつぶれ，作ってはつぶれ」の状況だったと表現している。

第二に指摘できるのは，こうした経緯が，2009年９月時点の札幌地域労組の性格にも影響しているということである。表１－２と表１－３を比較すると，16年間で，旧中小労連系よりも旧地域労組系の支部が顕著に増加していること，加えて清掃事業所や福祉事業所関連の組合が支部数も組合員数も相当増加していることがわかる。また，それに伴い女性組合員と非正規労働者組合員の比率も増加傾向にあり，2009年９月時点で，女性組合員は28.4%をしめ，非正規労働者組合員は，10.5%を占めるのである。なお個人加盟の組合員はライラックユニオン所属となっている。

表1－3　札幌地域労組の概要（2009年9月）

（単位：人）

	組合員数	うち女性	うち非正規		組合員数	うち女性	うち非正規
北海道宇部労働組合	8	0		大友恵愛園支部	56	43	6
サッポロ流通システムユニオン	39	4		あいわユニオン慈徳・慈照合同支部	27	21	
日の丸産業労働組合	25	2		あいわユニオン平和の杜支部	1	0	
札幌東自動車学校労働組合	4	0		千歳・新生バスユニオン	6	4	
白石中央自動車学園労働組合	11	1	5	キャリー支部	1	0	
西山油機労働組合	25	2		札幌管理職ユニオン	28	1	
協和産業労働組合	22	4		南成園支部	3	3	
第一エンヂニアリング労働組合	19	0		建設国保ユニオン	6	6	
ネクスコ・サポート労働組合	69	9		札通商事支部	9	1	9
札幌日信電子労働組合	81	6		札幌派遣ネットワーク	3	3	3
北海道サニタリーメンテナンス労働組合	12	0		札幌派遣ネットワーク道新部会	5	5	5
北海道モリタ労働組合	23	3		あいわユニオン愛和えるむ保育園支部	18	15	
北海道協同組合通信社労働組合	15	6		ていね大空支部	6	5	
道新サービス労働組合	45	15		**江別生コン支部**	7	1	
ヨミックス労働組合	52	14		ハピニス支部	37	36	20
カードック労働組合	25	3		札幌管理職ユニオン大友恵愛園支部	7	6	
日北自動車工業労働組合	17	1		札幌派遣ネットワーク読売新聞分会	3	3	3
中山機械労働組合	35	2		厚栄福祉会ユニオン	15	12	6
旭イノベックス労働組合	128	2		丸果札幌青果ユニオン	84	16	2
日本除雪機製作所労働組合	80	5		光ハイツ・ヴェラス・ユニオン	80		
北興化工労働組合	31	2		ダルクユニオン	2	0	
富士鋼材センター労働組合	4	0		あいわユニオン西野中央保育園支部	10	8	
HDC支部	212	25		あいわユニオン南郷保育園支部	14	13	
公清企業支部	152	1	5	北海道道路エンジニアリングユニオン	22	3	
札清支部	2	0		ライラックユニオン	40	12	3
日興美装工業支部	12	0	12	丘珠ひばり保育園支部	8	8	1
元町杉の子保育園支部	14	14	3	モンド写真工房支部	3	0	
あいわユニオン愛和の里喜茂別支部	22	9		清明庵ユニオン	5	5	2
前田電機支部	33	1		あいわユニオン愛和新穂保育園支部	8	8	
スタッフユニオン	5	2	1	さんけい支部	2	0	
あいわユニオン芦別双葉学園支部	12	6		管理職ユニオン愛和支部	5	2	
あいわユニオンもみじ台北保育園支部	16	14		福住保育園支部	18	18	6
あいわユニオン元町保育園支部	12	10		LPガス保安センターユニオン	4	0	4
あいわユニオンドミトリー元町支部	12	6		もえれユニオン	5	3	5
福祉業務支部	8	8	8	放送アートセンターユニオン	7	1	1
あかつき篠路保育園労働組合	16	16		建設国保西ユニオン	9	6	2
藻南自動車学校労働組合	4	0		オフィス・サッポロユニオン	26	12	4
道新アクティ労働組合	6	3	5	シルバニア・ユニオン	60	47	15
前田福祉ユニオン	105	92	75	中央清掃支部	27	2	6
日石プロパン供給センター支部	5	0	6	エム・イ・ケアシステムユニオン	17	0	
むすめや支部	6	1	2	さとおりユニオン	2	2	2
タクマテクノス支部	26	0	3	千歳相互バス支部	31		
シナネン販売支部	1	0		日昇ユニオン	8		
職業能力開発協会支部	5	2		合計	2,191	622	230

注：組合組織を統合しても，札幌中小労連系の組合は組合，旧地域労組系の組合は支部と名乗っている。太字は，1993年時点から存続している組合・支部である。それ以外の組合・支部は93年以降に設立・加盟したものと考えてよい。

出所：札幌地域労組提供資料より作成。

4　組織化の特徴，交渉の実態

呉［2010b］でも詳しく紹介されているように，札幌地域労組の特徴は何よりもその組織化への情熱・熱意にある。組織化の具体的な態様は呉［2010b］にゆずるとして，ここでは福祉事業所を中心として近年における相談から組織化，交渉に至るプロセスのなかで生ずる問題について紹介したい。

（1）相談から組織化へ

90年代初頭，地域労組の書記局にかかってくる労働相談の電話はせいぜい月数件程度であった。2000年代中頃にもなるとこの数字は一日当たり数件，年間500件程度へと跳ね上がる。とりわけ介護保険制度導入後，老人介護施設からの相談が急増した。組織化が展開したのも，介護保険制度の導入に伴って福祉労働者の労働条件の切り下げが広範に生じたためである。そのなかで呉［2010b］でも紹介されている３要件，すなわち「１．（当事者が）腹をくくる，２．（当事者が労働組合を）複数人で発足させる，３．（職場の）過半数を仲間につける」を満たしているケースで組織化が取り組まれることとなる。札幌地域労組の一番の特徴は，こうして組織化に取り組む場合，個人加盟を主眼とするのではなく，職場での組合づくりへと発展させるという方針で取り組むという，非常にオーソドックスな方法を貫いていることである。この方針について，書記長は以下のように述べている。

そんなことでいろんなところから相談がね，来るようになって。こちらもね，それのなかから（組合結成を目指す――引用者）。やっぱり一番の理想の解決っていうのは組合作ることだと思ってるから。個人で加盟してもね，最悪の解雇とか何とかは個人加盟でも団交やって解決したりできるんだけれども，労働基準法違反がありますとかね，有給休暇とれませんとか，これは職場で１人で闘ったってつぶされますから，やはり仲間を集めて組合をいかに作るかというところが一番の解決。

こうして組合結成ののち，労使交渉・労働協約の締結へと進んでゆく(10)。ここで悩ましいのはユニオンショップ協定の締結である。表１－３にある規模の大きい組合のいくつかは，書記長いわく「無理やり力で押したり，向こうの不正捕まえたすきに」ユニオンショップ協定を締結した支部である。支部として組合を結成しても少数派の場合，かなりの程度弾圧を受けることとなるが，ユニオンショップ協定を結んで問題が解決に向かうと逆に無風状態が続き，支部が機能しなくなるケースや知らず知らずのうちに解散するケースもあるという(11)。

（２）交渉・争議・裁判

表１－４に2007年以降の交渉・争議・裁判の一覧を掲げる。札幌地域労組の活動に関しては，（戦術でもあろうが）マスコミ報道などから裁判が多いという印象を受けがちである。しかしこの表を見ても数的に必ずしも多いというわけでもなく，表１－４からは，不当労働行為や経営者サイドの不祥事を団体交渉で解決しているというケースが多いということがわかるであろう。また，賃金や一時金のカットに関しても団体交渉やストライキで臨み，撤回させている。とりわけ注目できるのは，この表中だけでも理事長を退陣に追い込んだケースが２件あるということである(12)。そのうちの一つであるO支部では，その後ユニオンショップの対象から外れていた非正規労働者の労働条件向上を実現した。その結果，非正規労働者50名が労組に加盟したという成果を上げている。

また表に示すことはできなかったが，札幌地域労組は毎年，春闘と燃料手当・一時金闘争を闘い，少なくない成果を上げていることも強調しておく必要があろう。金融危機の影響もあり，2009年は目立った成果はなかったようであるが，2007-2008年春闘では２％前後の賃上げを獲得した。また，いくつかの福祉施設において先のO支部のように非正規労働者の労働条件向上を要求し，正規職員への登用や雇用期間の撤廃等，要求の一部を実現している。

表1－4　交渉・争議・裁判一覧（2007-2011，春闘を除く）

年／主体	事　案	交渉・争議・裁判	結　果
2007年			
Sユニオン	不当労働行為	団交	撤回
O支部	不当労働行為	労働委員会	救済命令（2008）
2008年			
SIユニオン	経営者の不正経理問題	団交	理事長退陣
SRユニオン	燃料手当の廃止	裁判	
Rユニオン	不当配転	団交	撤回
2009年			
O支部	賞与カット	理事長宅前で抗議行動，ストライキ団交	理事長退陣
管理職ユニオン	賃金カット	団交	撤回
MGユニオン	役員のパワハラ		役員の処分
2010-2011.3			
O支部	非正規労働者の労働条件向上	団交	待遇改善（非正規労働者の労組加入）
	雇止め		
SK支部	整理解雇	団交	
KKユニオン	会社閉鎖／解雇	労働委員会	
HSユニオン	雇止め	裁判	
SS支部	不当労働行為	裁判	撤回
SS支部		団交	

注：2007年以前に発生し，2011年までに解決した争議，裁判については割愛している。代表的なケースとして特養老人ホームRにおける虐待事件に関する裁判がある。詳しくは木村［2010］を参照されたい。

出所：札幌地域労組機関誌「キックオフ」101-126号より作成。

（3）運動の推進力

以上のような活動の軌跡は，あくまでも労働条件の向上という労働組合としての基本線を維持しながら，組織化という面では労働問題の主要な局面の転換にうまく対応しているかのように見える。こうした転換の早さそれ自体は，専従者である書記長たちの力量に直接負うものであろう。その力量の源として次の二点を指摘できる。一つは，労働組合運動の基本への確信であり，それを支える「不羈独立」の精神である。もう一つは呉［2010b］や戎野［2010］が全国一般について指摘している事柄と同様に，札幌地域労組においても書記長を中心とした執行部の社会問題へのまなざしにあると考えてよいだろう。紙幅の関係もあり詳細に触れることはできないけれども，札幌地域労組は春闘や労働者の権利関係の学習会を頻繁に積極的に行っている。

それと同時に，反戦平和問題への取り組み，あるいは労働組合とは直接関係ない女性自衛官の人権にかかわる裁判の支援なども行っている。また企業における内部告発にも積極的に取り組み，労働協約の案のなかに盛り込んでいるほどである。[13]こうした社会運動的まなざし[14]があってこそ，地域労働市場のなかで恵まれない条件の下で働いている中小企業の労働者，女性，非正規労働者の組織化が可能となっているのである。[15][16]

5　活動の特徴とその意義

最後にこれまでの札幌地域労組の活動の展開を，時代背景や他組織との関係という視点から振り返ってみよう。まず，札幌地域労組は全国的に総評が中対オルグによる組織化を活発化させた1960年代，全国一般傘下の札幌中小労連として地区労の強い影響のもとに発足した。のちに個人加盟の受け皿として旧札幌地域労組が発足したが，両者は2003年にいたるまで併存状態であった。発足から70年代まで中小企業の企業別労組の集合体である札幌中小労連は比較的活発な活動を展開したが，特に80年代以降，保育所，老人ホーム，私立学校及び公共サービス系の事業所やその他雑多な事業所に支部を置き，正社員だけではなく非正規労働者をも組織する旧札幌地域労組の活動が目立ってくる。

また，各地の地区労の機能低下や介護保険制度導入を契機に労働相談も激増する。このように，活動の担い手が時代や状況の変化に対応して変わっていくなかで，全国一般を脱退しコミュニティ・ユニオン全国ネットワークとの関係を深化させてゆく。また介護事業所や清掃関係企業で働く労働者の組織化という共通の課題を持った自治労との協力関係も深化していくが，逆に連合移行後大きな課題となっているのはUIゼンセンやそこに加盟している組合との関係である。

このように見ると，近年になればなるほど，具体的には地区労運動からの自立とともに独自で主体的な運動を模索していき，そのなかで現代的な労使関係上の課題と向き合ってきたと総括しうるだろう。オーソドックスな運動スタイルを堅持しながら，同時に組織化においては果敢に新しい領域を開拓し，それに成功しているといってよい。近年ではさらに，O支部の抗議行動やストライキ支援などを契機に全労協系・全労連系の団体との接触をいとわずに行動するなど交流の幅を広げている。オーソドックスさという点からは地区労や全国一般の影響，新しい課題に積極的に取り組むという姿勢は市民運動型のコミュニティ・ユニオンの影響を見てとることができる。

すなわち，古い運動のよさと新しい運動のよさの両方を含みこませながら運動を発展させていると評価することが可能である。こうしたよりよい運動への，ある意味「無節操さ」が全労協系・全労連系の組合との関係形成に一役買っているとみても誤りではないだろう。すなわち，札幌地域労組は状況に応じて上部団体や他労組との関係や組織そのもののあり方を変化させながら発展してきたのである。このことは，労働組合の性格は必ずしも固定的なものではなく変化すること，変化のなかにその特徴が現れることを示している。

この札幌地域労組の事例と他の中小労連，産別一般，コミュニティ・ユニオンのあり方を直接比較するには，現在のところ材料に乏しい。しかし，内部的にも外部的にも新しい組織のありようを積極的に模索する新しい運動として評価することは可能であろう。

注

(1) 本章の執筆にあたって，札幌地域労組の鈴木書記長から2度の聞き取り調査（2006年3月及び2010年9月）を行った。以下，特に断りのない限り，データは聞き取り調査及び同組合提供資料と同組合HPからダウンロードしたニュース，機関誌による［http://www.infosnow.ne.jp/~sgu/，2011年3月8日アクセス］。実名による叙述に関しては鈴木書記長から直接了承を得た。記して謝意を表したい。しかし，近年の紛争に関係する組合等，配慮を要すると判断したケースに関しては実名による叙述を避けた。

(2)　無署名であるが，中小労連関係者による地区労運動の総括的記録文集にあてた文章である［札幌地区労働組合協議会，1993，168］。また，同じ記録によれば地区労関係者は，「常任部と総評オルグの一体的活動で，19組合1212人……を新たに結集させ，3月8日12組合により『札幌中小企業労働組合連合会』を結成した」［同前，40］としている。数字の違いのみならず立場の違いが微妙に表現されており，興味深い。

(3)　とはいえ，札幌地区労の定期大会の議案書を見ても1960年代初頭から「一般組合」の加盟を確認できる。またそれと同一か否か不明であるが，松井［2010］からも1961年の労働省の調査によって「札幌地区一般合同労組」が存在していたようである。これらが札幌地域労組といかなる関係にあるかは，今後の丹念な調査によらなければならないだろう。

(4)　地区労の解散以前は，地区労が地域レベルでの労働相談や労働条件の向上に直接・間接に寄与していた。地区労解散後はこうした機能が失われ，かつてであれば地区労で受けていた相談が直接地域労組に持ち込まれるケースが増加したという。80年代中葉以降の臨調・行革路線が地域経済だけではなく雇用・労働に与えた影響の一つとして認識されなければならないし，その実態について地域レベルで実証される必要があろう。

(5)　この間の経緯について，書記長は次のように述べている。

　要するに屋上屋じゃないけれども，こっち（札幌中小労連――引用者）も単組がいっぱいあれば，地域労組にも支部がいっぱいあると。そうすると似たような組織を二つ抱えるようになるわけですね，専従が。私も当時入った，専従になったとき，札幌中小労連の専従と地域労組の役員を兼務するわけですよ。やることは両方とも同じと。ただ専従者からみてどっちが生き生きした運動ができるかというと，地域労組型の方が常にいろんな問題意識も啓発されるし。やっぱり中小労連の方は，職場の問題が落ち着いてしまうと，組合がなくなるわけでないにしても，運動が止まっちゃうんですよね。止まって年に1回の定期大会にも出てきたり出てこなかったりという関係になってだんだん運動が停滞していく。地域労組の方はしょっちゅういろんなお祭りみたいな，みんなで集まって酒飲むことから，争議から裁判から，いつもがやがやにぎやかにしているわけですよね。そうするとこっちの方が，運動も育つし人も育つということで，何とか地域労組の方に全体化したいなという思いがありますね。

(6) 代々木ゼミナール事件とは表１－１のなかで「東朋学園事件」あるいは「東朋学園・高宮学園事件」と表記されているものである。1991年，燃料手当の削減を契機として組合が結成され，手当の削減の手続きに関する妥当性等について争われた。以降1996年まで６回にわたって組合への支配介入，不誠実団交等の不当労働行為に関する訴えや争議のあっせん調停等が続いた。書記長によれば，代々木ゼミナールの労働者から相談を受けた際，経営者の性格をかんがみて相当長期化する困難なケースとなることを覚悟したという。

(7) 余談であるが，札幌地域労組の書記局は自治労会館内にある。ちなみに札幌地域労組としては自治労には加入していないが，自治労が手掛ける組織化や労働相談に全面的に協力している。

(8) 地労委命令はweb.churoi.go.jp/mei/m03666.html，中労委命令はwww.mhlw.go.jp/churoi/houdou/futou/shiryo-01-135.html，労働法の授業はwww.ritsumei.ac.jp/~satokei/LawLabour/2009/exam_09_kaiを参照されたい。いずれも2011年４月12日アクセス。

(9) 私はかつて，この表中にある労働組合を巡る労使関係の転換について関説したことがある。上原［1999］参照。

(10) 呉［2010b，67-68］にこの労働協約の案が示されている。参照されたい。

(11) こうした状況について，書記長は次のように述べている。

ただね，中身のない奴が多数派握ってもね，これ力にならないわけですね。少数派であっても，うちでいえばＲユニオン（すでに解散――引用者）なんてのは３人の組合ですけどね，３人の組合でも使用者側を振り回すような闘いできているし，……Ｈ支部というのは……組織率30％くらいだけれども，過半数とってるに匹敵する闘いできてますしね。かといえば，一方でＭ福祉会ってある。Ｍ福祉ユニオンという。これは昔経営者の不正を暴いて，ばっとこちら，ユニオンショップでおさえることに成功したところですが，これは僕が言うのも情けなくなるくらい組合の実態無くなっちゃって。

(12) 書記長によれば，老人ホームや保育園などを運営する社会福祉法人で，理事長・施設長を退陣に追い込んだケースは10件を超えるという。

(13) この内部告発は労働組合員であるか否かを問わない。まさにＲ支部における裁判闘争はこうしたケースにかかわって生じたものである。詳しくは木村［2010］を参照されたい。

(14)　書記長は，こうした運動の精神を「地区労の精神」とも表現している。ないものねだりであることを承知で，あえてこの精神に注文を付けるとすれば，私はこうした社会運動に職業訓練や就労支援が位置づくべきと考えている。詳しくは上原［2011］を参照されたい。この問題関心との関連で言うと，今年度で３度目となるJAMと日教組共催の「ものづくり教育シンポジウム」のような試みがもっと注目されるべきと思われる。第３回目に関してはJAM［2011］を参照されたい。

(15)　書記長によれば，相談に訪れる労働者の多くは，「いざというとき」のために，地元紙に掲載された札幌地域労組に関する記事や特集の切り抜きを大事に（時には財布の中でボロボロの状態になるまで）保管しているという。

(16)　言うまでもなくこうしたオーソドックスな手法を重視していることの裏面であるが，近年のユニオン運動が重視している個別相談・個別紛争への対応に関してはやや冷淡であるという側面は否定できない。

参考文献

浅見和彦［2010］「日本の労働組合運動」北川隆吉・浅見和彦編『21世紀への挑戦　6　社会運動・組織・思想』日本経済評論社，161-196ページ。

上原慎一［1999］「『中堅』・中小企業の労働編成と教育訓練」『生涯学習年報』（北海道大学高等教育機能開発総合センター）６。

上原慎一［2011］「労働と社会的排除」鈴木敏正編著『排除型社会を超える生涯学習』北海道大学出版会。

呉学殊［2010a］「集団的労使関係の再構築」『Business Labor Trend』１月号。

呉学殊［2010b］「コミュニティ・ユニオンと組織化」『進歩と改革』704。

呉学殊［2010c］「合同労組の現状と存在意義」『日本労働研究雑誌』604。

戎野淑子［2010］「合同労組運動の歴史――松井保彦氏にきく」『日本労働研究雑誌』604。

木村由花［2010］「北海道における個人加盟組合の機能と活動の展開に関する一考察」（北海道大学教育学部卒業論文）。

札幌地区労働組合協議会［1993］『札幌の労働運動』。

早矢仕不二夫［2008］『早矢仕不二夫オーラルヒストリー』慶應義塾大学出版会。

兵頭淳史［2006］「日本の労働組合運動における組織化活動の史的展開」鈴木玲・早川征一郎編著『労働組合の組織拡大戦略』御茶の水書房，３-36ページ。

松井保彦［2010］『付属資料集　合同労組の検証』フクイン。
JAM［2011］「ものづくり教育シンポジウム vol. 3」『月刊JAM』134。

第2章

九州のユニオンと東京のユニオン

――2000年・2010年コミュニティ・ユニオン組合員意識調査から――

福井　祐介

1　2つの調査と調査対象ユニオン

（1）調査の概要

本章では2000年および2010年に筆者が行った調査データを用いて，九州4県と東京都のコミュニティ・ユニオン(1)を比較し，この間の組合員の属性やさまざまな点からみた状況，そして意識の変化などが，九州のユニオンと東京のユニオンでどのように異なっているか（またどのように変化したか）を検討する。

筆者は2000年における調査のデータを用いてこれまでいくつかの論文を発表してきた［福井，2000；2003］。2010年の調査は，2000年調査の「フォローアップ（追跡調査）」であって，そのため設問内容は2000年調査とおおむね共通である（一部設問は割愛・変更された）。2つの調査の概要は以下の表2-1に示してある。

これら2つの調査によって，10年の変化を踏まえ，2000年代のコミュニティ・ユニオンの動向を知るためのデータが得られた。いずれにしてもポイントは，2つの調査が約10年の間隔をもってほぼ同一対象に同一内容で行われた点にあり，それによって二時点間での比較が可能となっていることで，それが本章で用いるデータのもつ特色といえる。本章の課題は，九州と東京で2000年代最初の10年間に起きた変化を，組合員個人レベルを対象としたこれらの数量データを用いて明らかにすることにある。

表2－1　２つの調査の概要

2000年調査の概要	
調査名称	:「コミュニティ・ユニオン」組合員アンケート調査
調査票配布期間	: 2000年７-10月
回収期間	: 同年８-11月
実施方法	: 郵送法（個人加入者）と留置法（職場分会加入者）の併用
調査対象	: 全配布数2205票　回収766票　回収率34.7%
2010年調査の概要	
調査名称	: コミュニティ・ユニオン組合員フォローアップ調査[1]
調査票配布期間	: 2010年３－４月
回収期間	: 同年３－５月
実施方法	: 郵送法（ユニオンのニューズレターが発送される組合員対象）
調査対象	: 全配布数2500票　回収490票　回収率19.6%[2]

注：(1)　2010年調査は，2008-2010年度科学研究費補助金基盤研究（B)「非正規労働者を組織する新型労働組合――個人加盟ユニオンの構造と機能」(研究代表者：明治大学経営学部教授遠藤公嗣・研究課題番号：20330110）の補助を受けて実施した。

(2)　2000年調査に比べて2010年調査の回収率は大きく低下しているが，その原因の一つとしては調査票配布方法の関係で，一部のユニオンにおいて回収期間を十分に確保できなかった点が考えられる。というのは，ユニオンのニューズレターに同封してもらう方法で調査票を配布したため，ユニオンによっては回収期限に近い時期に配布され，その結果回収期間を十分に確保できなかった可能性がある。

（２）調査対象ユニオンの概要

調査対象となったのは８つのユニオン（ただし2010年調査では失業者ユニオンが含まれないので７つのユニオン）である。表２－２で調査対象ユニオンの概要を示した。表中の注記のように，連合福岡ユニオン，大分ふれあいユニオン，連合宮崎コミュニティ・ユニオン，および連合鹿児島ユニオン[2]は，九州に立地し，系譜的にはかつての総評地区労の流れを汲んでいる。また大分ふれあいユニオンを除くと，各県連合の傘下にあることもこれらのユニオンの共通点である。これらユニオンは定期的に九州各地で会合を開催し，さかんに相互交流を行っている。

それに対し同じく表２－２によれば，東京に立地する（または立地した）東京管理職ユニオン[3]，ネットワークユニオン東京，失業者ユニオン[4]，および東京ユニオン[5]は，組合の系譜的にはかつての総評全国一般をルーツとするか，または

表2－2　調査対象ユニオンの概要

ユニオン名称	所在地	結成時期	上部団体	注　記
連合福岡ユニオン	福岡県	1996年12月	連合福岡	福岡地区労センター・ユニオン福岡（1994年2月結成）が前身。総評地区労の流れを汲む。
大分ふれあいユニオン	大分県	1988年4月	全国ユニオン*	大分県平和運動センターとの関係が深い。総評地区労の流れを汲む。
連合宮崎コミュニティ・ユニオン	宮崎県	1999年6月	連合宮崎	宮崎ユニオン（1987年6月結成）が前身。総評地区労の流れを汲む。
連合鹿児島ユニオン	鹿児島県	2001年4月	連合鹿児島	始良（あいら）ユニオン（1989年3月結成）が前身。総評地区労の流れを汲む。
東京管理職ユニオン	東京都	1993年12月	全国ユニオン*	全労協全国一般東京労働組合を母体に結成。その後全労協を脱退。2010年7月に分裂。
ネットワークユニオン東京	東京都	1998年2月	なし	東京管理職ユニオンの非管理職および若年層組合員を中心に結成。東京管理職ユニオンから独立。
失業者ユニオン	東京都	1999年10月	―	現在は休眠状態。東京管理職ユニオン・全日建連帯労組などで結成、事業活動などを模索した。
東京ユニオン	東京都	1979年8月	全国ユニオン*	コミュニティ・ユニオンの実質的最古参。総評全国一般東京労働組合を母体に結成。

＊「全国ユニオン」とは，「コミュニティ・ユニオン全国ネットワーク」を母体として2002年11月に結成された「全国コミュニティ・ユニオン連合会」の略称。連合加盟の単位産別である。

そこから派生している点が共通する。九州と同様かそれ以上に（地理的にも互いに近いので），組合間の活発な共闘や相互交流も行われている。またそれ以外に，これら東京のユニオンは東京の中心部にあるという立地条件を意識的に活用しており，マスコミ等に注目してもらう機会が多く，問題提起型で社会運動色の強い活動を行ってきた(6)という特徴も指摘できる。

これらの点を踏まえ本章においては，各ユニオン別の分析を行う場合を除き，九州の4ユニオンおよび東京の4ユニオン（2010年には東京の3ユニオン）をそれぞれひとまとまりのグループとして扱い，分析を進めていきたい。そうしたグループ分けはアド・ホックなもので，「九州型」または「地方型」や「東京型」のようなユニオン類型をすぐに想定しているわけではない。とはいえ系譜

図２－１　性別比の動向

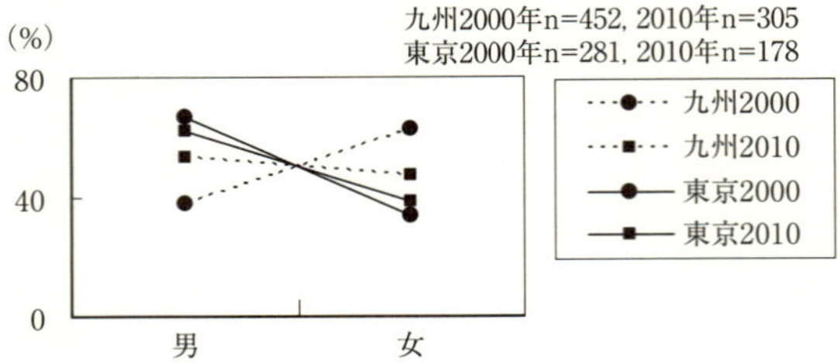

や立地といった点で類似したコミュニティ・ユニオンのグループをひとまとめにして比較対照することは，そこに浮き彫りとなった一致点と相違点により，今後の研究をさらに進めていくための手がかりとなるであろう。

以下，本章の表中や図中では各ユニオンの名称を適宜省略する（例えば「連合福岡ユニオン」を「福岡」，「ネットワークユニオン東京」を「NU東京」とするなど）。また文中でも多くの場合，東京の４または３ユニオンを「東京」，九州の４ユニオンを「九州」と略称することにする。

2　組合員属性・雇用環境の変化

本節では両調査の回答者の属性や置かれた状況についてのデータを検討する。データとしては順に，性別比・年齢に関する統計量・雇用形態・勤め先規模・勤め先就業年数に関する統計量・就業状況を見ていく。

（１）性別比

図２－１は2000年と2010年における回答者の性別構成を九州と東京に分けて示したものである。図２－１によると，回答者の男性比率は2000年において九州で37.4%，東京で66.5%であり，東京で男性比率が高かった（女性比率が低かった）。一方2010年になると九州で53.1%，東京で61.8%となり，いぜん東京の方が回答者の男性比率が高いものの，両者の差はこの間に縮小してきたよ

表2－3　年齢に関する統計量

		min	max	ave	sd	n
九州	2000年	20	69	43.5	10.941	439
	2010年	23	74	47.7	10.664	300
東京	2000年	24	76	46.6	9.983	281
	2010年	25	82	49.4	10.196	176
2000年計		20	76	44.7	10.678	720
2010年計		23	82	48.4	10.515	476

うである。

なおユニオン全体で回答者の男性比率は2000年48.6％から2010年56.3％に上昇した。

（2）年齢に関する統計量

表2－3では回答者の年齢に関する基本統計量を示している。平均年齢（ave）は九州の方が東京よりも2－3歳低い。しかしユニオン全体として高年齢化が進んでおり，その点について九州と東京での相違はない。年齢のレンジ（最小（min）と最大（max）の値の隔たり）を見ると，2000年には全ユニオンで20歳から76歳までであったが，2010年のレンジは23歳から82歳までわたっている。

なお標準偏差（sd）については，九州の方が東京よりもいずれの年次でも小さいが，九州の標準偏差はやや縮小したのに対して，東京のそれはやや拡大し，ユニオン全体では若干の縮小がみられる。

（3）雇用形態

図2－2では回答者の勤め先における雇用形態の構成動向を示している。(7)

結果として九州と東京の雇用形態構成比はほぼ同一であり，しかもどちらの地域のユニオンでも10年間での変化がほとんど見られない。例えば，2000年の正規社員比率は九州が69.7％で東京が76.8％であるが，2010年にはそれぞれ71.0％と69.9％である。

コミュニティ・ユニオン組合員の雇用形態の面では，九州と東京にかかわらず正規雇用と非正規雇用の比率が約7：3という状態にあり，安定した構造を

図2－2　雇用形態構成比

九州2000年n=419, 2010年n=293
東京2000年n=272, 2010年n=173

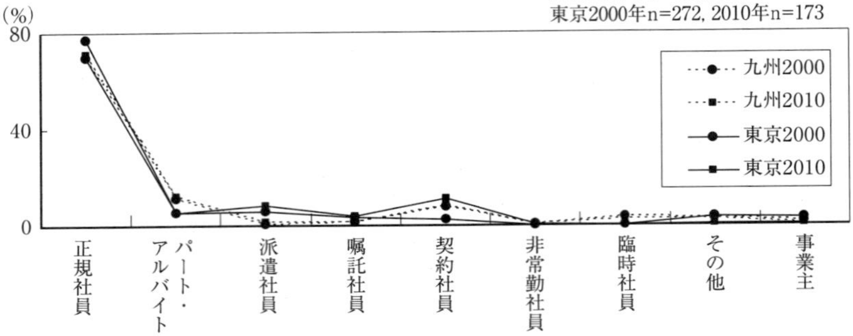

図2－3　勤め先規模（従業員数）の構成比

九州2000年n=428, 2010年n=288
東京2000年n=274, 2010年n=172

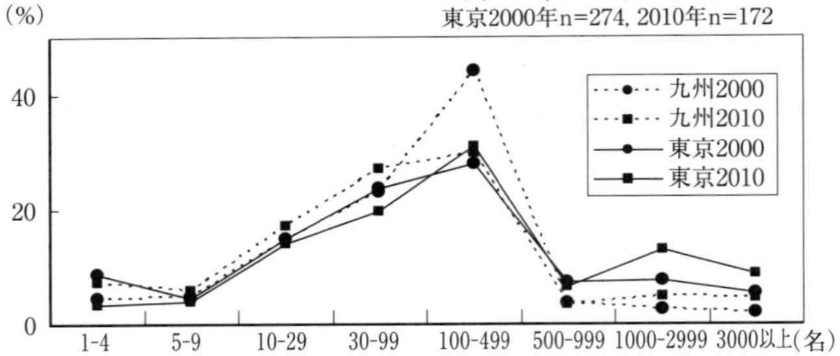

形成している。

（4）勤め先規模

図2－3は回答者の勤め先規模を従業員数の点から答えてもらった結果を示している。

それによると，2000年の九州では「100-499名」規模の勤め先比率が44.2%と高かったが，2010年には29.9%まで下がった。一方東京では「1000-2999名」規模が7.7%から12.8%へ，「3000名～」規模で5.5%から8.7%まで高まった。それら以外は九州と東京ともに，また2000年・2010年ともに，規模構成比はほ

表2－4　就業年数に関する統計量

		min	max	ave	sd	n
九州	2000年	0.1	36.0	10.8	7.977	377
	2010年	0.1	42.0	11.9	10.285	284
東京	2000年	0.1	39.8	11.0	9.885	263
	2010年	0.1	39.2	10.5	9.441	167
2000年計		0.1	39.8	10.9	8.804	640
2010年計		0.1	42.0	11.4	9.994	451

図2－4　就業状況（就業の有無）

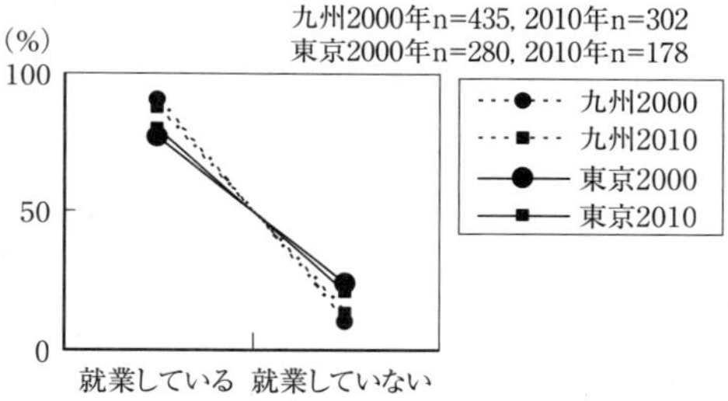

ぼ同一パターンとなっている。すなわちコミュニティ・ユニオン組合員の勤め先は中小企業が多い，という従前の傾向をひきつづき維持している。これもユニオンの安定した特徴の一つといえそうである。

（5）勤め先就業年数に関する統計量

表2－4では回答者の勤め先での就業年数(8)に関する統計量を示している。

それによると，2000年から2010年の間に九州では就業年数の平均値が若干長期化しているが，東京では逆に短期化するというまちまちな結果となっている。就業年数の最大値も，九州では上昇したが東京では下降した。全体的には，平均勤続期間はやや上昇した。

就業年数の標準偏差の動向も九州と東京でまちまちであり，九州ではばらつきの度合いが増し，東京では逆の傾向がみられる。全体的には標準偏差はやや大きくなった。

（6）就業状況

それでは回答者の就業状況（すなわち有業か否か）についてはどうかというと，図２－４のように九州・東京ともに現在就業中であるとの回答者が2000年と2010年ともに大半を占める。すなわち就業中である回答者の比率は2000年において九州で90.3％，東京で76.4％であり，九州で男性比率が高かった。一方2010年になると九州で87.1％，東京で79.8％であり，いぜん九州の方が比率は高いが，両者の差は縮小した。

全体での就業者比率は，2000年の84.9％から2010年の84.4％に微減となった。

（7）本節のまとめ――おおむね安定した内部構成

ここまでを九州と東京の相違点に注目してまとめると次のようになる。

⑴　回答者の男性比率は九州で増加，東京で減少し，全体的には男性がやや増加した。

⑵　回答者の年齢構成は，九州が東京より若干若いが，いずれにおいても高年齢化が進行してきた。

⑶　九州でも東京でも回答者の正規・非正規比率はほぼ７：３で，この比率はいずれにおいても変わらなかった。

⑷　回答者の勤め先は九州と東京ともに，いずれの時期も中小規模が中心であった。

⑸　九州では回答者の就業年数の平均値が若干長期化し，東京では逆に短期化した。全体的にはやや長期化した。

⑹　回答者の就業者比率は九州ではやや減少し，東京ではやや上昇した。全体として九州の方が就業者比率は高い。

3　本人収入と世帯収入

本節では，回答者の本人収入分布及び世帯収入分布を，やはり九州と東京の違いに注目しながら見てみたい。

図2-5　本人収入の動向

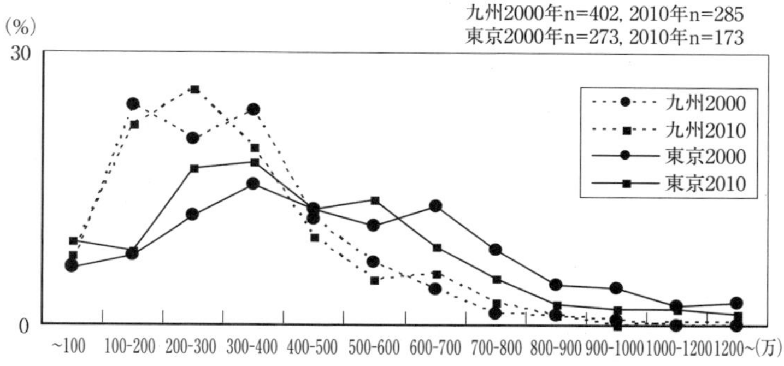

九州2000年n=402, 2010年n=285
東京2000年n=273, 2010年n=173

（1）本人収入の分布

図2-5は過去1年間の本人収入の回答結果の分布を示すグラフである。

図2-5を見ればすぐわかるが，東京の本人収入分布は九州のそれより高い傾向がある。このこと自体は東京と地方の収入格差として常識的に理解できる。2000年と2010年の違いについては，最頻値で見てみると九州は2000年に「100-200万」が24.1%で，2010年には「200-300万」が26.0%であり，上昇した。それに対して東京の最頻値は2000年に「300-400万」で15.4%，2010年も同じく17.9%であって，こちらは変わっていない。

しかし全体の分布を見ると，九州では10年間での変化がやはりはっきりしないが，「200-300万」の層が増加している点が目に付く。東京では2000年にかなり多かった600万（円）以上の各層が2010年に大幅減少し，「500-600万」以下の層が増えている。

これらを要するに，2000年から2010年にかけての本人収入分布は，九州ではあまりはっきりした変化が見られなかったが，東京では分布が左側にシフト，すなわち本人収入の低下傾向が見られる。

図2-6　世帯収入の動向

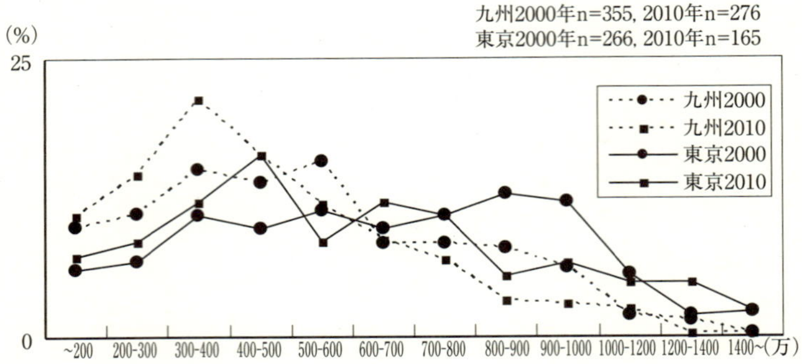

九州2000年n=355, 2010年n=276
東京2000年n=266, 2010年n=165

(2) 世帯収入の動向

一方，世帯収入の分布を示した図2-6では，九州でも東京でも収入低下傾向が鮮明である。

東京の組合員世帯収入の最頻値は2000年において「800-900万」の12.8%であったが，2010年においては「400-500万」の16.4%まで一気に低下し，かつての中流であった階層の比率が大幅に縮小した。また九州の最頻値も「500-600万」の15.8%から「300-400万」21.4%へと顕著に下方シフトしている。こうした低収入化がコミュニティ・ユニオン組合員世帯の生活を圧迫していることは想像に難くない。

(3) 本節のまとめ――収入の減少

本節をまとめると以下のようになる。

(7)　おもに東京で本人収入は減少した。

(8)　九州でも東京でも世帯収入は大幅に減少した。

4　職場分会と他組合員支援経験

本節では，職場分会の結成，及び他の組合員に対する支援経験についてのデータを検討する。

（1）職場分会（支部）結成の有無

職場分会（ユニオンによっては職場支部と呼ばれる場合もある）とは，その名の通り職場に根ざした組織であって，組合員の個人加盟ではなく職場にある労働者の組織を介してコミュニティ・ユニオンに加盟しているという形をとる。いいかえれば，個人加盟ユニオンに団体加盟しているともいえる(9)。職場分会結成比率がかりに低下しているならば，ほぼ反射的にそれは個人加盟者の比率が高まっていることを意味する（勤め先がない場合もあるので完全に反射的とまではいえないが）。したがってこの比率は個人加盟ユニオンとしてのいわば「純粋性」にかかわるものとして注目すべきである。

職場分会結成についての状況をたずねた結果をまとめたのが図２－７である。

図２－７によれば，回答者の職場分会結成比率は，2000年と2010年いずれにおいても九州の方が東京より高い。とはいえ，九州でも東京でも職場分会結成比率は10年間で大幅に下落して，九州は58.5％から37.9％へ，東京は24.3％から14.9％へそれぞれ下がった。

ところで九州で職場分会結成比率が高いのは，あるユニオンの同比率が突出して高いためである。そのことを示すため，各ユニオンの職場分会結成比率を表２－５にまとめてみた。

表２－５の網掛け部分に注目すると，大分ふれあいユニオンの職場分会結成率が2000年で79.0％，2010年でも68.0％と群を抜いて高いことがわかる。しかも大分ふれあいユニオンは回答者数が多かったため，九州全体の数値に与える影響も大きかったのである。

大分ふれあいユニオン以外での（九州の各ユニオンの）同比率は，2000年には

図 2-7　職場分会結成の有無

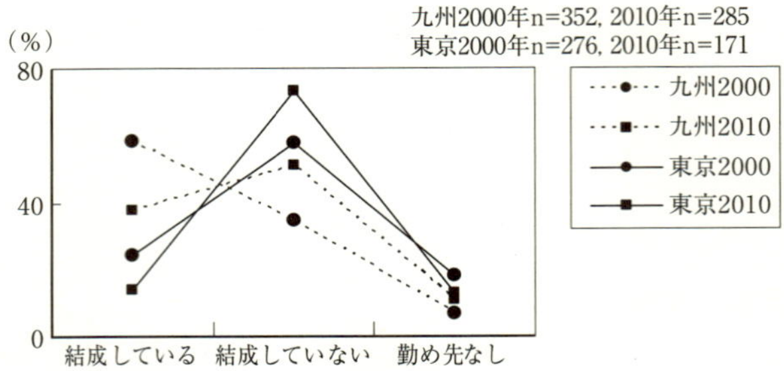

九州2000年n=352, 2010年n=285
東京2000年n=276, 2010年n=171

表 2-5　職場分会結成の有無（ユニオン別）

	年	結成している（%）	結成していない（%）	勤め先なし（%）	n
福岡	2000	31.3	58.2	10.4	67
	2010	17.4	66.3	16.3	92
大分	2000	79.0	15.3	5.7	176
	2010	68.0	29.1	2.9	103
宮崎	2000	46.9	49.0	4.1	98
	2010	10.8	70.3	18.9	37
鹿児島	2000	0.0	72.7	27.3	11
	2010	34.0	54.7	11.3	53
東京管理職	2000	18.8	67.0	14.3	112
	2010	3.0	78.8	18.2	33
NU東京	2000	19.0	57.1	23.8	42
	2010	5.9	82.4	11.8	34
失業者	2000	0.0	37.5	62.5	8
	—	—	—	—	—
東京	2000	33.3	50.0	16.7	114
	2010	20.2	68.3	11.5	104
2000年計		43.5	44.7	11.8	628
2010年計		28.9	59.4	11.6	456

東京より高い傾向があった。しかし2010年では連合鹿児島ユニオンがやや高いのが目につく程度である。東京では東京ユニオンの同比率が比較的高いが，10年間で数値は大きく低下している。東京管理職ユニオンとネットワークユニオン東京はもともと低かった同比率をさらに低下させている。

概括すれば，一部のユニオンを除いて10年間で，職場分会結成比率は低下し

図2－8　他の組合員に対する支援経験

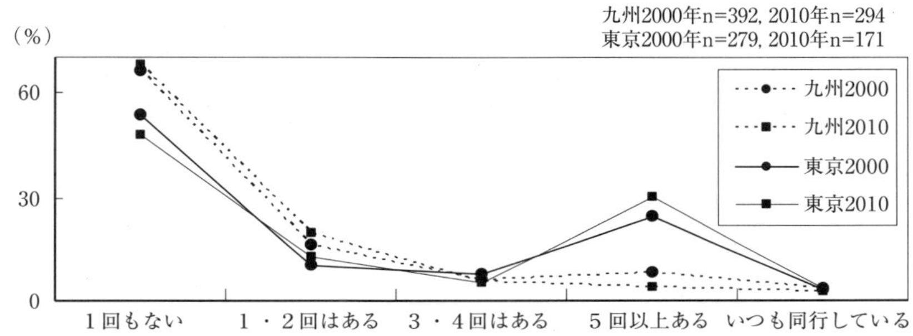

た。ただこれによって個人加盟ユニオンとしての「純粋性」が高まった，と評することもできるだろう。

（2）他の組合員に対する支援経験

個人加盟ユニオンは，組合員相互の連帯感を高め，また限られたリソースを活用するためにも，個別労働紛争などにおいて組合員相互で助け合うことを組合員に勧めることが多い[10]。図2－8ではそうした支援経験の有無についての回答結果を示した。

九州では，他の組合員を支援した経験が「1回もない」との回答結果が，2000年で66.3%，2010年に67.7%と非常に多かった。それに対して，東京の回答結果は異なるパターンとなっていて，たしかに「1回もない」は2000年で53.8%，2010年で48.0%とそれぞれ最頻値だが，一方で「5回以上ある」の回答も2000年で24.7%，2010年で30.4%もある。

ここから見るに，東京のユニオンは組合員の相互支援という内部リソースを引き出すことにある程度成功しているようである。ただし「1・2回はある」「3・4回はある」の回答がそれに対して少ないところを見ると，限られた人々（おそらく長期加入者が多いだろう）が比較的たくさんの支援を行い，その一方では支援経験が「1回もない」という人々（新規加入者が多いだろう）が最大多数派として存在しているのである。

表2-6　他の組合員に対する支援経験の有無（ユニオン別）

	年	1回もない（%）	1・2回はある（%）	3・4回はある（%）	5回以上ある（%）	いつも同行している（%）	n
福岡	2000	66.2	14.1	5.6	12.7	1.4	71
	2010	66.7	19.8	6.3	5.2	2.1	96
大分	2000	54.3	23.4	6.9	9.1	6.3	175
	2010	62.1	25.2	6.8	4.9	1.0	103
宮崎	2000	83.0	8.1	4.4	3.7	0.7	135
	2010	73.7	15.8	5.3	2.6	2.6	38
鹿児島	2000	54.5	18.2	9.1	18.2	0.0	11
	2010	75.4	14.0	3.5	1.8	5.3	57
東京管理職	2000	54.5	8.9	6.3	29.5	0.9	112
	2010	54.5	3.0	9.1	30.3	3.0	33
NU東京	2000	38.6	11.4	11.4	27.3	11.4	44
	2010	23.5	14.7	2.9	52.9	5.9	34
失業者	2000	70.0	10.0	10.0	10.0	0.0	10
	—	—	—	—	—	—	—
東京	2000	57.5	11.5	8.0	20.4	2.7	113
	2010	53.8	15.4	4.8	23.1	2.9	104
2000年計		61.1	13.9	6.7	15.1	3.3	671
2010年計		60.4	17.4	5.6	13.8	2.8	465

ところで2010年において，他の組合員に対する支援経験が「５回以上ある」との回答がもっとも多かったユニオンは，ネットワークユニオン東京である。表2-6によれば，「５回以上ある」が52.9％と回答者の過半数を占めている。同ユニオンに関しては，組合員間で相互支援を行うことはごく一般的に定着していると判断できる。

（３）本節のまとめ――職場分会結成と相互支援経験に地域差

本節をまとめると，次のようになる。

⑼　職場分会結成比率は九州で高く，東京で低いが，10年間で九州でも東京でも低下した。

⑽　他の組合員を支援した経験は，東京でも九州でも「１回もない」層がもっとも多いが，東京では「５回以上ある」層が比較的多く存在する。

5　紛争状況とユニオンで得られたもの

本節では，組合員の紛争状況と若干の組合員としての意識についての回答結果を紹介する。データは順に，労働問題の種類・具体的に取った行動・ユニオン活動を通して得られたものである。

（1）労働問題の種類

図2-9はコミュニティ・ユニオン組合員の抱えている（または抱えていた）労働問題の複数回答の結果である

結果としては，まず九州でも東京でも10年間の変化は多くの労働問題において少ない。九州は「今のところ問題はない」(11)の回答率が2000年25.5%，2010年23.5%ともっとも高く，一方東京では「解雇」の回答率が2000年33.6%，2010年36.9%ともっとも高かった。その他の項目を見ても九州と東京の労働問題の回答傾向はかなり安定していて，「解雇」「退職強要」また「降格減給」「配転」「仕事干し」「職場いじめ」といった問題で，東京のほうが九州よりも一貫して高い回答率となっている。他方九州のほうがはっきりと回答率が高いのは「今のところ問題はない」と「残業休日」のみである。

2000年と2010年のあいだでの変化としては，九州では，「残業・休日」「不利益変更」の増加がやや目立っており，また「その他」も増加している。東京では「降格減給」が減少した点のみが注目される。なお，2010年の「その他」の多くは，自由回答の結果からみると，2000年には概念自体がほとんど社会的に知られていなかった「パワハラ（パワー・ハラスメント）」が占めている。

（2）具体的に取った行動

図2-10ではコミュニティ・ユニオン組合員が紛争経過のなかで具体的に取った行動を複数回答で回答してもらった結果である。

図2-10によれば，2000年調査と2010年調査のいずれの時点でも，「特に何も

図２－９　労働問題の種類（複数回答）

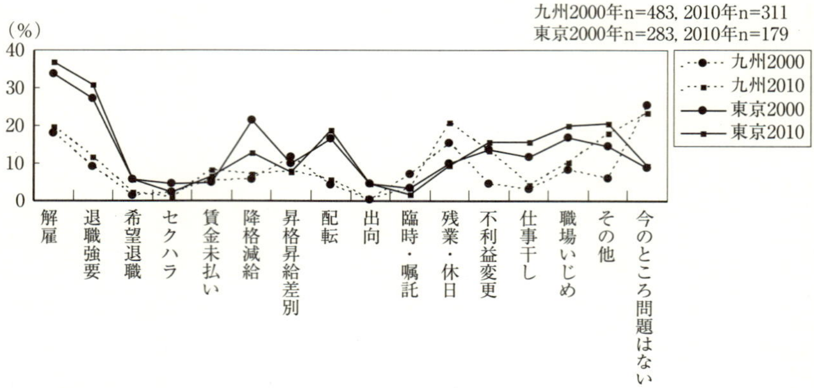

していない」をのぞいて実践の折れ線が破線の折れ線より上方にあるので，東京は九州より活発に各種の行動がなされていることになる。また折れ線の形は九州よりも東京において安定しており，行動パターンにおいてもある一定の構造が存在することが読み取れる。

九州でも東京でも「団体交渉」の回答率がもっとも高く，九州では2000年34.0％で2010年51.8％，東京では2000年59.0％で2010年68.2％である。九州での「団体交渉」の回答率の伸びが注目される。次に高いのが「(組合結成の) 申し入れ」であり，九州では2000年25.3％で2010年34.1％，東京では2000年51.9％で2010年53.1％である。それ以外の行動としては，「抗議活動」「裁判」「労委（労働委員会）斡旋・調停・仲裁」「労委不当労働行為申立」は東京において比較的高く，東京は九州よりも多彩な手段によって紛争対応していることが読み取れる。複数回答であるため，それらは同時または相前後して行われることで，一連の「争議行動」を構成しているとみられる。

こうした九州と東京の相違の理由は興味深い。それが地域の労働紛争事情の違いによるのか，ユニオンの活動方針によるのか，それとも職場分会の多さ少なさによるものなのかは，行動の種類によっても異なるであろう。ただし，2000年に比べ2010年には九州の破線折れ線が東京の実線折れ線のパターンにや

図２-10　具体的に起こした行動（複数回答）

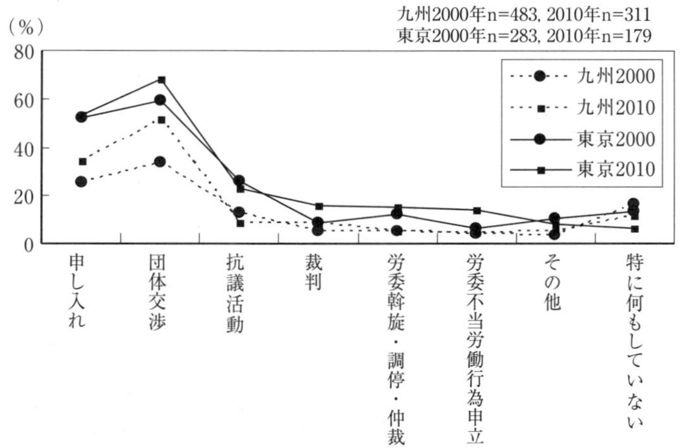

や近づいている（「団体交渉」と「申し入れ」に注目した場合）ので，この点からは紛争行動面で「九州の東京化」現象が起きているともいえる。

なお，2006年に開始された「労働審判制」など2000年調査以降導入された新しい制度を利用した行動については「その他」に含まれるが，回答率自体が九州でも東京でも高いといえない。

（3）ユニオンで得られたもの

図２-11では，コミュニティ・ユニオン組合員がユニオンでのさまざまな活動をつうじて得られたものについて，複数回答で回答してもらった結果を示している。

2000年調査と2010年調査のいずれの時点でも，東京の実線折れ線の方が九州の破線折れ線よりもほとんどの項目で上方にある。東京では九州よりも得られたものが多いことになる。しかし2000年に比べると2010年には東京と九州の折れ線のパターンは近接しており，この点でも「九州の東京化」が起きているとみることができる。

東京でのツー・トップの回答項目が「労働法など法律知識」および「働くも

図２-11　ユニオンで得られたもの（複数回答）

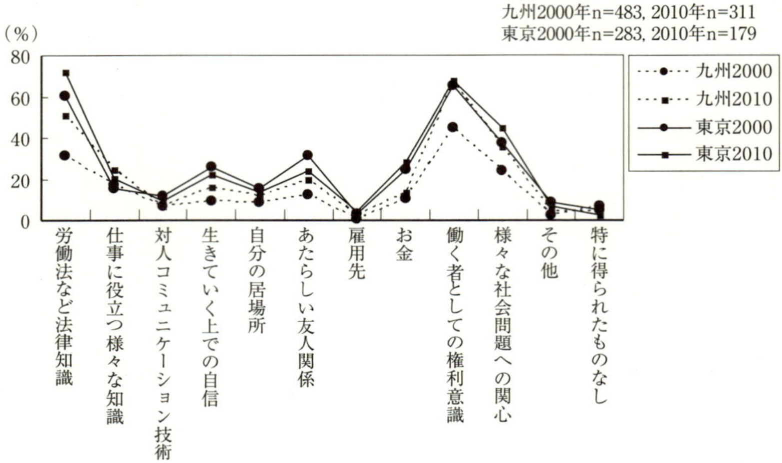

のとしての権利意識」であり，前者は2000年60.1％で2010年72.1％，後者は2000年65.0％で2010年67.6％であった。九州も同様の傾向であり，「労働法など法律知識」は2000年31.5％で2010年51.1％，「働くものとしての権利意識」は2000年44.7％で2010年67.2％であった。

10年間で回答が減少したのは，東京の「あたらしい友人関係」「生きていくうえでの自信」「自分の居場所」であった。ただし減少したといってもこれらの項目は回答率では中位項目の位置を維持している。それに対して，九州ではこれといった減少項目は見あたらないが，「働くものとしての権利意識」を筆頭に回答が増加した項目が（上記の中位項目群を含め）むしろ多い。

回答の多い上位項目から判断するに，コミュニティ・ユニオンには紛争にかかわることを通じての一種のOJT教育や，学習活動などを通じての労働学校的な側面があり，この10年でそうした側面がより強まったとみることができる。また，ユニオンで「居場所」や関係性を得る傾向は東京でよりよくみられるようだが，(12) 10年の変化としては東京でやや弱まり，九州でやや強まって，結果として収斂傾向にある。

（4）本節のまとめ——問題の種類や取った行動にも地域差

本節をまとめると，次のようになる。

⑾　九州でも東京でもコミュニティ・ユニオン組合員の抱えている労働問題は一部を除き大きく変化してはいない。また東京のほうが九州より多くの問題を抱えている傾向がある。

⑿　コミュニティ・ユニオン組合員が紛争経過のなかで具体的に取った行動について，いずれの時点でも東京の方が九州より活発である。2000年調査と2010年調査のいずれの時点でも，東京のほうが九州よりも各種の具体的な行動を起こしたという回答が多い。

⒀　コミュニティ・ユニオン組合員がユニオンでのさまざまな活動をつうじて得られたものについては，東京では九州よりも得られたものが多い。また九州でも東京でも，「労働法など法律知識」「働くものとしての権利意識」が回答のツー・トップである。

6　政治意識と階層帰属意識

コミュニティ・ユニオンは政治団体ではないので，政治との関わりは本来の組織目的ではない。またこうしたユニオンがNPO的な意味で公益性を重視する場合は，みずからの「ミッション（社会的使命）」との接点においてのみ政治と関わることになるだろう。ただ各ユニオンのオフィスを訪れれば政党や議員のポスターが貼られていることもしばしばで，程度の差はあれ政治との関係は見られる。連合系のユニオンであれば，連合の推薦する政党との関係が深くなる。今回の調査対象ユニオンは連合系であれそれ以外であれ，現時点では民主党内リベラル派か社民党寄りの立場をとっているようである。[13]

これが組織レベルでなく組合員レベルではどうだろうか。コミュニティ・ユニオンを主導する人脈や思想は，過去の経緯からいっても左派系またはリベラル系政党との親和性が高い。とはいえユニオン自体が特定政党を支持することと，ユニオン内部に特定の政党支持層が多く存在する（かもしれない）ことは一応別の問題である。「だれでも，１人でも加入できる」ユニオンは，少なくとも建前上，自民党や共産党やその他の政党支持者にも扉が開かれているのである。

一方組合員の多くは，リストラや低賃金などの形で，デフレ不況やグローバル化による経済・社会の構造変化のしわ寄せという「被害」を受けている。それだけに，彼ら／彼女らは社会のなかの自分の位置により敏感になっている可能性があり，またそうした社会意識が強ければ，ユニオンの各種活動や政治との関わりに積極的になるかもしれない。

そこで本節では支持政党・政党支持の必要性・階層帰属意識[14]の順に，調査から得られたデータを紹介していきたい。

（1）支持政党

コミュニティ・ユニオン組合員の支持政党については，2000年と2010年の間に政党の設立や離合集散があって１つの図にまとめることは難しい。そのため図２-12で2000年調査，図２-13で2010年調査の結果を別個に示している。

図２-12によれば，九州では2000年には「特定の支持政党なし」38.7％と並んで社民党34.8％が強く，かつての社会党王国のなごりを感じさせる。それに対して東京で2000年において回答が集中したのは上位から「特定の支持政党なし」45.2％であり，かなりの差をつけられて民主党15.6％と社民党9.5％が続いている。それ以外の政党は少なく，若干の自民党・共産党支持層と無関心層がいる。

また，図２-13によれば，2010年には東京のユニオンよりも九州のユニオンで大きな変化が見られた。九州では社民党と民主党の支持が逆転し，民主党29.1％，社民党13.7％になった。そして「特定の支持政党なし」45.2％が東京と同程度の比率となった。2010年の東京は九州に比べ大きな変化が見られないが，あいかわらず「特定の支持政党なし」43.0％ともっとも多く，ついで民主

図2-12　支持政党（2000年）

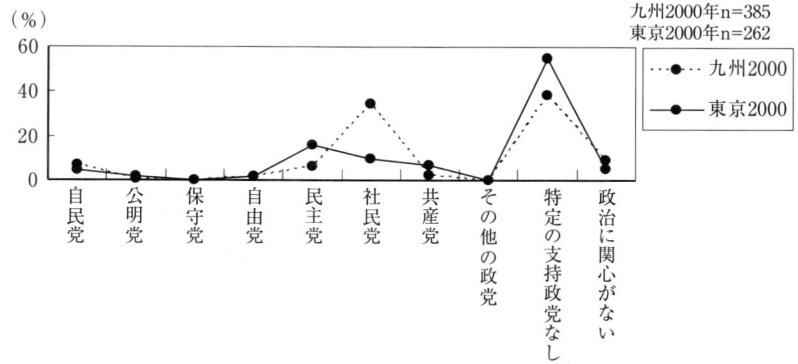

図2-13　支持政党（2010年）

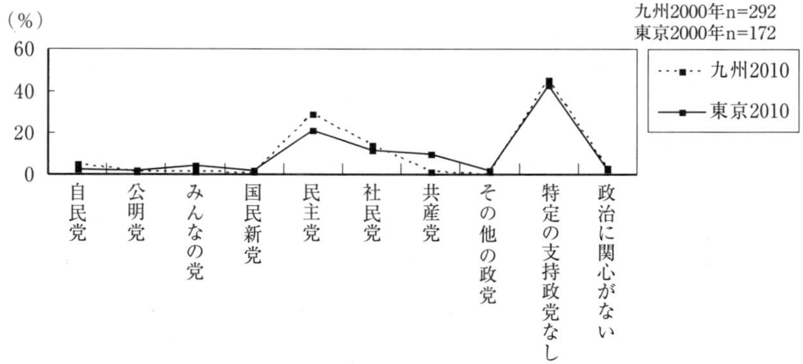

党21.5%と社民党11.6%の支持率が高い。

2000年調査時点で，小沢一郎率いる自由党と合併する前の都市型リベラル色の強かった当時の民主党が，無党派層の多い大都市東京のユニオンで多く支持されていたのは理解できる。それに対して総評地区労時代からの縁で旧社会党・現社民党との関係が深かった九州のユニオンで社民党支持比率が高かったのであろう。その後2009年夏の政権交代の余韻の残る時期に行われた2010年調査結果では，九州でも東京でも最多数派である無党派層をのぞいて民主党支持が主流になった。

図 2-14　政党支持の必要性

九州2000年n=394, 2010年n=303
東京2000年n=278, 2010年n=178

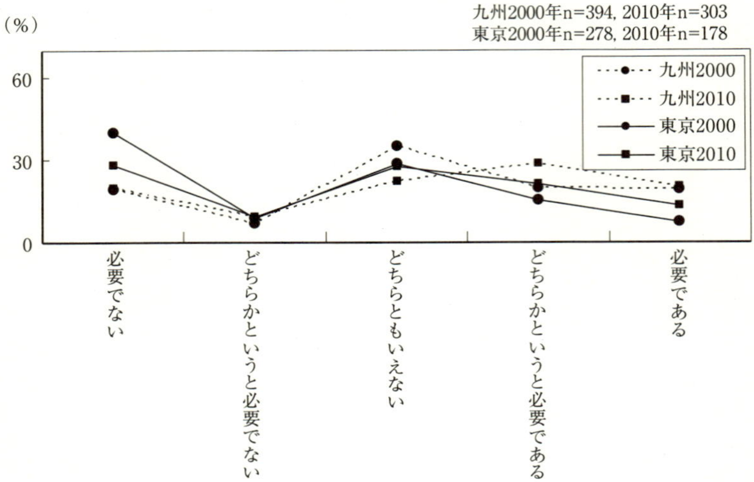

（2）政党支持の必要性

つぎにコミュニティ・ユニオン組合員の政党支持の必要性についての回答結果を紹介する。それを示したのが図 2-14である。

図 2-14によれば，まず九州の2000年19.3％と2010年19.8％にくらべて東京では「必要でない」との回答が2000年39.9％，2010年28.1％であり，東京では政党支持に対して否定的である。ただ東京では「必要でない」との回答が減った一方，「どちらかというと必要である」「必要である」の回答率が10年間で数％ずつ増加しており，10年間で政党支持の必要性の意識はやや高まった。九州では「どちらかといえば必要である」の回答が９％ほど増加しており，やはり政党支持の必要性の意識は高まった。

総じてユニオンとしての政党支持への抵抗感は減り，逆に意義を見出すような傾向が出てきているといえよう。

図２-15　階層帰属意識

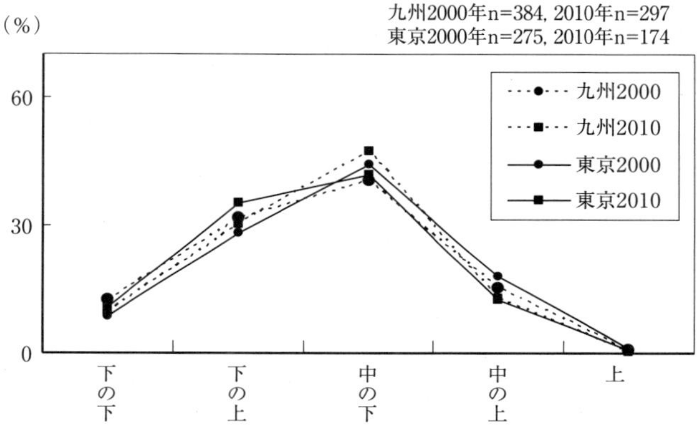

（３）階層帰属意識

コミュニティ・ユニオン組合員の階層帰属意識の回答結果を示したのが図２-15である。

図２-15によれば，九州と東京の回答パターンは，2000年も2010年も「中の下」がいずれも最頻値で，つぎに「下の上」がくるという同一パターンである。中流意識を持つ層（「中の下」＋「中の上」）はいずれにおいても５割以上存在するので，意外に中流意識が根強く存在していると見ることはできよう。

より細かく見ると，10年間で九州では「中の上」と「下の下」「下の上」がやや減って「中の下」が増え，東京では「中の上」「中の下」が減ってその分「下の上」「下の下」が増えた。その結果2010年では，九州よりも東京の方がこころもちではあるが，階層帰属意識の分布は下方に厚く分布している。いいかえると九州の方が東京よりもやや中流意識を持つ回答者が多い傾向にある。

本人収入や世帯収入が，落ちこんだとはいえ九州よりも東京の方が高い点（図２-５及び図２-６参照）からみて，これは絶対的な収入金額の問題ではなく，比較対象となる集団（周囲の身近な人々や過去の自分自身）との格差を認識し，何か悲しいような気持ちになっているのかもしれない。

（4）本節のまとめ——政党支持は民主党，階層意識は安定

本節をまとめると，次のようになる。

⒁　九州・東京で2000年と2010年の双方において「支持政党なし」が最大多数派であった。2000年には九州では社民党，東京では民主党がもっとも支持される政党であった。2010年には東京でも九州でも民主党がもっとも支持される政党となった。

⒂　九州でも東京でもユニオンの政党支持への抵抗感は10年間のうちに減り，むしろその意義を評価する傾向がある。九州よりも東京の方がユニオンの政党支持への拒否感が強いが，2010年には東京のそうした拒否感はやや低くなっている。

⒃　九州・東京で2000年も2010年も，「中の下」のつぎに「下の上」がくるパターンである。しかし中流意識を持つ層はいずれにおいても根強く存在している。

7　九州と東京——共通点と相違点

本章では2000年調査及び2010年調査の結果を用いて，コミュニティ・ユニオンの組合員像の現状についてさまざまな切り口から紹介した。

各節での知見はそれぞれの節の末尾にまとめているので，ここで改めて子細に繰り返すことはしない。確認しておきたいのは，2000年代最初の10年間で，九州と東京のユニオンにはいくつかの点で高い共通性がみられた一方，はっきりと両者の相違が感じられる面があったことである。

共通性とは，例えば，九州でも東京でも雇用形態において正規・非正規がほぼ7：3であり，勤務先が中小規模である点などの属性面や，2010年の民主党支持，階層帰属意識といった点である。しかし，それ以上に相違点と呼べる部分が数多くあることも明らかになった。例えば，世帯収入の落ち込みが東京でより顕著な点や，職場分会結成比率が九州で高い点，東京のほうが九州より多くの労働問題を抱えている傾向，東京のほうが九州よりも具体的な行動に積極

的である点，「ユニオンで得られたもの」が東京で多い点，などである。

こうした相違がどこからうまれ，どのように相互に関連しあっているかについては，さらなる研究が必要である。ただいずれにせよ，本章の知見は今後の研究のための一定の準拠点を与えると考えられる。

注

(1)　本章でいうコミュニティ・ユニオンとは，いずれも個人加盟できる地域合同労働組合であって，団体名に「ユニオン」の呼称が含まれ，またコミュニティ・ユニオン全国ネットワークに加盟し，数十人から数百人規模の団体という共通性を有している。

(2)　2000年調査における姶良ユニオンの後継組織が，2010年調査における連合鹿児島ユニオンである。一部の組合員が姶良ユニオンから連合鹿児島ユニオンへと移行している。

(3)　東京管理職ユニオンは2010年7月に2つに分裂したが，2010年調査は分裂前に実施されたため，調査結果に直接的影響はないと考えられる。とはいえ結果論としては10年越しの比較を一定の妥当性をもって行うタイミングとしてぎりぎりであった。同ユニオンは分裂後にそれぞれ「東京管理職ユニオン」を名乗っていわば本家争いの関係にあり，それぞれ東池袋と西新宿にオフィスを構えている。西新宿の方の東京管理職ユニオンは「一般社団法人ユニオン運動センター」(2010年9月設立) の構成団体でもある。同センターと活動を一体化していることにより，ユニオンとしての活動や組合員のあり方が変化した可能性があるが，本章ではそうした現況にまで言及できない。

(4)　失業者ユニオンは1999年の設立後，東京都内でのレストラン事業や職業訓練事業などを模索したが，現在は休眠状態にある。

(5)　東京ユニオンの所在地も，上記のユニオン運動センターにある。現在の同ユニオンは，同センターにおける活動を東京管理職ユニオンとともに中心的に担っている。

(6)　例えば，バブル崩壊後のリストラブームのなかで「管理職」を組織化することで注目された東京管理職ユニオンはその代表例であるし，2008年末の「派遣村」を可能にしたのも，これらユニオン関係の人脈とノウハウであった。

(7)　派遣社員の場合は派遣先の従業員数を回答してもらっている。次項「勤め先規模」についても同様である。

(8)　回答方法として，就業年数は出向期間を含み，転籍した場合は新しい勤め先とした。また派遣社員に対しては現在の派遣先での就業期間を回答してもらった。

(9)　職場分会は個人加盟者が職場の仲間と相談してこうした組織を新たに立ち上げる場合と，以前から存在した職場の労働組合が組織ごとユニオンへ加盟する場合とがある。

(10)　例えば，抗議活動や団交の要員としてたがいに参加しあったりすることで，組合員どうしの人間関係が深まれば，自分の問題が解決したらすぐに脱退するという機会主義を避けられるかも知れない。また個別の紛争解決に非常に多くのリソース（ここでは主に人と時間）が取られるため，組合のリーダー層に組織内の人間関係的メンテナンスが十分にできない場合もあるので，その意味でも自発的な組合員どうしの相互支援に期待するだろう。

(11)　現時点で問題がなくてもユニオンに加盟している場合の加盟動機はさまざまなものがありうるが，将来の紛争発生を予期したうえでの加盟ならば，それを「保険的加盟」と見ることができる。九州でこの項目への回答率が高いのは，職場分会の結成率が高いことと関係すると考えられる。職場分会単位で加盟する場合は，現時点で自分自身が紛争状態におかれていない（より正確には，紛争状態を認識していない）ということもありうるからである。

(12)　コミュニティ・ユニオンが関係性の場になりうるかどうかは，地域性に根ざした問題でもある。東京都心にあるユニオンのオフィスは，その位置的な便利さから，そのままそこが組合員の交流の場や「たまり場」にもなりやすい。しかし地方都市ではそうした条件を満たすことが相対的に難しいし，交通の不便もあって組合員相互の交流の機会も限定されやすい。

(13)　そのため，共産党系のユニオンとは同じ地域にあっても，一部のイシューを除いてほとんど接点がないことが多い。

(14)　日本の社会学者によって1955年から行われているSSM調査（社会階層と社会移動全国調査）における重要な調査項目の１つが「階層帰属意識」であり，本章でとりあげている2000年調査と2010年調査でも，SSM調査と同じ設問を用いて組合員の階層意識を調べている。

参考文献

福井祐介［2002］「コミュニティ・ユニオンが個別紛争解決に果たす役割について」『人間科学　共生社会学』（九州大学大学院人間環境学研究院紀要）第２号，29-45

ページ。
福井祐介［2003］「コミュニティ・ユニオンの取り組みから——NPO型労働組合の可能性」『社会政策学会誌』第9号，89-102ページ。

第3章
ゼネラルユニオンと大阪の外国人非正規労働者[(1)]

チャールズ・ウェザーズ

1　安定的な組織

日本の個人加盟ユニオンは，未払い賃金やいじめなど，職場での個人の問題を抱える労働者を支援するという面で，重要な成果を上げている。しかし，主に個人労働者を支援するため，安定的なメンバーの確保や，健全な財政基盤の形成に成功している組織は少ない。それらを実践できた数少ない例の一つに，「ゼネラルユニオン（以下，GUという）」がある。GUは本部が大阪市にあり，メンバーは主に欧米人の英語講師である。1991年に設立されたGUは，当初は未熟で不安定な組織だった。しかし，それが2000年代には，社会的にも認められる安定的な組織に成長した。設立後約10年間は，企業側の組合つぶしに立ち向かうための運動が多かったが，その後は，雇用の保護や，労働条件の改善といった建設的な運動が中心になった。また，2008年以降はラテンアメリカ人や，フィリピン人のメンバーも増えてきた。

一般に，英語講師は高収入を得ているというイメージを持たれやすいが，多くのGUのメンバーは，不安定な収入と雇用を強いられている。現在，日本で働く英語講師の殆どが非正規労働者で，その多くが低賃金である［『朝日新聞』2004年12月28日付朝刊，30ページ］。彼らは，たとえ高い所得を得ていても，突然職を失う可能性がある。また，ラテンアメリカ人やフィリピン人の労働者は，ほぼ全員が非正規の工場労働者であり，解雇される可能性はさらに高くなっている。

この章ではGUの主な活動について報告し，なかでも，どのように安定した組織へと発展していったかについて説明している。GUには，フルタイムで活動する専従役員を維持するだけの資金力がない半面，必要な設備をそろえた事務所を持ち，決まった時間，仕事をする役員や，ボランティアで協力してくれる有志のメンバーがいる。

筆者は正規の組合員として，2008年にGUに加入した。2009年春，GUの執行委員に選出され，２年間，執行委員として活動した。定期的に行われる会議での話し合いはもちろんのこと，デモや労働審判のヒアリングなどにも参加した。この報告は筆者自身が活動を通して得た経験と，現役員，元役員，また積極的に活動を行っているメンバーへの聞き取り調査にもとづくものである。

2　GUの組織的特徴

（1）GUの創設

GUは，1991年６月12日に設立された。もともとGUは，全国労働組合連絡協議会（全労協）の大阪地域の支部として設立された組合だった。設立当初から山原克二氏が委員長を務めている。山原氏は日本労働組合総評議会（総評）傘下の全国金属機械労働組合（全金）のオルガナイザーだったが，1989年の総評解散の後，新しく設立された全労協に加入した。山原氏は「一番弱い立場の人のユニオンを作りたい……今までの労働組合でタブーだったことにチャレンジしよう，という気持ちでやった」と語っている。

GUの設立当初，メンバーはだいたいが全労協に参加したい日本人だった。その後，多くの外国人講師が解雇や賃金の不払いなどの問題をGUが支援をしてくれるとの情報を聞きつけ，GUに相談にやってきた。日本人の組合員の多くはだんだん離れていった。ある元役員によると，「英会話学校の争議を支援するのに慣れていない」という理由が大きかった，ということである。結果的に殆どの組合員が外国人となり，組合の運営は外国人組合員が中心となって行われるようになった。

（2）組合員

組合員数は，非公開である。また，組合員の90％以上が外国籍である。国籍はイギリス，オーストラリア，アメリカ，ブラジル，フィリピンなど30カ国におよぶ。男女比はだいたい７対３である。その比は，日本で働く英語講師の比率と殆ど一致する。

組合員がGUに加入した理由は，大きく次の３つに分けることができる。１つ目は，他のユニオンと同様に解雇や未払い賃金などの個人的な問題を解決するため，２つ目は長期間雇用の保護，および雇用条件の改善を求めるため，３つ目は労働組合は社会的に重要であるという信念を持っているためである。

組合員である期間は，GUのデータによれば，１年未満の者は25％，１年以上の者は75％である。１年以上の者を詳しく見ると，１年から２年加入している者は20％，２年以上加入している者は50％，５年以上加入している者は20％，10年以上加入している者は10％である。詳しいデータはないが，ある元役員によると2000年ごろまで，若いメンバーが圧倒的に多かったが，その後は平均年齢が徐々に上がってきたという。現在でも，英会話学校の講師には若いメンバーが多いが，年々長期滞在する者も増えて，年齢が上がってきた。大学や高校の講師も長期滞在する人の割合が段々大きくなってきた。また，雇用不安の高まりにより，比較的年齢の高い大学教員が加入する傾向もあるという。現在GUの役員を務めている外国人のメンバーは，だいたい40歳前後が中心である。

（3）３つの部門

GUの組合員は，大きく分けると，次の三つの部門に分けられる。一つは，Private Language Industry（PLI）部門，二つ目は，Schools and Colleges（SAC）部門，三つ目は，Industrial and Commercial（IAC）部門である。組合員数の割合は，PLIが45％，SACが40％，IACが15％となっている。

PLI部門の組合員は，ECCなどの大手英会話学校の英語講師や，公立学校の外国語指導助手（ALT）で構成される。その多くが英語のネイティブスピーカーである。PLI部門の組合員は，１－３年で日本を去る場合が多く，加入期間は短期である。多くの英会話学校の講師は3年以内に帰国するので，組合員の入れ替わりは激しい。そのため，組合員による新規従業員への勧誘が重要である。しかし，PLI部門の担当者は，「強引な勧誘（hard sell）」などではなく，定期的な土曜夜の集まりなどで加入を勧めていると話す。

SAC部門の組合員は，高校や大学で教えている講師で構成され，彼らは長期間加入する傾向がある。彼らのなかには日本人の英語講師やフランス人のフランス語講師なども含まれるが，その多くは英語を母国語とする人たちである。所得が高いメンバーは少なく，雇用が安定している者はもっと少ない。その大部分は複数の学校においてパートタイムで働いている。そのため，彼らは高校や大学でのカリキュラム変更や講義数の削減によって，つねに仕事を失う危険にさらされている。

IAC部門の組合員は，主に下請け会社の部品工場や，弁当などの食品工場の労働者である。その大半は，日系ラテンアメリカ人（殆どはブラジル人）やフィリピン人労働者である。彼らの殆どすべてがアルバイトやパート，派遣，契約といった低賃金の非正規労働者である。この部門で安定的な組合員数を維持するのは難しい。というのも，工場労働者は経済状況に左右されやすいだけでなく，組合員は解雇や雇い止めの標的にされやすいからだ。

（4）組合費

GUの組合費は，他の個人加盟のユニオンより高い。なぜなら，雇用保護や社会保険加入などの“campaign”（運動）を行うために資金が必要だからだ。

組合費は，所得に応じて月500-3000円で決められている。平均月収が5万円未満だと組合費は月500円である。5万円以上-10万円未満は月1000円，10万円以上-15万円未満は月1500円，15万円以上-20万円未満は月2000円，20万円以上-25万円未満は月2500円，25万円以上は月3000円となっている。

ほぼすべてのSAC部門組合員と，PLI部門組合員の9割が，月3000円の組合費を支払っている。IAC部門の組合員の多くは所得が低いために組合費も少ない。

組合費の集金や処理には多くの時間や労力を要するため，銀行口座からの自動引き落としで定期的に支払うことをメンバーに勧めている。また，GUはいくつかの企業から，組合費を天引きできる合意を得ている。

（5）役　員

GUには，フルタイムの専従役員は存在しない。中心的な役割を果たす役員は，委員長，書記長，２人の副委員長（PLIとSACを担当），会計の計５人である。また，それ以外に２人の書記次長がいる。原則として，委員長はGUの代表，書記長は事務的な仕事のまとめ役，２人の副委員長は，直接メンバーと話し合ったり，団体交渉を行ったりする。書記次長は書記長の事務的な仕事を援助する。IAC部門はまだ新しく，人数も少ないので，この部門を担当する副委員長はいない。

実際の仕事は，役員の能力や都合によって柔軟に行われている。例えば，現在，ある書記次長は，組合内の事務的な仕事だけでなく，オルガナイザーの仕事（主に英会話学校での）や，フィリピン人労働者の世話などさまざまな役割を担っている。別の書記次長の友延秀雄氏は，スペイン語とポルトガル語が堪能で，ラテンアメリカ人やフィリピン人の実質的な世話係として，彼らの法的な問題や，団体交渉などを担当している。

また，最大12人までの執行委員が選挙で選ばれる。役割は，毎月の執行委員会で組合の方針などを決めること，また，デモへの参加，組合の資料の配布，事務的な仕事の援助などである。役員は，委員長，書記長，２人の副委員長，会計，２人の書記次長とあわせて，最大で計19人になる。

現在，GUには３人のオルガナイザーがいる。彼らは役員によって選ばれるが，彼ら自身が役員を兼ねていることもある。３人のうち，１人は書記次長の友延氏，もう１人は副委員長で，最近３人目のオルガナイザーとして，問題処理や組織化で能力を発揮した，あるラテンアメリカ人の工場労働者を採用した。オルガナイザーの人数は決まっておらず，都合によって採用される。

GUは他のユニオンと比べて財政基盤は健全だが，専従を採用するだけの充分な収入はない。しかし，組合活動を維持するため，数人の役員に活動費を支払う。山原委員長以外のすべての役員は他に仕事を持っている（ある時期，友延氏を含め，4人の意欲的なメンバーは長期間，無償や無償に近い状態で組合の仕事に専念し，役員になった）。

GUには歴代15人の重要な役員がいた。外国人11人と日本人4人である。外国人役員の多くは，元々労働組合に対する関心をもっていた人たちである。ある元書記長によると，歴代11人の重要な外国人役員のうち7人はGUに加入する以前から組合への関心を多かれ少なかれ持っていた，ということである。また，4人は元々支部長などだったが，闘争などを経て役員になったという。日本人の重要な役員は歴代4人である。4人のうち，山原委員長を含め3人は，元々組合活動の経験があった人たちである。また1人はGUの組合員として使用者との闘いを経て役員になった，ということである。

（6）組合員のボランティア活動

GUは，ボランティアという言い方はしないが，無償で活動するメンバーに支えられている。具体的には，一般組合員に対する電話での事務連絡や，各職場でのリーフレットの配布，デモへの参加，組合事務所内での事務作業などがあげられる。

PLI部門では勧誘活動が重要である。多くのメンバーはECCなど大手の英会話学校で働いており，従業員間の日常的な交流があるため，新たに採用された従業員に対し，組合についての情報提供などを行っている。実際「ゼネラルユニオンについて聞いたことがありますか。パンフレットをどうぞ」というようなソフトな言い方で勧誘している。

SAC部門では，複数の職場に組合員が分散しているため，電話によるコミュニケーションが重要で，ボランティアが頻繁に電話をかける役割を担っている。ある程度の数の組合員がいる大学のような職場では，各大学の支部長がメンバーとの話し合いや組合費の集金などを行っている。

IAC部門では，解雇や雇い止めに抗議するデモなどが頻繁に行われ，ラテンアメリカ人やフィリピン人のメンバーが多く参加している。彼らの“community”で，リーダー的な役割を果たす組合員の存在は重要である。

3　1990年代の英会話学校との闘い

（1） GUの2つの時代

GUの活動の歴史は，大まかに2つの10年間に分けることができる。第一は1990年代の英会話学校との闘いの時代であり[(2)]，第二は企業と比較的安定した関係を構築した2000年代である。

最初の10年の闘いの重要な意義は2つある。1つは，GUが無視できない組織として企業側に認められるようになったこと，もう1つは，闘争の結果，解雇の撤回や解決金を勝ち取るなどして，主に3人のメンバーが組合の活動に専念できるようになったことである。それにより，90年代後半にかけて，組織が強化されたといえる。

（2） 3つの闘い

GUの最初の大きな闘いは，インタラックに対してであった。インタラックはさまざまな学校に外国語指導助手を派遣したり，企業の語学研修を行ったりする会社である。朝と夜に授業が多く，その間の空き時間も講師を拘束していたが，講師にその分の賃金を支払わないなど，さまざまな問題があった。そこでGUの組合員は，1993年5月にインタラック支部を設立した。

だいたい1日に13時間もの待機時間があり，その間に突然レッスンが入れられるなど，スケジュールがいつも不確実だった。そうした理由から講師の間の不満が高まり，インタラックにGUの支部ができてすぐに25人が加入した。インタラック側は，すぐに組合をつぶそうと考え，GUがヤクザや共産主義者によって運営されているという噂を流した。GU側は多くのストを行い，インタラック側に一定のダメージを与えることができたが，問題の解決はなかなか進まなかった。インタラック側は闘争を緩和するため，支部長であるマーク（仮名）に対し，賃金を支払いながら仕事を与えず，他の従業員と接触させないようにした。解雇すれば闘争が激化する，しかし，仕事を与えると他の従業員と接触し，支部の力がさらに拡大する恐れがあったからだ。そこで，マークは1998年末までの約３年間，インタラックから得た給与で生活し，GUの仕事に専念した。

インタラックとの一連の闘争は全国紙やニュース番組で広く取り上げられ，他の英会話学校の経営者を牽制することにもつながった。

GUの２つ目の大きな闘いは，英会話学校のジオスに対してであった。ジオスの英語講師であったダニエル（仮名）他数人は，1995年秋にGU支部を設立し，ジオスに対して，サービス残業の未払い賃金の支払いを要求した。ジオスは学校からGUを排除するために，GUの組合役員であったダニエルと２人の講師を解雇した。ダニエルは「我々はジオスとの戦争に突入した」（“We went to war with GEOS”）と語っている。GUは頻繁にストライキを決行し，一度，梅田校の事務所を占拠した。学生もそれらの活動を支援した。結局，1997年６月の労働委員会で合意・和解が成立し，ジオス側は不当労働行為に対する賠償金を労働側に支払った。ダニエルはその後２年間，GUのために無償で働いた。

GUの３番目の大きな闘いは，日米英語学院に対してであった。同学院のGU支部は1997年に設立された。闘いの過程で重要なメンバーとなったロバート（仮名）によると，GUの役員が，従業員には有給休暇をとる権利があることを説明すると，15人の外国人講師がすぐにGUへの加入を決めた。また，13人の日本人女性職員も同様に加入した，という。しかし，日米英語学院側は組合を排除しようとし，GUはそれに対して徹底抗戦を構え，対立は激しくなっていった。

組合員は９カ月間で数百回に及ぶストライキを行い，ロバート１人でも186回のストを行った。ストライキの多くは１つの授業をストライキするというもので，授業が始まる５分前にマネージャーに対してストライキすることを告げるものであった。だが，マネージャーは授業を引き継ぐ代替講師を雇うことによって対抗した。組合員は代替講師を阻止するために，授業の途中で５分間ストライキを行うことで応戦した。「私たちは5分間ストライキで有名だった」とロバートは語っている。組合員は初期の闘争は無謀なものが多かったと振り返る。この闘争の間に，講師たちは生徒から強い支持を得た反面，厳しい反組合対策にも直面した。日米英語学院のマネージャーは，ときどきストライキ中に警察を呼んだり，また，組合役員が組合費を横領しているといったデマを流したりもした。デマのなかには，山原委員長は海外で休暇を取るために組合費を流用したというものまであった。

日米英語学院との対決はエスカレートし，1998年初めに2人の組合員が解雇された。そしてロバートも彼のビザが切れる直前の1999年1月に解雇された。解雇無効を求める裁判を起こしたロバートは，裁判の途中で強制送還すべきではないと主張し，GUもまた，裁判中ロバートは日本にとどまるべきだとして，ビザを発行するよう法務省を説得した。最終的に，2000年11月に大阪高等裁判所は，彼の解雇は無効であるという判決を下した。(3)

闘争では，しばしば生徒たちが講師を支援した。ロバートは，生徒たちの支援が裁判での勝利に不可欠だったと考えている。未払賃金の支払いを受けたロバートは日米英語学院に復職し，長年にわたってGUの組合役員を務めた。

これらの闘争には，全労協と大阪周辺地域の労働団体が加盟している，おおさかユニオンネットワーク（ユニオンネット）の積極的な支援が重要であった。(4)これらの団体のメンバーはGUのデモや座り込みに積極的に参加して支援した。2000年以降，英会話学校との激しい闘いが殆どなくなったので，そのような支援の必要性が薄れてきた。しかし，2008年以降，再び支援が重要となった。以下で説明するラテンアメリカ人やフィリピン人工場労働者に対するものである。

（3）闘いの損益

以上の3つの闘いでは，GUに損と益の両方があった。

闘争により，それらの支部の組合員が激減した。数名の外国人講師は解雇されたし，多くの講師は組合を辞めることで闘争から手を引いた。日米英語学院には当初，28人の組合員がいたが，実際に闘争に参加したメンバーは最終的には10人になっていた。闘争中は新たに組合に加入する講師はおらず，もともと外国人講師は入れ替わりが激しいため，自然減もあった。そのような状況から組合員数は激減した。

日米英語学院の日本人職員のリーダーは他の学校に移り，女性職員の大部分は強烈な嫌がらせを受けて組合を去った。「彼女たちは泣いて，突然学校を辞めた。そして突然連絡がとれなくなった」とロバートは回想している。おそらく，組合を辞める悔しさやバツの悪さがあったのだろう。学校のマネージャーの直接管理下にあって，彼女たちは講師たちよりも多くの圧力を受け続けたのだ。

他方では，GUは大きな成果をあげた。３つの闘争の結果，GUは組合潰しの経営者に対して反撃する組合として評判が高まり，新組合員の組織化および団体交渉を有効に行えるようになった。また，インタラックのマーク，ジオスのダニエル，日米英語学院のロバートの３人が重要な役員になり，ほぼ無償で長期間GUの仕事をすることができるようになったことで，組合の発展に大きく貢献した。

4　2000年代以降の安定的な労使関係と社会保険運動

（1）社会保険

2000年以降，GUと経営側との関係は以前より安定的である。組合に対する攻撃が殆どなくなり，Berlitzなど多くの英会話学校や殆どの大学は話し合いに応じるようになった（しかし，以下で説明するが，工場経営側との関係は不安定である）。そのなかでGUは特に，組合員の社会保険加入に力を注いできた。当初は，組合役員の間には，社会保険加入の重要性を疑問視する声もあったが，今では組合員の社会保険加入を推進している。ある役員は，組合員は確かな利益を求めており，組合は単に個別の労働相談に対応するだけでなく，職場全体の労働条件の改善を支援することが組合の信頼につながるという新しい姿勢を述べている。

しかし現在，多くの外国人講師は社会保険制度に加入していない。その理由はそれぞれ異なり，仕組みを知らない者，保険費用の支払いに負担を感じている者，民間の保険に加入している者などさまざまである。多くの企業はコストを削減するために，外国人労働者を社会保険に加入させていない。社会保険の利益と資格要件について嘘をついたりする企業もあった。

GUは，労働時間・労働日数ともに正規労働者の概ね4分の3以上の労働者が社会保険に加入できる，という政府のガイドラインを批判している［『朝日新聞』2010年10月1日付朝刊，32ページ］。このガイドラインは，多くの企業が労働者の1週間の労働時間を29.5時間未満に制限し，労働者の賃金を抑制するような状況を生み出している。GUは，このガイドラインは法律ではなく，あくまで指針であるので，概ね30時間程度働いている労働者は社会保険に加入する権利がある，と主張している。また，ガイドラインの論理が不十分なので，曲解されることが多い。例えば，NHKは，2007年にある外国人労働者の労働時間が1週間あたり29.5時間未満であったので，社会保険の加入資格がないと報道し，GUの役員の怒りを買った。

（2）ECC

社会保険は，2005年から2006年にかけてECCとの対決の重要な引き金となった。ECCでは，すべての常勤講師の1週間の労働時間が，最大29.5時間に制限されていた（講師たちは月給で受け取っていた）。ECCはGUとの団体交渉を拒否したので，組合員たちはデモを頻繁に行って対抗した。デモは，社会保険のメリットを講師たちに伝え，同時に組合の価値を広めるものだった。GUはECCが週29.5時間の労働制限を講師に課したとして，難波社会保険事務所に申し立てをした［山原・ゼネラルユニオン編，2007］。しかし，事務所はすぐに動かず，結局は9カ月に及ぶデモの結果，ECCは2006年7月に社会保険に加入することに合意した。つまり，社会保険に加入したい講師すべてに週30時間以上の労働が認められた。ただし，社会保険に加入しない者の労働時間の上限は29.5時間と条件を付けた。

社会保険の自動適用までには至らなかったが，GUのECCでの運動は重要な成功であった。この運動は講師たちの雇用条件を改善させただけでなく，デモを行うことで新規の組合員を獲得することができ，GUのECC支部を拡大させることができた。運動を始めたころには，支部組合員はたった2名だったが，その後，外国人講師全体の35％が組合に加入した。「社会保険に加入することが組合員の組合への信頼を厚くした。社会保険に加入したので，彼らは長期間ECCで働くようになった。彼らは社会保険から利益を得ることができたので，組合に残っている。数年前から，組合員の多くは結婚して子供を持ち，社会保険の家族適用の恩恵を受けている」と担当の組合役員は話している。ECCとのもめ事は，まだすべてが解消されたわけではないが，社会保険問題での合意により，以前より労使関係は安定的なものになった。例えば，組合員と経営者は授業のやり方や，講師の研修方法の改善について定期的に議論するようになった。

(3) インタラック

2011年2月に東京で行われた中央労働委員会で，GUは長期にわたって対立してきたインタラックとの意見の相違を解決することができた。インタラックは組合と団体交渉する義務を認め，社会保険加入の条件を引き下げたのだった。しかし，GUとその他多くの派遣企業や委託企業との関係は依然として厳しいものがある。それらの企業の多くは社会保険への加入，有給休暇の取得についての履行義務を認めていない。

(4) 社会保険とビザの問題

2009年，社会保険の加入がビザ更新の条件となるという政府の発表があったが，条件などが曖昧で，外国人居住者たちに不安が広がった。この発表では，経営者が社会保険の加入を認めていない労働者の場合，長期間にわたって社会保険に加入していない者は遡って保険料を支払わなければいけないのか，また新しい条件が強制的なものかどうかは不明であった。GUは，この発表によって厚生労働省が外国人を国保に強制加入させるのではないかという点を懸念した。

2009年７月，GUの役員は，社会保険と新しいビザの手続きについて，東京で厚生労働省の担当者と話し合いを行った（GUの役員は，通常，全労協の代表者として，少なくとも年に一度は厚労省の関係者と会合を行っている）。組合の最大の関心は，社会保険事務所に確認請求を提出する多くの組合員が，正規労働者の労働時間の４分の３に達していないという理由で断られるということだった。会合では，厚労省の担当者は「４分の３ルール」は，法律ではなく，ガイドラインであることを認めている。

結局，政府の政策は曖昧なままの状態が続いている。一般的に，外国人労働者は以前よりも社会保険の情報を得やすくなったが，その多くは誤りであったり，保険料負担が多い国保への加入を勧めるものであったりしている。

5　最近の活動

（1）NOVAの経営破綻

これまでGUがかかわった最大の出来事は，2007年のNOVAの経営破綻である。NOVAはさまざまな戦略を用いて，日本最大の英会話学校となった。NOVAでは授業料を一括で前払いする制度がとられていた。しかし，どんなに苦情があっても授業料の返還は断った。外国人講師の間でも，NOVAは従業員への待遇が悪いし，解雇率も高いという悪評判が広まった。しかもNOVAの多くの講師は研修も受けずに，授業に当てられた。山原委員長は「労組が労働を増やすように要求することは極めて異例なのですが，講師の研修をきちんとして欲しいと求めました」と述べている［『アエラ』2007年６月25日号，25ページ］。マスコミでは解約手続きなどをめぐる消費者とのトラブルを報じたが，創業者の猿橋望社長は，彼の強引なやり方に反対する者を解雇したり，政治家のコネを利用して問題を収束に向かわせたりもした。結局，2007年２月に経済産業省と東京都がNOVAに立ち入り調査に入り，同年の６月13日には処分が下された。新規契約ができなくなったNOVAは，2007年10月に経営破綻し，2000人の職員と4000人の講師が職を失った［*Japan Times*，2007年10月27日］。あるNOVAの講師は，会社が契約していたアパートの家賃を給料から天引きしていたにもかかわらず，経営破綻する数カ月前から家賃が未払いだったことを知った(5)。

数週間にわたって，マスコミがこの問題を取り上げるようになり，GUは講師たちを支援すべく緊急体制を敷いた。数週間，GUは，オフィスに支援や助言を求めてやってきた数百人の講師たちの対応に追われた。最終的にジー・エデュケーションがNOVA事業を引き継ぎ，GUがジー・エデュケーションと団体交渉を行った結果，職の多くを守ることができた。

NOVAの経営破綻を通じて，GUは社会的な注目を集めることができた。NOVAの講師は一時的にGUに加入したが，その後は本国に帰国したメンバーも多く，再就職して組合に残ったものは一部にとどまった。しかし，GUの評判を聞きつけ，他の英会話学校や大学の講師たちがGUに新たに加入した(6)。また，NOVAの一件で，GUはデモやストも辞さない，粘り強く闘う組合として企業側に認識されたため，団体交渉などを進めやすくなったという利点もあった。

2010年４月，ジオスが突然経営破綻したが，殆ど混乱はなかった。というのも，GUの役員や英会話学校の経営者にとって，NOVAの経営破綻のときの経験が参考になったからだ。ジー・エデュケーションはジオスの事業も引き継いだ。

（２）大学の雇用保障

大学で働く非常勤講師のコマ数削減をめぐる問題に対しても，GUの運動は一定の成果を上げた。数年前まで，多くの大学では，講師に対して講義のコマ数の削減を１月に入ってから知らせることが一般的だった。そのため，求職する時間が短く，団体交渉する時間的余裕もなかった。そこでGUは，講義コマ数の変更がある場合には，夏までに講師に知らせることで多くの大学と合意した。

ここ数年，学生数の減少によって講義コマ数を削減する大学もある。しかし，GUは，講師を辞めさせるために学生数の減少という理由を利用している場合もあるのではないかと懸念している。今後，大学では講師の人件費を節約するため，1つの英語の授業に対する学生の定員を増やし，授業数を大幅に減らす恐れがある。それは結果的に講師の雇用を減少させるだけでなく，教育の質の低下につながる懸念もある。中には，英語の講義の定員を100人に設定した大学もあるというが，大学のコスト削減の必要性を考え，あえて抵抗しないという講師もおり，状況は複雑になっている。

（3）外国語指導助手（ALT）の業務委託

近年，英語教育の質の改善を求める声が高まっており，たくさんの外国人講師が公立学校の外国語指導助手として採用されている(7)。しかし，多くの自治体が，経験や指導能力よりもコストを重視し，派遣会社や委託会社を通じて低賃金で彼らを雇っているが，それによって十分な英語教育ができない状況も生まれている(8)。

委託会社などは教育の質よりも価格について競争しているため，一般に講師の賃金は低く抑えられている。大抵の講師は社会保険に加入することができないし，夏休み休暇を取ることもままならない。文科省は，外国人指導助手の活用が適正に行われていないとの懸念があるため，すべての都道府県・指定市教委に外国人指導助手を直接雇用するよう通知した。しかし，依然として多くの自治体が派遣や業務委託を継続している［『朝日新聞』2010年8月4日付朝刊，1－2ページ］。

GUは，ALTの偽装請負問題について，愛知県東海市や大阪府吹田市の労働局に訴え，是正指導につながった。労働局は，あるGUに加入している講師の派遣期間が法定限度の3年を超えているため，直接雇用をすべきだ，と判定した。

このような問題があるにもかかわらず，多くの政治家は，派遣や委託を費用を節約する魅力的な方法と見ている。2010年の行政刷新会議の「事業仕分け」において，寺田学衆議院議員は，JETプログラム（The Japan Exchange and Teaching Programme：語学指導等を行う外国青年招致事業）は，地方自治体が派遣会社から外国人指導助手を雇えばよいので必要ないと述べたのだった［*Japan Times*，2010年8月11日］。

（4）個人請負：Gabaの事例

現在，人材コストを抑制するため，個人請負という雇用形態の悪用が広がっている[(9)]。そのため，GUの英会話学校Gabaとの対決は重要な意味を持つ。Gabaは社会保険，有給休暇や残業代など労務関連費用の支払いを避けるため，講師たちを個人請負として分類している。しかし，同社は総合的に講師のスケジュールやレッスンプラン，服装まで決定する。講師たちは，会社のマニュアルに従って教え，一回のレッスンで何ページ進めるのかまでスケジュールが細かく決められている。服装は，男性講師の場合，黒いジャケットにスラックス，白シャツにネクタイが義務づけられている。さらに，Gabaでは研修期間が設けられている（その期間の賃金は支払われない）。したがって，GUは，彼らは個人請負ではなく，Gabaの従業員であると主張している。Gaba側は，講師たちは自身が個人請負であると明示した契約書に署名していると強調しているが，GUは，外国人講師はしばしばその内容を十分に理解していなかったり，求職中では抗議するにはあまりにも弱い立場にあると反論している。

2008年，シュレッダーにかけられる寸前の組合資料をゴミ箱から手に取り，それを読んだ東京のGabaの講師ゴードン（仮名）がGUに連絡をしてきた。ゴードンという積極的なメンバーの登場により，GUは団体交渉に踏み切った。Gabaの代表者は組合役員との話し合いには応じたが，Gabaはあくまでも「これは団体交渉ではない」，と主張した。講師たちの勤務内容を綿密に管理・指示しているにもかかわらず，彼らを従業員ではなく個人請負とみなしているからだ。

GUはGabaに対し，労働組合法7条（団交の権利を保障している）違反だとして，労働委員会に不当労働行為申し立てを行った。労働委員会の審問は2009年4月に始まった。ゴードンは大阪労働委員会の審問で証言するため大阪に来る必要があり，また組合役員はゴードンや他のGabaの講師と相談するため，時折東京に出向く必要があった。GU側の費用などの負担は大きかったが，GUはGabaの人件費抑制策が他の学校に広がる恐れがあると考え，負担を惜しまなかった。

最終的な判断が下りるまでは，企業側は社会保険や労働関連費用を支払う必要はない。たとえGaba側が負けたとしても，Gabaへの罰則は軽く，最悪の場合でも，社会保険など雇用関連の費用を遡及して支払う程度だ。

2011年1月，Gaba側が「GUのホームページは名誉毀損に当たる」として，GUを相手に5800万円の損害賠償請求訴訟を東京地裁で起こした。おそらくGaba側に勝ち目はないと思われるが，Gabaの強硬な態度が現れている。

6　ラテンアメリカ人労働者とフィリピン人労働者

（1）IAC部門の始まり

ラテンアメリカ人やフィリピン人を組織するIAC部門の発展には，友延秀雄氏が大きく貢献している。友延氏は，自身が企業と闘争中であり，また，GUが多国籍労働組合であることに興味をもち，GUに加入した。組合員になった直後，NOVAの倒産問題が起き，突然失職したNOVAの講師たちがGUに援助を求めて詰め掛けた。行政書士の資格を持つ友延氏はその援助に大きな貢献をした。

NOVAの問題が一段落したあと，友延氏は自身のスペイン語とポルトガル語の能力を活かして，IAC部門の中心的存在となり，GUのために，殆どフルタイムで活動した。

友延氏はラテンアメリカ人やフィリピン人の労働者を組織化するために，ポルトガル語やスペイン語の語学技術を活かせるGUのオルガナイザーになった。2008年，友延氏のもとに，神奈川シティユニオンの紹介でラテンアメリカ人が相談に来た。そのことがきっかけになって，口コミでGUのことを知り，派遣や下請けで働いているラテンアメリカ人労働者が相談に訪れるようになった。ラテンアメリカ人は日本で生活するなかで，雇用問題のみならず，ビザや健康保険の問題，文化の違いなど，さまざまな問題を抱えており，友延氏はそれらの問題にも対応していった。2010年初めには，ある意欲的なメンバーがオルガナイザーとして採用され，GUで最初のラテンアメリカ人の重要な役員となった。

（2）パワーキャストと扶桑工業

2008年10月，派遣会社パワーキャストの派遣社員で，製造業で働いていた日系ブラジル人組合員は，パワーキャストに社会保険に加入したい旨を申し出ていた［友延，2009］。社会保険料の支払いを避けたいパワーキャストは，労働者に対して，社会保険に加入する資格がないことや，加入しても年金を受け取ることができないことを言い続けていた。

友延氏と日系ブラジル人労働者は，パワーキャストの派遣労働者10人がGUに加入した段階で，社会保険加入を統一要求として経営者に突きつけた。会社側は統一要求を無視することはできず，2009年１月１日以降，組合員らを社会保険に加入させた。最終的にGUは，当初パワーキャスト側が拒否していた遡及加入保険料の支払いを認めさせることにも成功した。

社会保険の問題で労働者側の勝利を勝ち取ったGUは，現在，「雇い止め」や「派遣切り」の問題をめぐって，闘争している。GUに加入する日系ブラジル人が働いている，ダイキンの下請けである扶桑工業やクボタの下請けである大仙工作所（堺市）で闘っている。

扶桑工業は数人のGUの組合員に解決金を支払ったが，GUの組合員を差別し続けているため，GUは扶桑工業の労働者を支援する運動を続けている。以前は，パワーキャストが扶桑工業に派遣していたすべての労働者は日系ブラジル人であり，扶桑工業の生産労働者の約７割が日系ブラジル人労働者であった。しかし，2008年末以降，パワーキャストの扶桑工業への派遣は日本人のみとなった。GUは，扶桑工業やそのほかの企業が職場からラテンアメリカ人の労働者を排除しようとしていると見ている。雇い止めや，いじめの結果，扶桑工業で働いていた殆どのGU組合員が職を失った。

GUはその後も扶桑工業に対し，残っているGU組合員の労働契約の更新や直接雇用などを求め，団体交渉やデモなどの運動を継続している。

（3）岡本技研の事例

GUはまた，組合員を差別している岡本技研に対しても運動を行っている。岡本技研は自転車部品メーカーのシマノの専属下請会社であり，約150人の労働者を雇っている。問題の一つは，岡本技研は外国人労働者が社会保険に加入することを拒否していることである。あまりにも酷い労働条件に我慢しきれなくなった日系ブラジル人労働者数人が，GUに加入して組合支部が設立された。すると会社は不良品を作ったからとして，ひとりの組合員労働者を解雇した。加えて，会社は組合潰しや職場から組合員を締め出すため，社長やブラジル人課長代理が朝礼で組合批判を繰り返すなどしている。また，会社は組合員だけに残業や休日出勤をさせなかったり，労働組合に残ったものは解雇するなどと脅している。残業ができないことは，労働者にとって賃金が減らされることを意味している。それらのいじめや脅しにより，2010年6月までに数人が組合をやめた。GUは岡本技研と同様に，シマノに対しても組合敵視の行動に抗議している。2010年6月に，GUは岡本技研に対して抗議行動を始め，訴訟を行う資金を確保することを決定した。

続いて，GUは，岡本技研およびシマノに対して大阪府労働委員会へ不当労働行為の救済申立てを行ったが，岡本技研は組合員への嫌がらせを強化した。府労委での審理は複雑・長期化したが，2011年5月，大阪府労委は，組合員に対する残業差別や就労拒否，ブラジル人の管理職による組合批判発言などを不当労働行為とする救済命令を出した。現在，岡本技研は中央労働委員会に取り消しを求めている。

また，GUの支援の下に，不当解雇された組合員が大阪地裁堺支部（山田知司裁判長）に岡本技研を不当解雇で訴えた。結果，2011年１月，裁判所は岡本技研に有利な判決を下したが，組合員は大阪高裁へ控訴し，現在も係争中である。GUが特に問題視しているのは，裁判で，組合員が幽霊会社の「三原精工」の労働者の扱いになっているにもかかわらず，岡本技研側の証言を認めたことである［友延，2011］。

このように，多くの工場経営者たちは職場からGUを排除しようという明確な意志表示をしている。それは1990年代に英会話学校でみられたものと同じである。ある製造業企業は外国人労働者をGUから離脱させるために30万円を提供しようとしたという。これは，その外国人労働者の平均月収（約16万円）の２カ月分に相当する。企業は職場から組合を排除するためなら迷わず金を払う，ということである。

（4）フィリピン人労働者の組織化

2009年，GUは，おにぎりやお弁当を作る食品加工工場で働くフィリピン人労働者の組織化を始めた。大阪エリアには，２万人のフィリピン人が住んでおり，GUは彼女（彼）らを組織化しようと考えた。彼女たちの多くは日本人と婚姻関係にあり，またごく少数だが，日系フィリピン人もいる。

現在，フィリピン人労働者についての活動は，食品加工会社シノブフーズに対する運動が中心となっている。活動はGUが，派遣労働者である組合員を直接雇用するよう同社に求めたことに端を発する。その結果，2010年４月１日からシノブフーズは組合員を直接雇用にしたが，彼女らの時給を950円から850円に減額した(10)。GUは，シノブフーズは派遣会社に委託手数料をもはや支払っていないのに，賃金カットは不当であると主張している。それに対して，経営者側は，直接雇用の他のパート労働者と同じ時給にしたまでだ，と反論した。GUは賃下げ撤回を団体交渉で要求したが，シノブフーズ側はこれを拒否した。そこで，GUは精力的に組織化を行い，大阪市内にあるシノブフーズ工場の300人の従業員のうち30人を組合員にすることに成功した。多くのフィリピン人組合員は解雇の不安をもっていたが，友延氏が労働権利などの知識を教え，不安を緩和していった。この件については現在も闘争中である。

シノブフーズにはグレイス（仮名）というフィリピン人のGUの組合員がおり，彼女は組織化などの運動で，重要な役割を果たしている。彼女はまた，シノブフーズ以外の工場のフィリピン人労働者にも，GUへの加入を勧めている。

グレイスは以前，シノブフーズの工場で，炊飯器から釜を持ち上げる仕事をしていて，腰痛を患うことになった。GUは彼女を援助し，労災の申請を通すことができた。そのことから，グレイスはフィリピン人の組織化に積極的になった。グレイスは元々，フィリピン人のコミュニティのリーダー的存在だったので，フィリピン人の組織化にうってつけの人材だった。フィリピン人の組合加入を促進させるため，グレイスや牧師などフィリピン人コミュニティの代表とGUのメンバーが集まって話し合いを持つことがある。

しかし，グレイスは経営側からさまざまな嫌がらせを受けることになる。彼女はフィリピン人労働者の生産ラインからペルー人労働者の生産ラインに移動を命じられ，孤立させられた。また，マネージャーから暴言を吐かれたり，きつい仕事をさせられたり，という職場での嫌がらせも受けているが，現在も組合活動を活発に行っている。

（5）差別問題

解雇，嫌がらせなど組合員に対する差別はよく見られるが，あからさまな人種差別は，殆ど見られない。しかし，往々にして，グループから排除される場合がある。ラテンアメリカ人の場合，日本人と同じ職場で働くことが多いが，企業が日本人従業員だけを社内の親睦会に招待する，などということが度々あるという。そのようなことから彼らは疎外感を感じている。

また，外国人だから日本に長期滞在しない，という前提の下に，厚生年金に加入させない企業も数多くある。

ラテンアメリカ人やフィリピン人労働者は汚い，きつい職場に配置される傾向がある。GUの役員によると，これは人種差別というより人権侵害に当たる，ということである。日本人の労働者の雇用条件も悪化しており，悪い意味で平等化している，という解釈である。

7　成功への鍵

GUの成功への鍵は何だったのか。その要因として主に３つ考えられる。まず，第一に，GUは企業側に反撃したり，うまく交渉したりできる，というだけでなく，企業との信頼関係も築くことができるユニオンである，という評判を得たことである。また，企業からも無視できない組合として一目置かれるようになったことである。

殆ど何もない状態で始まったユニオンであり，また，常に経営側から組合つぶしの攻撃にあっていたが，積極的な組合員の努力によって成果を挙げていった。特に組合初期に３人のメンバーが激しく闘争し，解雇の撤回や解決金を勝ち取ったことは大きなインパクトになった。その後，この３人の組合員は組合の活動に専念するようになり，GUの発展に貢献した。

第二に，組合員数が安定的に確保できていることである。それにより，組合の収入も安定している。この経済的基盤を基に一般的なユニオンが行っている，個人相談にとどまらず，組合員の雇用保護，雇用条件の改善を追及することも可能になった。

第三に，個人加盟ユニオンと地域合同労組，そしてまた，職業別組合の特徴を併せ持つ組合であることである。個人加盟ユニオンとして個別の問題に対応できる。また，地域合同労組として，全労協やユニオンネットの組合と互いに支援する。GUの最初の十年間の英会話学校との闘い，また現在のラテンアメリカ人とフィリピン人工場労働者の闘いにとって，その支援は重要である。また，組合員の殆どが外国人の外国語講師とラテンアメリカ人およびフィリピン人の工場労働者であることから，職業別組合と同様に，専門的な知識の蓄積と組合員の連帯感が生まれる，という特徴をもつ。

以上の３つの理由によりGUは発展を遂げた。今後，外国人労働者の増加が見込まれる日本において，GUのような多国籍ユニオンの必要性が，ますます高まっていくと確信する。

注

(1)　この論文を書くにあたって，協力くださった山下恒生氏，宮沢光子氏，大塚洋美氏，田村太一氏に感謝します。

(2)　1990年代のGUのもっとも重要な活動の一つは，英会話学校の倒産の後，政府の立替払い制度により，失職した講師への支払いの手続きを行うことだった。また，頻繁な英会話学校の倒産により，突然数十人の組合員が減少することもあり，組合員数は安定していなかった。

(3)　類似の件については，山原・ゼネラルユニオン［2007］を参照せよ。

(4)　大阪周辺の地域労組の活動について，おおさかユニオンネットワーク［2010］を参照せよ。

(5)　さらに悪いことに，猿橋社長によるNOVA資金の巨額の横領問題も露呈した。NOVAの問題については，『朝日新聞』2005年6月6日付夕刊，1ページ；『朝日新聞』2007年11月26日付朝刊，35ページ；『アエラ』2007年6月25日号23-25ページ；*Wall Street Journal*, 2007年11月2日を参照せよ。

(6)　事実，現在，GUのボランティア活動をしている英語講師の2人はNOVAの一件を知り，GUに加入した，ということである。その英語講師は「GU加入は保険に加入するようなものだ」と，語っている。

(7)　殆どの日本人講師は自身が英語を教えるのに適していないと感じている［『日本経済新聞』2011年2月16日付朝刊，38ページ］。

(8)　*Japan Times*, 2008年1月5日。業務委託の場合には，学校側からしてみれば，派遣よりも利点がある。それは主に，派遣期間の上限がないことである。派遣労働者の場合には，上限が3年と決められており，それ以降は，たとえ人が変わっても直接雇用に転換しなければならない。

(9)　近年，日本，アメリカ及びドイツでは，個人請負の悪用が広がってきた。この点は，風間［2007，173-197］およびスティーブン・グリーンハウス［2009，203-215］を参照のこと。

(10)　直接雇用に切り替えて賃下げを行うやり方は，他の経営者も行っている。他の例では，賃下げだけでなく退職までが意図されていた。この点は，小林［2007，29-42］を参照のこと。

参考文献

おおさかユニオンネットワーク［2010］『おおさかユニオンネットワーク20年の足跡』アットワークス。
風間直樹［2007］『雇用融解――これが新しい「日本型雇用」なのか』東洋経済新報社。
小林美希［2007］『ルポ：正社員になりたい――娘・息子の悲惨な職場』影書房。
スティーブン・グリーンハウス／曽田和子訳［2009］『大搾取！』文藝春秋。
ゼネラルユニオン［2002］『多国籍労組ハンドブック』ゼネラルユニオン。
竹信三恵子［2009］『ルポ　雇用劣化不況』岩波新書。
友延秀雄［2009］「労働争議での社会保険活用法」『労働情報』775号，14-16ページ。
友延秀雄［2011］「解雇が有効なら使用者は誰でもいい⁉」『労働情報』810号，4ページ。
布施哲也［2008］『官製ワーキングプア――自治体の非正規雇用と民間委託』七つ森書館。
山原克二・ゼネラルユニオン編［2007］『非正規労働者の乱――有期・派遣・外国人労働者の闘い』アットワークス。

第4章

自己責任論と個人加盟ユニオン

――「若者の労働運動」の事例から――

橋口　昌治

1　本章の課題

労働条件が悪化するなか，1990年代後半から日本社会に広がったのが自己責任論である。自己責任論とは，経済活動，特に金融取引における選択の責任を当事者が負うべきであるという考え方を一般化し，あらゆる行動の結果に対して当事者個人が責任を負うべきだとする主張である[(1)]。特に，若年層は稼働能力があって正規雇用に就きやすいと考えられており，若い失業者や非正規労働者の自己責任を問う声が相次いだ。また若者自身にも，自分の置かれた状況を社会構造的制約ではなく，自己の選択の帰結として捉える傾向があると指摘されている［雨宮，2007など］。

「自己責任」意識を持った若者は，抱える困難の社会的原因を問う契機を持ちにくく，「自分に問題があった」と考え，違法な解雇を受忍したり，権利として認められた生活保護申請を思いとどまる場合がある。自己責任論の問題点は，社会的な解決の道を閉ざしてしまい，負うべき必要のない「責任」まで個人に負わせてしまうことにあるといえる。

それに対し「若者の労働運動」［橋口，2011］の現場では，「自己責任」意識を持っていた若者が自分個人の問題を集団的・社会的に解決されるべき「労働問題」だと認識するようになる姿が見られる。このような変容においてユニオンがどのように機能しているのか，本章では解明していきたい。

2　先行研究の検討と研究の方法

「若者の労働運動」とは，2000年以降，若年層の労働をめぐる状況の悪化が社会問題となるなかで結成された，若年労働者を中心とする労働市場横断的な個人加盟ユニオンによる運動のことを指す［橋口，2011］。2000年12月結成の首都圏青年ユニオンをはじめ，フリーター全般労働組合（2004年8月結成），関西非正規等労働組合・ユニオンぼちぼち（2005年11月），フリーターユニオン福岡（2006年6月）などが活発な運動を展開している。

これまで個人加盟ユニオンの機能について，地域社会の「駆け込み寺」として労働相談に応じ，団体交渉権を行使して個別労使紛争の解決に寄与することが広く知られてきた［熊沢，1996；呉，2010など］。また小谷［2005］は，東京管理職ユニオンと女性ユニオン東京が，「会社人間」や男性中心主義などの標準的なライフコースや価値観を相対化させる意識変容機能を有していることを明らかにした。「若者の労働運動」も個人加盟ユニオンの系譜に位置づけられる。しかし標準的ではないライフコースを歩む若者が増加しているなか，従来とは異なる機能や運営実態が見られる［橋口，2011］。

例えば，首都圏青年ユニオンは企業別分会を置かず企業の「外側にいる，より低い労働条件の人々」の問題解決に注力してきたが，企業別分会を置かないことを方針化しているユニオンは非常に珍しい。またフリーター全般労組には多様なアイデンティティを持った人々が集まり，互いに認め合って共在する場を作り出している。そしてユニオンぼちぼちは「働くことを絶対視しない居場所づくり」を目指し，フリーターユニオン福岡にはニートや引きこもり経験者など労働市場の周辺に置かれた人々が参加している。

このように「若者の労働運動」は，企業社会から排除され労働市場の周辺に置かれた人々が共同性を作り出し，集合的に問題を解決していく場としての機能を持っているのであった。しかし，現在の若者に広く共有されていると思われる「自己責任」意識を変容させる機能については明らかにできていない。前述したように，抱える困難の社会的原因を問う契機を若者から奪うという点で，自己責任論は若者にとっても「若者の労働運動」（一般化すれば「自己責任」意識をもって生きてきた組合員を組織するユニオン）にとっても克服の対象である。

それでは若者に共有されている「自己責任」意識とはどのようなものなのであろうか。「自己責任」意識を持つ若者像を実証的に明らかにした研究に乾［2010］がある。乾は，高卒者を対象にした２つの追跡調査から，学卒後すぐに正規雇用で働き始める「標準」的な移行パターンではなく，非正規雇用や失業状態も含む複雑化・長期化したパターンをたどる若者が増えていることを明らかにした。しかし同時に，そのような移行の個人化が社会構造に強く規定されながら進行していること，その時々に属しているコミュニティやネットワークから情報や動機づけを得て「自己物語（自己アイデンティティ）」を支えていることも解明している。

ここで乾は，アンディ・ファーロングらの提起した「認識論的誤謬」概念を日本の文脈に適用する。「認識論的誤謬」とは，「客観的に見れば依然として一人ひとりの移行が社会構造によって強く制約されているにもかかわらず，一人ひとりの若者の主観においてはそれがもっぱら個人の選択や努力の結果であるとのみ認識されてしまう，そのような主観と客観との乖離」［乾，2010，107］のことだという。そしてファーロングらは，「強力な相互依存の鎖の存在に気づかぬまま，若者たちは多くの場合，集団的問題を個人的行動で解決しようと試み，避けがたい失敗の責任を自分で負おうともがいている」［Furlong et al., 2007=2009, 275］と指摘する。乾も，移行過程が多様化し，そのなかで自由な選択を行っているかのように見える若者の困難を「個人の困難」として同定することの問題性を指摘している［乾，2010，277］。

このように乾は，認識論とアイデンティティの観点から「自己責任」意識のメカニズムを解明した。それでは「自己責任」意識を抱えた若者が個人加盟ユニオンに加入し，「個人の困難」を集団的問題として捉え，集団的行動によって解決しようと試みたとき，どのような認識の変化を経験するのであろうか。ユニオンに相談し加入することで，「認識論的誤謬」が正され「階級意識などの集合的アイデンティティ」［乾，2010，107］を取り戻すのであろうか。そして，このような組合員の変化について，ユニオンはどのように機能しているのであろうか。これらの点を明らかにするために，まず「非標準的」な移行パターンを選択し解雇・雇い止めに遭ったことを契機に組合へ加入した2名の話を，(1)学卒時の判断・職業の経験，(2)どのような紛争が発生したか，(3)組合加入に至るまで，(4)組合加入後の変化の4つの点から時系列で記述したうえで，何が問題で何が解決だと考えたのか認識の変化を整理する(2)。そのうえでユニオンの機能について考察していきたい。

3　事例研究①——Aさんの場合

（1）学卒時の判断・職業の経験

高校生のときに音響・照明の仕事をしたいと思うようになったAさん（1979年生まれ）は，専門学校に進学し就職活動をするか，働きながら技術を身につけ大手に採用されるようにスキルアップしていくかの2つの方法があると知る。エンターテイメント関連の仕事にも興味を持っていたため，卒業後それを両立できる後者の道を選ぶ。そして結婚式場での音響・照明の仕事（仏滅は仕事がなく月に約5万円）と，テーマパークでのアルバイト（時給1000円で1日6－7時間）を始める。また，それだけでは生活が苦しいと考え，ファーストフード店でのアルバイトにも従事することにした。おおよそ週6日，平日は朝8時から14時頃までファーストフード店で，16時から22時までテーマパークで働き，土日は音響・照明の仕事をすることによって20万円を超える程度の収入を得ていた。非正規労働者ではあったが，自分の「やりたいこと」ができていたので，不安定な労働環境に置かれているとは全く感じていなかったという。また，やりたいことをやって稼いでいるという意識はあったが，「フリーター」というアイデンティティは持っていなかった。

ファーストフードのアルバイトを約3年，テーマパークのアルバイトを5，6年，音響・照明の仕事はトータルで8年行った。音響・照明の仕事では，大手で正社員として働いたこともあった。収入を増やしたかったからであったが，管理者になり，機材の操作を行う現場の仕事に関われなくなったため辞める。このときの経験によって，正社員ではやりたい仕事ができなくなるという印象を強く持つことになった。その後，景気が悪くなったこともあり，派遣社員として空港などで働く。

（2）どのような紛争が発生したか

Aさんは，派遣契約で働いていた携帯電話のクレーム処理の仕事を2009年８月末に期間満了で雇い止めにされたことを契機に，組合に加入する。それまでの流れを簡単に整理すると，まず同年７月上旬にAさんは会社で倒れた。患っていた目の病気への不安と多忙が原因で，パニック障害になったのであった。しかし診断が出るまでは理由がわからず，最終的に自宅から救急車で病院に搬送されるほど悪化してしまう。心療内科で「薬物療法でやれば直る」と言われ一安心したものの，そのことを派遣先に伝えると，上司の態度が変わり始める。そして７月下旬に派遣元から，「（８月は）治療以外は休まないでほしい」と言われる。Aさんは何とかその約束を守りながら，パニック障害の治療を進めた。一方，８月27日に目の治療の方法が明らかになり，入院をする必要が出てきた。その治療を行わなければ失明をする可能性があったので「２週間休みたい」と申し出たが，派遣元は契約期間満了の２日前に雇い止めを通告してきたのであった。事前予告もなく，Aさんは契約満了を病院のなかで過ごすことになる。

入院は必要に迫られたものであり，また出勤できる日はすべて出勤するという約束を守っていた。当然ながら雇い止めに納得はいかなかったが，弱っていたAさんは「返すものは返して，書くものは書いて，早く終わらせたい」と考えていた。そして，退院する頃に病院を訪れた派遣元の社員に言われるがまま，雇い止めに同意する文書に署名をしてしまう。現在では「絶対に書いてはいけない書類」だったとわかるが，当時は十分な説明もなく，まったくわかってなかったという。

（3）組合加入に至るまで

組合に加入する以前，労働法についての知識がまったくなかったAさんは，自分の陥った事態を法的な観点から理解することができなかった。そのため，派遣元の行為が合法的なのか否かも判断できなかった。派遣元に言われた「更新はしない」という言葉を渋々受け入れただけで，納得はしていなかったが，不当だと言える状況にもなかった。そして退院後すぐには就労できなかったため生活が苦しくなり，直りかけていたパニック障害も悪化し始める。「30（歳）を過ぎると，めんどくさい人間はすぐにクビ切っちゃうんだな」と人間不信に陥り，「鬱病の方に行ってしまうんじゃないか」，「自分の人生が終わってしまうんじゃないか」と抑鬱状態になっていく。

10月11月っていうのはもう引きこもりですよね，ほんと。必要最低限のこと以外はしないと。ずっと家にいて。友達とメールをするぐらいで，家からもほとんど出なかったですね。

少し回復したのか，12月頃に「フッとこう『納得がいかない』っていう気持ちがわいてき」て，法テラスに電話をしたことがあったという。しかし「法テラスまで来てもらってもためになるような回答はできないですよ」と言われてしまう。

結局予約をとって，来所してもらって話を聞くっていうことだったんだけれども，でも自分のこと，自分の話をしたときに，法テラスの人が言うには，そのケースは法テラスでは解決できないと思いますと。要は，何だろう，裁判をするんだったらもう少しお話に乗れるんですけど，法律的にどうだこうだという話だったら，そういうとこじゃなくて，労働組合とか，労政事務所とか，そういうところの方がいいんじゃないでしょうか，というようなことを言われて，ちょっと落ち込みましたよね。法律的にはちょっと弱いんだな，みたいな。

法律にも見放されたのかと「途方に暮れていたところに」，NHKによる労働相談ホットラインの報道を見る。そして，「自分の辞め方というのは法律的に問題なかったのかな？っていうのを聞きたいがためにホットラインに電話した」ことが組合への加入につながる。

（4）組合加入後の変化

電話に出た相談員からは，「もうちょっと詳しく話を聞かないとわからないし，家賃を滞納しているんだったら生活保護の方も手配をしないといけなくなるかもしれないので，一回ちょっと来所した方がいいですよ」と言われる。そして組合の事務所を訪れ，団体交渉の担当者になるCさんに相談をすることになった。

筆者：相談を聞いてもらうなかで変化はありましたか？
Aさん：ずいぶんありましたね。要は，自分が契約満了で辞めたっていうのは，はっきり言ったら自己責任のもとでクビ切られたんだろうなと。今まで，だから……結局病気が理由で休みがちになったわけですけど，その病気になった理由も最終的には「健康管理がなってなかった」と言われたらそれまでなんだろうなっていうふうに少し思ってたんですよね。ただ労働者の権利っていうところがまったく頭の中になくて，組合に入ったことで労働者の権利っていうのはこれだけあって，自分が置かれている状況っていうのが相当ひどい状況で，こんなに権利があったのにそれを知らないがゆえに使えてなかったっていうショックが結構ありましたね。ショックがあったんだけど，「ああ，そうだったんだ，じゃあしょうがない」っていうふうではなくて，「じゃあ今からでも遅くないんだったら，今からでも取り返してやろう」っていうふうに思って，心が変わりましたね。

何回も更新を繰り返している場合，有期雇用であっても簡単には雇い止めができないと知る。そして，会社の行為は「公序に反するから」団体交渉を行えば雇い止めの撤回も不可能ではないと聞いたAさんは，交渉の申し入れを行う。

当初，Aさんは「平謝りすんのかなぁなんて思ってた」が，会社が「手の平返すように，あることないこと事実とは違うことを言い始めてビックリ」する。

これが現実なんだなと。こういうふうにしてみんなクビ切られてるんだなって思って，もうこれは黙ってられないなと思って，もう解決云々より何て言うんですかね，プライドが優先したというか。

その後も，会社は説明を二転三転させたり非正規労働者への差別発言も行うなどし，Aさんは「完全に許せなくて，怒りが抑えきれない」状態になる。

そのようなAさんの怒りを，ときに本人以上に理解していたのが，Cさんであった。

例えば団体交渉終わった時とか，打ち合わせした時とかに，今でもそうなんですけど，Cさん自身も会社に対して嫌悪感というか「許せない」という意思表示をするんですよね。具体的なことを言うと，労務担当がいるんですけど，そいつが団体交渉のときに笑ったりするんですよ。次のスケジュール調整で「予定が入ってすいません」って笑って言ったりするんですよね。自分はそんなに気になんなかったんですよ，笑ってるところは。なんだけどCさんがその……団体交渉中もそうだし団体交渉終わったあともそうだし，笑ったことに対して怒りを覚えていたんですよね。そんときに，僕以外の人でそうやって怒りを覚える人がいるんだっていうところで……何て言うんですかね……僕と組合の中に見えない線みたいなのがあったんですよね，「僕にしかわかんないことだってあるんだ」みたいなふうに思ってたんだけど，実は一番理解しているのは，担当の人が一番理解してるんだなっていうのが，団体交渉中に笑ってたあいつが許せないっていうことを言った時に，形式的な理解者じゃなくて真から理解している人なんだなっていうのが，そこでわかった感じです。

加入後もしばらくの間（「3カ月くらい」），Aさんは組合に馴染むことができていなかった。自分にも非があると感じ，また他の組合員にもそう思われているのではないかという疑念が原因であった。病気を理由に雇い止めをされたと言っているが，「病気以外にも理由があって，クビ切られたんじゃないのかみたいなふうに思われてる」のではないかと考えてしまっていたのである。このような「自己責任」意識を持ってしまっていた要因に，「今まで好き勝手に」生きてきたという認識があった。それは「僕にしかわかんないことだってあるんだ」というように，自負と負い目が表裏一体になった感情を生んでいた。それゆえ労働者の権利について知り，会社側に問題があったことを認識してもなお，「自己責任」意識を拭い去ることは困難だったのである。しかし，Cさんと「許せないねっていう話をして，2人でもっと色んな話を，生活の話とかをしていって打ち解け合」い，組合の活動にも参加するようになると，徐々に「改善」されていった。Cさんが，通常であれば担当者が作成している文書（団体交渉申入書や労働委員会への申立書など）の作成をAさんに任せたり，会議に誘うなどして，組合活動にAさんを関与させていったことも大きい。また加入後半年ほどして，組合が「第2のセーフティネット」として運営を始めた集合住宅に入居したことも，組合への見方に影響を与える。それを，貸し付けを受けたことのある福祉事務所と比較して，以下のように述べている。

今後の生き死にのことまで，ここまで関与する組織ってあるのかなって思ったんですよね。……一時期すごい不安定な時期があって，その影響で福祉事務所の貸し付けを使ったことがあって，そのときって形式的な会話しかしないんですよね。要は「ちゃんと働いてお金返して下さいね」みたいな。……この組合の場合だと，そうじゃなくてもっと今後の仕事に対してとか，あと何だろうな，人とのつながりを大切にした方がいいよという，何て言うんですかね，不思議な感じですよね。何だろうなぁ，今でもそこは結構わかんないんですけど，ただ単に，労働問題だけをやっている団体っていうわけではなくて色んな職種だったりとか色んな人生経験があったりっていう人がここに集まっていて，その人たちの能力をフルに発揮して，色んなことをしたりしているじゃないですか。それが何かこう「すごいな」って，「他にはないな」って思ったんですよね。……組合活動を通じて他の組合のやり方も見ていても，ちょっと違うなぁっていうふうに知って，それが魅力的かなぁっていうふうに思って今も残っています。

このように組合に馴染むことのできたAさんであったが，会社との交渉はうまく進まなかった。会社の回答は「全くゼロ」で「悪かったということも言わないし，何にもない」，「言うのは嘘ばっかり」という状態が続いた。会社は交渉のために6人も弁護士を雇っており，「そんな金があったら……」という悔しさが募るばかりであった。そして「法律の壁」が自分の問題の解決を阻んでいると思うようになり，組合員の誘いもあって有期雇用問題に取り組む分会を作ろうかと考えるようになる。

（当初「分会長なんてやったら大変だよ」とCさんには反対されたが）自分の問題を解決しようとしたら，運動しないとダメだなぁって思ったんですよね。有期雇用の法律の壁は高くて厚くて，結局会社がやってることも合法でやってて法律的には何も悪くはなくて労働者が泣き寝入りするしかないなっていう，それでいいんだったらいいんでしょうけど，自分はそれじゃ嫌だなって思って。……最悪自分の案件が解決しなくてもそういう動きをやることによって自分の気持ちがやわらぐんであればそれでもいいかなと思って。まぁ今回泣き寝入りすることになったとしても，次から，有期雇用とか派遣のことでありがちなことを降り掛からずに次へいければそれでいいかなと思ったので。

傷病手当など団体交渉で勝ち取ったこともあり，「それで終わりにしてもいいかなぁ」と思ったこともあったが,「ここまできたら最後までやりたい」と考えている。「合法であれば何やってもいいんだって胡座かいて仕事しているのが許せ」ず,「黙って会社を営業させておくわけにはいかないという気持ち」を現在も強く持っている。

（5）何が問題で何が解決か

Ａさんは病気をきっかけに雇い止めに遭ったが, 有期雇用労働者の雇用が適切に保護されている社会であれば, 雇い止めに遭わなかった可能性がある(3)。もしくは期限の定めのない無期労働契約で働けていたかもしれない。また国が医療費削減を掲げるなか, 自己責任を重んじる医療制度が整えられていること［石村, 2006］は, Ａさんが健康管理の責任について気にしていたことと無関係ではないだろう。こうした姿は, ファーロングらの指摘した「集団的問題を個人的行動で解決しようと試み, 避けがたい失敗の責任を自分で負おうともがいている」若者そのもののように思える。「今まで好き勝手に」生きてきたという認識も,「自己責任」意識を強めていたのであろう。しかしＡさんは, すべて自分の責任だと受け入れていたわけではない。会社の行ったことに対して納得できておらず, 何とか抵抗を試みたいと考えていた。その証左として,「自分の辞め方というのは法律的に問題なかったのかな？っていうのを聞きたいがためにホットラインに電話した」,「最終的には「健康管理がなってなかった」と言われたらそれまでなんだろうなっていうふうに少し思ってた」と述べている。つまり抵抗をしたいが反論をされて負けてしまうかもしれないという思いが, Ａさんに「責任」を感じさせていたのであった。

最初に相談した法テラスは, 制度的には適切な対応だったのかもしれないが, Ａさんの抱えている疑問に答えることができなかった。一方Ａさんも, 法テラスに労働組合への相談を勧められているにもかかわらず相談へ行かなかった。起こった出来事を「労働問題」として捉えられていなかった時点において, 労働組合に相談に行くという選択肢が思い浮かばなかったことは無理もない。しかし労働相談を取り上げたニュースを偶然見たことが, Ａさんと労働組合をつなげた。

労働相談は，自分の置かれた状況を理解し，解決できる可能性のある問題であると捉えるための知識を与えた。法テラスとユニオンの対応が異なったのは，弁護士・裁判所と労働組合とで労働問題を解決する手法が異なるからである。前者は判例に基づき判断がなされるのに対して，後者は法律に基づきながらも交渉，時に争議によって法律の枠内に収まらない解決を勝ち取ってきた。そのような集合的に構築されてきたノウハウがあるからこそ，Cさんも相談にのることができたのである。(4) そして雇い止めの撤回や金銭解決といったこともできると聞き，それがAさんの考える「解決」になった。

しかし加入当初は，「自己責任」意識を簡単に解消することはできなかった。それは「僕にしかわかんないことだってあるんだ」というように，主体的に生きてきたことへの自負心と「自己責任」意識が結びついていたからであった。また他の組合員からの視線を気にして，孤立感を抱えていた。このような孤立感を解消させたのは，担当になったCさんが本人以上にAさんの怒りを理解していたことにある。会社の行為に法的な問題があるのか確信が持てなかったり，自分にも問題があると感じていたりすると，会社に対して怒ってよいものかわからなくなると考えられる。それに対しCさんの見せた会社への怒りは，Aさんに怒ってもいいのだという確信を与えたといえる。AさんはCさんという個人との出会いを通して，ユニオンの活動にも深く関わっていく。

一方，会社の不誠実な対応もAさんの怒りを呼び起こし，徐々に「プライド」の問題になっていく。「もう解決云々より何て言うんですかね，プライドが優先したというか」という語りは，ユニオンにおいて構築されてきた「解決」の枠組を逸脱し，個人の怒りに固執しているかのようにも読み取れる。実際それは，傷病手当などを団体交渉で勝ち取ったにもかかわらず運動を続けていこうと思わせる動機になっている。しかしその運動は有期雇用問題に取り組むものであり，個人にとどまらず多くの有期雇用労働者の地位改善に貢献したいという気持ちをAさんは持っている。ここに社会構造的制約を認識し，それを集合的行動によって取り除こうとするAさんの姿を見ることができる。ただし，「自分の気持ちがやわらぐんであれば」と述べているように，あくまで集団的問題に取り組む動機も個人の側から語っているのであった。

4　事例研究②――Bさんの場合

（1）学卒時の判断・職業の経験

数学が得意だったからという理由で工学部に進学したBさん（1974年生まれ）は，工学部には馴染めず演劇にのめり込む。一方，学部生だった1990年代半ばは「就職氷河期」という言葉が流行語になるほど就職難だったにもかかわらず，工学部への求人は多く，「3万とか手当をもら」い「面接で儲けているような人」もいた。しかし，「仕事って何だろう？」「社会に貢献するって何だろう？」という疑問に対して納得のいく答えが得られなかったため，就職はせず家業の手伝いをすることにした。

「付け焼き刃」だったと振り返る家業の手伝いは長続きせず，1年で辞める。そして当時興味のあった編集作業を学ぶために上京し，「フリーター生活」が始まる。最初に就いた仕事は，イラストレーターやページメーカーなどのソフトを使って編集作業を行うデスクトップパブリッシング（DTP）の仕事であった。時給1250円で3カ月契約，朝9時半から夜12時半頃まで働いた。残業代も深夜割増されて全額支払われていたので，週3日勤務であっても月収は20万円を超えたこともあった。それに加え，テープ起こしの仕事などをしながら学校に通う。DTPの仕事は1年で辞め，テープ起こしを続けながら，フリーペーパーの作成やインタビューなどの学校の活動に関わった。しかし編集を仕事にしていくことは「あまりうまくいかなくて」，1年ほど働かず貯金を切り崩しながら「ニート的」に過ごした後，「これじゃいかん」と思い派遣社員としてコールセンターで働き始める。時給は1600円であったが「ものすごい激務」だったため3カ月で辞め，その後，パソコンの相談に応じるコールセンターで働くことになった。話すことが好きなBさんは，会社の仲間や電話をかけてくる顧客との会話が楽しみで，仕事が生きがいになる。しかし突然「業績がよくない，クレームが多い」という理由で「リストラ」をされてしまう。Bさんは他の人よりも時給の高いリーダーになっており，他のリーダーも解雇されていたことや経営が厳しそうであったことからリストラであると判断した。また説明を求めたところ，会社側も謝罪をしたという。ただし当時は労働法についてまったく知らなかったので，労働組合や労働基準監督署に相談に行くといったことはしなかった。

「会社の人間関係に依存して」いたBさんは，このリストラによって東京での「人間関係が全部寸断され」てしまう。「独立して自分でコールセンター開こうかなって思う」ほどの孤独に陥ったBさんは，それまでのフリーター生活を全否定するようになる。

要は「フリーター幻想」ですよね，それに4年で気づいたんですよ。ああだまされてた。そりゃ面白いけど全然安定してないし，うまくいかなかったら取り返しがつかない。28（歳のとき）ですね。ああ，もう俺はダメだと思って，かなりおかしくなって。何かね，4年の東京でのフリーターの楽しい人生設計が全部もろく崩れ去ったというショックがすごく強くて，「うわぁ取り返しのつかないことしたなぁ」って。みんな大学の友達とかは，それなりの地位に就いてるわけで，年収とかも全然600，700（万円）くらい行ってたと思うんですよ。「私は何をしてたんだ」みたいになって，「これはいかん」って。あれはつらかったですね。

求人票を見ても「絶望的な未来」しか描けず，Bさんは当時，「地球から月にのびた棒につかまって，宇宙の中で降りることも登ることもできない状態」になっている夢を見たという。また「精神世界」にはまり，「余計に社会から逸脱」して「隠者」のようになっていく。そして2003年に実家へ帰ることにした。

実家は個人経営の商社をしており，そこで正社員として働き始める。しかし2006年に父親の体調が悪くなったことと取引先が直接取引するようになったことで，再び無職になる。仕事を探し始めるが，工学部にいたことなど経歴に対する嫌悪感があり，「嘘を書いている」ようで履歴書を書くことさえ苦痛であった。また面接で「君は何者でもない」，「あまりにも何者でもないから採りにくい」と言われ，「何者にもなりたくないのかな，俺は」という思いを持つようになる。また相談に行ったキャリアカウンセラーには「何のキャリアもない」と言われる。「色々できますよって自分で捉えられるようになったのは最近で，それまでやっぱり打ちひしがれていた」という。そして，それから２年ほど定職に就くことはなかった。

（２）どのような紛争が発生したか

2008年になって，当初は母親が知人から誘われた仕事にBさんは就くことになる。その知人（以後，社長）は神奈川県に事務所を構えながら，お菓子などのパッケージの印刷に必要な版の図面を作る仕事を個人経営で行っていた。そして大阪事務所を立ち上げるにあたって，電話番をしてくれる人を捜していた。BさんにDTPの経験があることを知った社長は，CAD（Computer Aided Design）を使った製図，製版も含めて大阪事務所のことを「全部任せる」，「正社員並みに給料も払う」と言い始める。事務所を任されるということは「人間関係も組織もない」ということであり，その点にBさんは惹かれる。そして請負契約で保険もなかったが働き出す。

９月に神奈川県へ研修に行き，11月に大阪事務所を立ち上げる。週５日勤務で時給1100円だったが仕事のない日もあり「悪いなぁ」と思っていたところ，2009年１月に「３カ月休んでくれ」と社長から告げられる。リーマンショックのあおりを受けて受注が減っていたのであろう，Bさんも経営が赤字であることには気づいていた。しかし，Bさんは働き続けていたいと思っていたので自力で交渉をし，１日８時間だった労働時間を５時間に削ることで相互に妥協する。親元にいたBさんにとって，賃金が減ることよりも働く場を失い社会との接点を持てなくなる方が問題であった。「一人で好きなようにできる」という理想の労働環境と，「自分が加工したものがかたちになって，それが使われててコンビニで見る」という「仕事の面白み」を失いたくなかったのである。このときインターネットで労働相談のページを見て，実際の労働実態と請負という契約内容との間に齟齬があることにも気づいた。[(5)] しかし，その点を問題視するより働き続けることを選ぶ。

Bさん自身「リハビリやと思った」と言っているように，仕事を覚え，成果が社会に影響を与えていることを実感することは，低かった自己評価の回復につながった。その結果，もっと「自己表現」をしたいという気持ちが強まっていく。2009年６月には受注が増えたことに伴ない労働時間も６時間に増え，残業をする日も出てくる。そして，一通りの仕事ができるようになったBさんは，社長に対して仕事の改善点を提案し始めた。それは「自己表現」の延長であり，改善案の一部は社長の下で働く別の人々にも受け入れられた。しかし社長は，従来の方法を守るように口頭や文書で強い調子で求め，関係が悪化していく。請負契約であれば，受注者は仕事を完成させる方法や使用する道具について発注者の制約を受けない。それゆえ，従来の方法を守るべきだという社長の指示は不当だといえる。そもそも時間管理があるなど，契約内容と労働実態には齟齬があった。仕事を覚えたBさんが「自己表現」を始めたことにより，その齟齬がいよいよ許容できない段階にまで拡大してしまったのである。そして社長は８月に「また３カ月お休み」と言い始め，最終的に「解雇」[(6)]を告げた。

（3）組合加入まで

Bさんは解雇された翌日に，インターネット上で見つけた労働組合に電話相談をする。そして助言をもらい，解雇理由の説明を求める文書を内容証明で送るなど行動に出た。相談担当者に「何で（労働時間が）５時間になったときに電話してくれへんかったんや」と言われたとき「自分の無知」に気づき，「自己評価が相当低かったから社長に舐められているのも仕方がないと思っていた」ことを痛感する。そして仕事を身につけることで高まっていた「自己表現したい」というエネルギーが，会社と交渉していくことへと向けられていく。しかし同時に，そのエネルギーは長年やってきた方法で問題解決を進めていこうとする相談担当者ともぶつかってしまう。

僕は労基署に是正勧告しにいくのは嫌だって言ったんですけど,「是正勧告行こか」とかね,言い出して。……だからその説明がね,納得いかなかったんですよね。「わしはこれでやってきたんや」っていう感じで。「何言ってんのかなぁ」って思って。そもそも僕が闘っている理由っていうのが,そういう古い体質を壊すっていう,そういうことに生きがいを感じているから,またそこでそんな人の言うことを聞くのは,自分の問題を解決することにならないと思ったんですよね。だから本当に僕が声を大にして言いたいのは,表現なんですよね。お金の問題じゃなくて,別にこれは5万でもよかった,表現として成立するならば。解雇予告手当とか金額が決まっているから「しゃあない,それでいいわ」と。とにかく自分の思いが形になるんなら何でもよかったんですよ。

慣れ親しんだ方法にこだわりBさんの意見を聞かない担当者は,改善案を受け入れなかった社長と同じような存在なのであった。それに対しBさんが重視したことは,話を聞き「一緒になって苦しんでくれるかどうか」であった。

アトピーって「わからない」っていうのが語源らしいんですよ。自分が苦しんでるのに,一緒になって苦しんでくれるかどうか。(アトピーである)自分は特殊な人間で,社会との特殊な関わり方をしてきたから,それは自分に染み付いてて。だからそういうふうに人間を判断してしまうから。「自分の労働問題ぐらいね,好きにやっていいんじゃないか」っていう。そもそも「好きにできなかったら,労働問題の解決はしない」っていうのがあって,やっぱりその担当者みたいな人には不満がありましたね。

そして社長に月給の半額を支払うと言われたこともあり,組合を辞め「解決したんや,これは」と思うようにした。しかしどうしても「イライラ」してしまう日々が続き，１カ月後に再び行動を起こすことにする。

（4）組合加入後の変化

まずBさんは，ハローワークに雇用保険加入の確認照会を行いにいく。もちろん加入していないことは知っていたので，社長への指導を求めにいったのである。最初に応対した職員の態度は形式的なものであったが，途中から交代した上役の職員が長時間にわたってBさんの話を聞いてくれた。その職員は「ルーティンワークじゃないような感じでやってくれ」，「ハローワークの人を説得する力があるんだなと自信になった」という。初回に２時間ほど話を聞いてくれ，その後も相談をすることになる。それまで「毛嫌い」していたハローワークに「支えてもらった」と感謝している。

同時期に，別の組合へと相談に行く。その組合は「うって変わって全然話を聞いてくれた」。

> 一番大きいのは話を聞いてくれる。前に相談に行った組合のことを言ったら，「それはあかん」って言ってくれた。やっと味方が現れたって気がしましたね。これでもう解決って。それからも色々あったんですけれども（笑）。とりあえずステップアップしたっていう安心感はありました。

「群れるのが嫌い」で「団体で交渉するなんて僕の人生であり得ない」ことだと思っていた。しかし「味方」が現れたと感じ，その日に団体交渉の申し入れを行う。当時の気持ちを「やっぱり組織苦手にしても限度がありますから（笑）」と振り返る。

> 組合も組織やから，そこはやっぱり「また浮くな」と思った。現に浮いてたと思うんですよ，やっぱり会議とかも，やっかいな「当該[7]」な感じはしてたと思うんですね。だけど僕は，この組織っていうか，自分で「いい」と思ったここでも途中で投げ出したら終わりやって思ってたから，だから新し

いここは，今いい訓練場所じゃないかと。

組合とともにBさんは，労働実態からも「外注業務契約」ではなく「雇用契約」であったと認めること，雇用保険への加入や解雇予告手当などの支払うことなどを要求した。それに対し社長は，ハローワークからの指導を受けていたにもかかわらず「法的根拠を目の前で示してもらわないとバカだからわからない」，「違法だとすれば，別に監獄に入れられてもいい」などの暴言を大声で何度も吐き，Bさんはショックを受ける。また家族や彼女からも「そもそもお前が悪かったんやろ」，「何やっとんねん，早く次の仕事探せよ」，「そんなおっさんとやりあったら，あんたおかしなんで」などと言われ，追いつめられる。しかし，それでも交渉を続けた。

「これやらんと気が済まへん。次進めへん」。それはどの当事者も言うんですけどね，「次進めへん」と。やっぱりみんな気持ちの解決をしたいんですよ。やっぱり表現やと思いますけどね。別に何百万もらおうとね，働いてきたことのプライドとか考えたらね，とりかえしのつかへんことになってるわけですからね。首切りとかね，「どうしてくれんねん」みたいな。だからやっぱり，労働問題以外で解決する方法ってないっていう時点ってあると思うんですよ。

3回目の交渉で反撃したことで形勢が逆転し，年末に社長が提示してきた「これ以上は裁判にする」という「最終回答」への返答を年明けまで待つという「焦らし作戦」に出る。そして「お正月を過ごしてのんびりしているところ，油断しているところに4回目の団交申し込みをすれば行けるんじゃないかと思ったら案の定成功」する。交渉は，Bさんの要求がおおむね通るかたちで終わった。

（5）何が問題で何が解決か

Bさんは，東京での「フリーター生活」における経験を自分自身で否定し，自己評価を低く見積もっていた。また企業からも「キャリア」が評価されず，仕事に就くことが困難になっていた。そのようななか，就いた仕事で技術を身に付けていったことはBさんに自己肯定感を与え，経済的利益と同等かそれ以上の重要性を持つようになる。しかし「自己」を回復し，改善策の提案など通して「表現」したことは，契約を請負（「外注業務契約」）にして保険の加入などの使用者責任を免れつつ，実質的には指揮・命令を行い雇用労働者として従属させておきたかった社長との摩擦を激化させた。

その結果，雇用保険に未加入のまま解雇されるという「労働問題」が発生する。それに対しBさんが求めていた「解決」は，解雇によって受けた経済的な不利益を回復したいということよりも，自己評価の回復と「自己表現」であった。それゆえ，長年の経験に基づいた方法を押しつけてくる年長の相談担当者のいる組合を辞め，「話を聞いてくれる」同世代の多い組合を選んでいる。そして団体交渉を終え，社長のみならず，行動を起こすことに反対していた両親や彼女に謝罪されたことで，自己への評価を回復できただけではなく，「他者に対する信頼感を取り戻すことができた」という。その結果Bさんは，労働組合によって「魂の世界と労働の世界の問題」が同時に解決できたと感じている。

またBさんは，東京での生活を「寂しがり屋のくせに孤立する道を選んでいた」と振り返り，「コミュニティにどこにも属さなかった」ことを「無理してた」と反省している。それに対し，労働組合という組織に属して行動したことは，Bさんが抱えてきた組織との関わり方という「問題」の「解決」に糸口を与えた。

だからね，組織苦手やから逃げて，そういう一人でできるとこに行ったでしょ？　だけど孤独感感じてクビになって，しかも一番頼りになる社長とモメたというわけで，もう完全に僕は逃げ場がないんですよ。誰かと協力しないと，と限界を感じた。だから自分で，自分と一緒に協力してもらえる人を，自分なりに責任を持って，関係作りを自分でするっていうことに関しては，ものすごい勉強になりましたね。そういう勉強をすることがなかったですからね。「適当にバイトしてたらいいわぁ」みたいな生き方をしてきたから。

しかし，個人的アイデンティティを喪失したがゆえに組合に所属し続けられるようになったわけではない。むしろBさんは「組合員としてのアイデンティティ」は持たず「属しているという感覚もあんまりない」と言い，組合を「利用してる」と明言する。そして，「労働問題っていうことと魂の問題がリンクしている人たち」が労働組合をもっと「利用」できるようにしていくことが自分の役割だと考えている。その背景には，「カウンセリング受けてヒーリング受けて，お金のある人はどんどんどんどん魂が浄化されていく」のに対し，「お金のないワーキングプアの人たち」（「それは社会の犠牲になっている人たち」）が「カウンセリングもヒーリングも受けることができない」という「魂の格差を感じた」ことがあったからである。Bさんは，そのような自己の経験を軸に，今後も組合と関わっていきたいと考えている。

5　ユニオンの果たした機能

「自己責任」意識を持った若者の変容に対してユニオンがどのような機能を果たしているのかを明らかにするために，「若者の労働運動」における２つの事例を記述してきた。AさんとBさんの２人は，学卒時に正規雇用に就くかどうかの大きな判断を求められるという社会的な制約を受けながらも，「自己決定」によって進路を選択している。またバブルがはじけたとはいえ，非正規雇用の求人が比較的豊富で「割のいい仕事」も存在していた東京でフリーター生活を送ったため，「自由」を実感していた。しかしそれゆえに，解雇・雇い止めに遭った際，「自己責任」を強く感じ，アイデンティティの危機を経験した。２人の語りからは，「自己責任」意識が主体的に生きてきたという自負と強く結びついている一方，すべての責任を自己で引き受けようとすることがアイデンティティの危機をもたらすという矛盾した状況に陥ってしまったことが読み取れる。自己責任の放棄はアイデンティティの全否定につながり，かといってすべての責任を引き受けることもアイデンティティの否定につながる。この苦境を脱するために必要なことは，会社や社会が引き受けるべき責任と自己が引き受けるべき責任を整理してアイデンティティの再形成を行うことであり，その支援こそユニオンの果たした機能であったといえる。それがどのようにして可能だったのか分析してみたい。

まず自己の存在や正当性に対する評価の低さから，違和感を覚えつつも会社の行為を受忍していた2人に対し，ユニオンの相談活動は自己の状況を認識し抵抗していくための語彙をもたらした。そして自分自身の受けた痛みや悔しさなどを個人の困難として捉えていた2人が，団体交渉や組合活動への参加を通して，集団的・社会的に解決すべき「労働問題」の当事者だと考えるようになった。

この変化に対して有効だったのが，個人紛争を集団化するユニオンの機能である。複数組合主義が採用されてきた日本では，個人であっても団体交渉権が認められてきた。この団体交渉法制を活用することによって，ユニオンは個人紛争を集団化して解決の支援を行ってきた。この個人紛争の集団化が，労働組合法の保護を受けるための形式的な手続きにとどまらず，一人の人間の経験した受難を法的な保護を受けながら解決すべき「労働問題」へと転換させる機能を果たしたのであった。むしろ相談活動こそ，「労働問題」を構築し発現させたとさえいえる。

しかし，労働法にもとづいて構築される労働問題が，当事者が問題であると思うことと一致するとは限らない。また，仮に社会構造に起因する労働問題というものが客観的に存在するのだとしても，当事者に認識される主観的な「労働問題」と一致しているとも限らない。そして当然ながら，何を問題とするかによって，解決の内容も変化しうる。2人の場合も，何を問題とし解決と考えるかが自己の経験に対する認識や相談担当者の言動，会社・社長の反応によって変化しており，ユニオンにおいて構築されてきた「解決」の枠組を逸脱することもあった。Bさんの場合，慣れ親しんだ方法で解決しようとする担当者に対して「好きにできなかったら，労働問題の解決はしない」と反発し，組合を辞めてしまうことすらあった。仮に「解決」に向けた「正しい」方法であったとしても，当事者の考える「解決」に寄与しなければ拒否されるのであり，集合的な問題の認識もあくまで個人に準拠点が置かれているのである。

加えて，確かにユニオンの活動は２人を「自己責任」意識から解放させ，集団的行動によって問題解決を図っていく道を開いた。しかしそのことによって，２人の「誤謬」が正され主観と客観との間にある乖離が消滅したと評価することはできない。また，「階級意識などの集合的アイデンティティ」[乾，2010，107]を持つようになり，アイデンティティの模索が終わったと結論づけることもできない。２人のアイデンティティの模索は終わっておらず，それは「解決」内容の変化と連動している。乾は，移行期にある若者のアイデンティティを支えるコミュニティの重要性を指摘したが，２人にとってユニオンは，そのようなコミュニティとしての機能も果たしているのであった。

以上から，２人の変化に対してユニオンが果たした機能を，(1)個人紛争を集団化することによって「労働問題」の当事者として主体化し問題を顕在化させたこと，(2)アイデンティティの模索・再形成を支えるコミュニティになったことの２つにまとめることができる。２つの機能は両輪のように機能し，引き受けるべき責任の整理とアイデンティティの再形成を促していた。またユニオンにおいて，(1)の集合的に構築されてきたノウハウや語彙が支配的になり，(2)において重要になる当事者個人の経験や語彙が軽視された場合，両者は十分に機能しないことも明らかになった。それは，客観的には単なる「誤謬」のように見える「自己責任」意識も，主観的にはアイデンティティと切り離せない人生の一部だと考えられるからである。「自己責任」意識をもって生きている労働者の相談に応じる際，ユニオンはこの点に注意する必要がある。

最後に今後の課題を提示して終わりたい。近年，労働問題への社会的な関心の高まりとともに「労働問題研究」復活の必要性が提起されている[遠藤，2009]。一方，客観的に把握される非正規労働者の増加や長時間・超過密労働の蔓延といった労働条件の悪化に比べ，問題を「労働問題」として把握し異議申し立てを行っていく動きは今もなお小さい。このことから，野村［2003］による「日本の労働者が日本資本主義の経済秩序，社会秩序を受容している」ことを説得的に論じた『日本の労働者像』［熊沢，1981］をもって「労働問題研究」は終焉したとする指摘は，無視しがたい課題を提示しつづけていることがわかる。つまり労働者による秩序受容のあり方について検討を行うことは，「労働問題研究」の重要な課題として残っているのであった。本章では，「自己責任」意識を持ち会社の行為を受忍していた若者が「労働問題」の当事者だと考えるようになった過程を記述し，そのような変容においてユニオンが果たす機能を明らかにした。これは主に集団的労使関係に焦点を当ててきた従来の「労働問題研究」の枠組みには収まらない対象であったといえる。今後は，本章で明らかにしたことと「労働問題研究」の蓄積を接続していくことを課題としたい。

注

(1) 藤田［1999］は，1990年代後半以降進行した金融市場の規制緩和において自己責任論が台頭してきたことに着目する。そして，まず問われなければならない金融機関の自己責任が軽視され，「消費者の自己責任」ばかりが強調されていることを批判した。経済活動以外で自己責任が問われたのが，2003年３月開戦のイラク戦争中に起こった邦人人質事件である。滞在していた邦人が武装勢力によって誘拐され自衛隊の撤退が要求された際，退避勧告を無視して入国したことの自己責任を問う声が政治家などから出された。被害者への激しいバッシングが起こった一連の事件は，「自己責任」という言葉が社会に広まる契機ともなった。

(2) ２人の属する組合は異なる。Aさんには2010年８月29日に約１時間半，Bさんには2010年８月19日に約３時間お話を伺った。貴重なお時間を割いていただいたことについて，記して感謝申し上げます。

(3) 日本では，無期労働契約に対する使用者からの一方的な解約（解雇）に対しては解雇権濫用法理が定着し，労働契約法第16条にも定められている。しかし有期雇用に関しては，実質的に無期労働契約と同じような働き方をしていると認められる労働者の雇い止めに対して解雇権濫用法理が類推適用されるとする判例法理（雇い止め法理）があるのみで，雇用保護は相対的に弱いと評価されてきた。また，期限を定める必要のない仕事をも有期労働契約にする実態が蔓延しているなどの問題も指摘されてきた。それに対し厚生労働省は，「有期労働契約研究会」を開き2010年9月10日に「報告書」を発表する［http://www.mhlw.go.jp/stf/houdou/2r9852000000q2tz.html, 2012.2.11］。それを受け労働政策審議会は，2011年12月26日に有期労働契約のあり方についての建議を行った［http://www.mhlw.go.jp/stf/houdou/2r9852000001z0zl.html, 2012.2.11］。

(4)　道場親信は，労働組合を「『法』を通じた闘いにとって特権的な組織であると同時に，『法』が不利な条件を作り出している場合にも，事実行為を通じて『法』を中断させる上で格別の装置」［道場，2008，283］と評価している。

(5)　この間，指揮命令があり実質的には雇用関係にあるにもかかわらず，契約上は請負契約にすることで使用者責任を逃れる「偽装雇用」［脇田，2007］が広がってきている。

(6)　請負契約の場合，「契約の解除」と表現するのが正しいが，実質的に雇用関係にあったという点で団体交渉では争い最終的に社長も認めたので「解雇」と記述する。

(7)　労働組合では，団体交渉や争議の当事者を「当該労働者」，「当該」と呼ぶ。

引用文献

雨宮処凛［2007］『生きさせろ！——難民化する若者たち』太田出版。

石村久美子［2006］「医療制度改革——規制緩和による市場原理と自己責任化」『藍野学院紀要』第20巻，97-108ページ。

乾彰夫［2010］『〈学校から仕事へ〉の変容と若者たち——個人化・アイデンティティ・コミュニティ』青木書店。

遠藤公嗣［2009］「雇用・労働政策の変容——概観と研究課題」『社会政策』第1巻第3号，5-14ページ。

呉学殊［2010］「合同労組の現状と存在意義——個別労働紛争解決に関連して」『日本労働研究雑誌』No.604，47-65ページ。

熊沢誠［1981］『日本の労働者像』筑摩書房。

熊沢誠［1996］「コミュニティ・ユニオンの明日」『社会主義と労働運動』No.227，1-16ページ。

小谷幸［2005］「『新しい労働運動』の特質に関する社会学的研究」（博士学位申請論文）。［http://dspace.wul.waseda.ac.jp/dspace/handle/2065/5396, 2012.2.11］。

野村正實［2003］『日本の労働研究——その負の遺産』ミネルヴァ書房。

橋口昌治［2011］『若者の労働運動——「働かせろ」と「働かないぞ」の社会学』生活書院。

藤田安一［1999］「金融ビッグバンにおける自己責任論の批判的検討」『鳥取大学教育地域科学部紀要　地域研究』第1巻第1号，1-19ページ。

道場親信［2008］『抵抗の同時代史——軍事化とネオリベラリズムに抗して』人文書院。

脇田滋［2007］「偽装雇用問題」『法と民主主義』No.418，12-14ページ。

Furlong, A and Cartmel, F., 2007, Youth People and Social Change, 2nd ed., Open University Press（乾彰夫・西村貴之・平塚眞樹・丸井妙子訳［2009］『若者と社会変容——リスク社会を生きる』大月書店）.

第5章

労働NPOの特質

——個人加盟ユニオンとの対比・関連において——

小関　隆志

1　本章の課題

個人加盟を旨とするコミュニティ・ユニオンは未組織労働者（不特定多数の労働者）を対象とし，労働相談と共済制度を主な機能としているため，公益性があると指摘されている［小畑，1996，20；2003，82-84；成川，2002，25］。福井［2005，23］も，「コミュニティ・ユニオンは一面において共済目的の労働組合であるが，他面でその活動はNPO的な公益に大きく踏み込んでいる」と，NPOとの親和性を指摘する。

他方，コミュニティ・ユニオンとは別に，労働相談やアドボカシーなど労働問題の解決に取り組む労働NPOが，1990年代以降相次いで設立されている。

コミュニティ・ユニオンに関しては，これまで多くの文献で紹介されてきたが，労働NPOに関する研究はほとんどなされず，その独自の性格と役割については明らかにされてこなかった。

本章は労働NPOの特質を，個人加盟ユニオン(1)との対比・関連で明らかにする。

2　労働NPOの出現

（1）労働NPOとは

何らかの形で労働問題にかかわっているNPOは多様に存在するが，本章で取り上げる労働NPOとは，不特定多数の労働者に対して労働相談などのサービスを直接提供し，個別の労働問題の解決にあたる市民運動組織で，労働組合以外の組織をいう(2)。労働組合と同様の機能としては，労働相談，政府・企業への要求などが挙げられる。このような労働NPOが1990年代以降次第に増加してきている。

なお，「NPO」という用語の意味について若干補足しておきたい。日本では「NPO」を，NPO法人など法人格を持つ団体と同義に解釈する向きがあり，他方，市民運動団体は自らを「NPO」ではなく「NGO」であると規定するものも多い。そのため「NPO／NGO」と併記したほうが，誤解を招かずに済むかもしれないが，「NPO／NGO」と表記するのはやや煩雑である。本章では便宜上「NPO」で統一するが，法人格の有無や種類を問わず，市民活動団体・運動団体全般を広く含んだ非営利組織という概念で用いる。

労働NPOと労働組合の基本的な違いは，法的権限の有無にある。労働組合は労働組合法に基づいて設立され，団体交渉権・争議権を持つが，NPOは持たない。NPOの組織形態は，法人格を持たないもの（任意団体）もあれば，NPO法人（特定非営利活動法人）や社団法人，財団法人，弁護団など多様である。

労働組合は組合員による共益組織で，事業は原則として組合員を対象とするが，NPOは不特定多数の者のための公益組織で，会員に限定する必要はない。したがって，労働組合と労働NPOは本質的に同一にはなり得ない。

ただ，ひとくちに労働組合と言っても多様である。大企業の正規社員を組織する企業内労働組合は，特定企業（職域）の団体の者に対象を限定しているうえに，正規労働者の排他的な権利擁護の側面が強い。

これに対し，特定の企業や職域とは関係なく，誰でも個人単位で加入できるコミュニティ・ユニオンは一般の未組織労働者に開かれ，メンバーが自発的に活動に参加する組合である［福井，2002，41］。企業内労働組合に加入できない派遣やパートなどの非正規労働者をコミュニティ・ユニオンは多く組織している。さらに，組合員に対してだけでなく，未組織労働者に対する相談活動や，政府・財界への政策提言などの公益活動も行っている。こうしたことからコミュニティ・ユニオンは，NPOに比較的近い存在だと考えられる。

コミュニティ・ユニオンはNPOに比較的近いが，労働NPOと比較した場合，前述した法的権限の違いに加えて，労働者の助け合いや組合員どうしの交流といった共益性はなお強く残る。また，コミュニティ・ユニオンの知名度はまだそれほど高くなく，企業内労働組合との違いも一般的にあまり認知されていない。そのため，場合によっては外部からは「閉鎖的」で「敷居が高い」と感じられるかもしれない。それに対してNPOは外部に開かれた，利他的・公益的な組織と感じられる。

国内の労働NPOが活動する分野には，だいたい以下のようなものがある（ただし，すべてを網羅しているとは限らない）。

A　労働相談：賃金，労働条件，解雇，職場いじめなど，さまざまな労働問題の相談に乗り，解決を支援する。

B　失業者救済：失業者に対して職業あっせんや仕事づくりなどを行う。

C　外国人労働者支援：外国人労働者（出稼ぎ労働者・移住労働者）の労働相談，生活相談（在留資格，離婚など），日本語教室，就職支援，アドボカシー活動などを行う。

D　女性労働者支援：女性労働者の労働相談，セクハラやDVの相談，カウンセリング，カウンセラーの養成などを行う。

E　派遣労働者支援：派遣労働者の労働相談，労働組合への組織化，派遣労働に関するアドボカシー活動（出版，シンポジウム，署名運動など）を行う。

F　労働安全衛生対策：労災認定，職業病予防，アスベスト規制，職場の労働安全対策，労働安全衛生学校の学習会や講座開催などを行う。全国労働安全衛生センター連絡会議に，各地域安全衛生センターが加盟し，活動している。

G　過労死対策：過労死に関する相談，過労死の労災認定・企業補償，労働基準法違反事例の告発，過労死予防対策，サービス残業の電話相談などを行う。

H　法律援助：労働者からの法律相談受付，労働法の講座や討論集会，講師派遣，労働裁判，労働判例・法制についての調査研究・提言などを行う。労働弁護団の活動。

（2）労働NPO出現の背景

労働NPOが出現した時代的・社会的背景として，(1)疎遠化，(2)非正規化・貧困化が挙げられる。

① 疎遠化

労働組合に対する疎遠な意識と，それとは対照的にNPOへの親近感を背景として，労働NPOが設立されている。

労働者のなかには，労働組合の存在そのものを知らないか，存在を知っていても参加しにくい，なじみがないなど，労働組合に疎遠な労働者が少なからず存在する。職場いじめやセクハラ，賃金未払い，労災，解雇といった深刻な労働問題に直面しながらも，労働組合や行政機関に相談せず一人で抱え込んでいる労働者が増加している。こうした事情を背景に，問題を抱えた労働者の相談に乗り，解決方法を助言して，労働組合や行政機関に紹介（橋渡し）する労働NPOが設立された。

NPO法人POSSEは，「労働相談，労働法教育，調査活動，政策研究・提言，文化企画を若者自らの手で行う」ことを目的に2006年に設立され，大学生・大学院生などが中心となって労働相談を行う［今野，2006］。組織形態としてNPOを選んだのは「労働組合のイメージが悪く，NPOのほうが受けが良いから」であり，「相談者が労組に直接アプローチするのは難しい」「労働問題を市民社会に開かれたものにしていくためにNPO法人の形態がふさわしい」と同団体代表は述べる［2010.7.5聞き取り］。

日本の労働組合に対する一般の人々のイメージは「敷居が高い」など，必ずしも肯定的なものとは限らない。他方，NPOに対しては「市民運動」「間口が広い」など，比較的肯定的なイメージがある。そのため，幅広い層の労働者が気軽に相談できるよう，NPO法人の労働相談機関を設ける動きが目立つ。

労働組合が自ら“労働相談窓口”としてNPOを設立・運営する例もある。神奈川労働相談センターは，「労働組合は，人によっては敷居が高くてしり込みする」という認識から，別看板にしている(3)。同様に，派遣労働者・期間工労働者の支援を行うガテン系連帯も，労働組合のネガティブイメージを意識して，NPOの組織形態を選んだという(4)［2010.9.22聞き取り］。

労働組合に対する疎遠な意識が生じたのは，労働組合のことを義務教育で教えないという問題や，労働組合に対するマスコミの報道姿勢，雇用の非正規化などもあるが，労働組合は共益団体の故に，外部の人間からは閉鎖的な存在に見えたからかもしれない。

② 非正規化・貧困化

企業内組合に組織されている正規労働者が減少する一方，パートや派遣，契約といった非正規労働者が増加し，それに伴いワーキング・プアや失業者も増加している。こうした労働者を組織する労働NPOも現れた。

労働者派遣法制定（1985年）と，その後の1996年，2000年，2003年と度重なる法改正で規制緩和が進み，派遣労働者は1990年代後半から2000年代前半にかけて急増した（1997年は86万人，2006年は321万人で，10年間に約3.8倍）。派遣労働者の増加に伴ってトラブルも増加した。NPO法人派遣労働ネットワークは，1991年に電話相談「派遣トラブルホットライン」を始めた（2001年にNPO法人化）。労働組合でなくNPOを設立した背景には，派遣労働者は，労働組合に組織化しにくい分野だから，（もちろんコミュニティ・ユニオンに個人加盟もできるが）ユニオンよりもっと大きく網をかけてネットワークをつくる必要がある，という認識があった［2010.6.16聞き取り］。ここには，派遣労働という特殊性が強く働いている。

貧困層は，労働組合費を払う余裕がないという問題も指摘されている。派遣・期間工労働者を支援するガテン系連帯の事務局長は「会費もずっと垣根を低くしないと，アクセスしやすいイメージにはならない。会費を通信料程度の金額に抑えた」［2010.9.22聞き取り］と述べる。ガテン系連帯の個人会費は月額250円であり，ガテン系連帯の運営母体である連帯（全日本建設運輸連帯労働組合）の組合費月額3000円（ただし低所得者には割引制度あり）の12分の１である。

また，女性ユニオン東京の元委員長は，非正規雇用の労働者が低所得の故に組合費を払えず，経営者と闘う以前にそもそも生活できない女性が孤立している，という状況から，2007年に労働組合とは別にNPO「働く女性の全国センター」を設立した。女性ユニオン東京の組合費は収入に応じて毎月1000円／2000円／3000円（ただし低所得者には割引制度あり）だが，このNPOは，年会費を1000円に抑え，低所得の労働者も加入できるようにした［2010.8.16聞き取り］。同団体のウェブサイトは「年会費1000円という廉価で個人加盟……年会費を最大限安くしたのは，フリーターやパート，非常勤など，非正規雇用が圧倒的という女性の労働実態を鑑み，かつ失業者も入れるという趣旨によります」とうたっている。

派遣・契約などの非正規労働者や貧困層，失業者といった，企業社会の周縁部に位置づけられた労働者にとって，労働組合の存在は必ずしも身近なものではなく，彼らを労働組合に組織するにはさまざまな障害が横たわっている。労働NPOはその障害を乗り越え，より幅広い労働者のゆるやかな連帯を実現しようとしている。

3　労働NPOの役割

（1）労働相談と問題解決

労働NPOの多くは，労働相談を受け付けているが，労働組合とは異なり，団体交渉や争議を行う法的権限を持たない。行政機関のような調査権や勧告権，司法権もない。相談を受けた後，具体的な問題解決の場面において，団体交渉や争議による自主解決を図る際には，NPOが単独で解決することは困難な面がある。

そのため，労働NPOは相談者に対してどこまで深くかかわるのか，問題解決にあたっていかなる役割を担うのかについて，相談機関としての自己規定が求められる。これは以下の２つのパターンに分かれる。

(1)　労働相談において，他の機関（労働組合，行政機関，他のNPOなど）を紹介し，ないしは労働法や各種制度に関する一般的な情報を提供する。何らかの問題に直面して解決方法が分からず困っている労働者に対して，まずは訴えに耳を傾け，問題解決の基本的な方法を示すとともに，必要な場合は他の機関（労働組合，行政機関など）を紹介する。この場合，NPOは最初に相談に乗る「インテーカー」ないし「橋渡し役」として，問題解決の入口の段階に限定し，他の機関に具体的な問題解決を委ねることになる。

例えば，NPO法人派遣労働ネットワークは電話相談「派遣トラブルホットライン」のうち，団体交渉が必要な案件は労働組合に振って，解決を委ねている。NPO法人労働サポートセンターも「労働者と相談機関との橋渡しの役割」に徹している。相談者に直接付き添っていっしょに解決するのではなく，メールで大まかな内容を聞き取り，適切な機関を紹介している。NPO法人POSSEや，NPO法人労働相談センターなども，相談案件の大半は労働組合や行政機関などを紹介しているので，インテーカーの役割といえる。

むろん，コミュニティ・ユニオンをはじめとする労働組合も無料の労働相談を受け付けているが，労働組合の場合は自らの組合への加入を前提として，団体交渉による自主解決を勧めることが多い。これに対し，労働NPOは団体交渉による自主解決だけでなく，あらゆる解決方法を提示し，そのなかから相談者自身が最良と思える方法を選択する。

(2)　他の機関に解決を委ねてしまうのではなく，NPO自らも実際に問題解決に携わる。

例えば，外国人労働者支援のカラバオの会は，労働組合に対応を依頼するのではなく，まずは自ら労使交渉にあたる。同団体は，これまで賃金未払い問題などで数多くの労使交渉を行ってきた。相談を受けると，相談者の勤務先に電話連絡をとり，相談者を連れて勤務先の会社に出向く。労使双方の言い分と証拠を出し合い，双方が納得を得られるまで議論して，賃金未払い問題を解決する。こうした交渉は労働組合と同様で，これまで「NPOには団体交渉権がない」ことを理由に経営者から交渉を拒否されたことはないという。カラバオの会は労働者本人から交渉の委任状をとって交渉にあたる。経営者が逃げ回ったり，未払い賃金を認めなかったりする場合に限り，他の労働組合に協力を求めて交渉した［2010.7.28聞き取り］。

NPO法人働きたいみんなのネットワークは，失業者自身が運営にあたって失業者を支援するというユニークな無料職業紹介所を新宿に開設している。このほか，ホームレスを対象とした就職支援セミナーでの講師活動や，ハローワークを訪れた求職者へのアンケート調査などを行っている［2010.7.27聞き取り］。

NPOによってさまざまであるが，やはり労働相談に関して，NPOとして最も特徴的な役割は，インテーカー（橋渡し役）といえよう。

（2）専門性の発揮

多様な労働問題のうち，労働組合が担いきれない個別の専門領域の問題については，専門領域に特化した労働NPOが解決に当たることがある。

NPO法人東京労働安全衛生センターは，労災・職業病に関する相談活動，労災防止の研修活動，安全衛生の技術サービス事業を行っており，亀戸ひまわり診療所と提携した健康診断・相談や作業環境測定など，事業内容は幅広い。同団体事務局長によれば，「労組のなかで，労災問題の相談件数は賃金未払いより少なく，また労組の専従は労災についてそんなに詳しくない」ため，同団体に相談に訪れる［2010.8.19聞き取り］。労災関連相談であれば，労災認定に向けて労働組合とともに対応したり，メンタルヘルスの問題であれば，雇用を守れるよう会社と交渉したりと，労働組合と緊密に連携しながら事業を進めている。神奈川シティユニオンの委員長によれば，組合が労災の相談を受けると，神奈川労災職業病センターと港町診療所と連携して解決にあたるという［2010.9.6聞き取り］。

外国人労働者問題では，外国人労働者が抱える特有の問題（外国語対応，オーバーステイ，難民申請，外国人研修生問題，生活問題など）に対応するための専門性が必要となる。一般社団法人外国人とともに生きる大田市民ネットワーク（OCNet）は，外国人向けの日本語教室を開いているほか，外国人研修生，難民申請者，在留資格（オーバーステイ）などの問題，あるいは離婚や子どもの教育といった生活問題に関する相談を受け，入国管理局・警察・病院・シェルターに連れていくなど，外国人労働者のさまざまな問題解決に尽力している。OCNetは英語，タガログ語，中国語，ロシア語など多様な言語で相談に応じている［2010.7.23聞き取り］。外国人労働者を多く組織する神奈川シティユニオンによれば，外国人労働者の生活相談や日本語教育に関する問題は，労働組合からOCNetにつないで紹介する。

NPO法人サポートハウスじょむは，セクハラを受けた被害者女性の裁判を契機に，女性の居場所が欲しいというニーズに応え，2002年に設立された［2010.8.16聞き取り］。同団体は，「女性たちが安心して過ごせるスペースと元気を取り戻しエンパワーできるサービスを提供するNPO法人」で，カウンセリングサービスや，自己尊重・コミュニケーショントレーニング講座，居場所（デイケア）の活動を行っている（同団体リーフレット）。労働者に対する精神的なケア，エンパワーメントには，カウンセリングの専門性が必要とされるのである。

これらの労働NPOは，労働組合が担いきれない専門領域のサービスを提供するところにその存在意義があるが，こうしたNPOが出現したのは，個別の労働問題が次第に専門分化し，労働組合単独では担いきれなくなったためだと考えられる(5)。

（3）アドボカシー活動

労働相談をはじめとした個別紛争解決の活動にとどまらず，個別紛争解決の経験をもとにした政策提言や普及啓発，独自の調査などのアドボカシー活動を展開する労働NPOも存在する。労働組合もアドボカシーを行っているが，労働NPOは一般市民を含めたより広い視野で意見を述べることができる。また，アドボカシー活動に自らの存在意義を見出そうとするNPOもある。

NPO法人派遣労働ネットワークは，派遣労働問題を個別問題として処理するだけでなく，問題を社会化して取り組み，立法や行政に反映させることを活動の柱に掲げている。団体交渉が必要な事案は各労働組合に任せ，同団体は「派遣トラブルホットライン」の電話相談を通して得られたデータを収集分析し，労働者派遣法抜本改正の要求運動を展開している［2010.6.16聞き取り］。具体的には，派遣労働者にアンケート調査を行ったり，法改正に向けて各政党の議員に働きかけたり，デモや院内集会，シンポジウム，研究会等を開いたり，「派遣労働者の通勤交通費非課税キャンペーン」のような特定課題のキャンペーンをしたりと，多彩な運動を展開している。労働者派遣法に関する本の執筆も多い。

アドボカシー活動をNPOの形態で進めようとするのは，労働組合による個別紛争解決だけでは根本的な労働問題の解決につながらず，立法を含めた社会変革が必要になっているということである。1990年代から2000年代前半にかけて進められた労働規制緩和のうねりのなかで，労働者の権利を再び確立していくには，労働界の中だけではなく，市民や議員も巻き込んで世論形成することが必要で，世論に効果的に訴えるには，労働組合よりもNPOのほうが良いという認識があったと考えられる。

4　労働NPOの財政基盤・人的基盤

（1）労働NPOの財源構成

労働組合はメンバーシップに基づく労働者どうしの相互扶助組織であるから，組合員は受益者であると同時に支援者でもある。それに対し，労働NPOは労働者のみで構成されているとは限らず，よって必ずしも相互扶助を組織原理としているわけではない。労働NPOは会員制度を持つとは限らないし，会員の性格もまちまちである。また，労働NPOは，組合費を主な財源とする労働組合と異なり，企業等からも寄付・助成金を受けられるなど，多様な財源を持ち得る。こうした点で労働NPOと労働組合の違いがみられるのではないか。

①　会員制度の有無と会員の性格

労働NPOの会員制度をみると，まず(1)会員制度がない団体と，(2)会員制度がある団体に大別されるが，会員制度を持つ団体が比較的多い。

(1)　NPO法人労働相談センターや神奈川労働相談センターなどの労働NPOは，会員制度を持たない。不特定多数の労働者から相談を受けることに特化しており，会員どうしの助け合いや交流を行っているわけではない。

(2)　会員制度を持つ労働NPOについてみると，支援者を中心として会員を構成しているNPOと，受益者を中心とするNPOとに細分化される。

支援者を中心するNPOの例としては，NPO法人派遣労働ネットワークや外国人研修生権利ネットワークなどが挙げられる。NPO法人派遣労働ネットワークは団体会員と個人会員からなり，団体会員のほとんどは労働組合，個人会員は弁護士，研究者，国会議員などが多く，なかには派遣労働者も含まれるが，会員の大半は支援する側の団体・個人である。他方，2007年に会員制度を設けた外国人研修生権利ネットワークの場合，約100（団体・個人含む）の会員はいずれも支援者である。OCNetは，正会員（活動家）と賛助会員（金銭支援），会員外協力者の計約130名からなる支援者を組織している。また，カラバオの会や「働く女性の人権センターいこる」等も，支援者を会員として組織している。これらの労働NPOは支援者を会員として組織している点で，より公益性が高いといえる。

受益者を中心とするNPOの例としては，「働きたいみんなのネットワーク」や「働く女性の全国センター」などが挙げられる。「働きたいみんなのネットワーク」は，失業者と再就職者を会員として組織している。失業者（求職者）はこの団体から就職あっせんを受ける受益者であり，再就職者は以前就職あっせんを受けた元受益者である。「働く女性の全国センター」は，擁する会員600名弱のほとんどが当事者（女性労働者）で，学者や弁護士，国会議員なども一部含まれているが，大多数は受益者なので，より共益性が高いといえる。

② 会費以外の財源

会員制度を持つNPOであっても，労働相談をはじめとするさまざまな活動を，会費収入だけで賄うことは困難であり，他の財源を持つ必要が生じる。

なかにはNPO法人労働相談センターのように，収入ゼロというNPOもあるが，これはNPOを運営している労働組合が費用を全て負担しているためである。

会費以外の主な財源としては，一般的な寄付金に加えて，争議解決金の一部を寄付として受け取る，あるいは労働組合や助成財団から補助金・助成金を受け取る，さらにはセミナーを開催して参加費を徴収したり，講師を派遣して講師料を受け取る，雑誌を発行して出版収入を得る，といったものがある。

特に，自前で事務所を持ったり，専従のスタッフを雇用したりするNPOの場合は，事務所の家賃・水光熱費や通信費，スタッフの人件費や交通費などの費用を賄えるだけの定期的な収入を確保しなければならない。

（2）労働NPOの事務局体制と費用

コミュニティ・ユニオンのなかには，専従の有給スタッフを置かずに（スタッフを置くだけの財政的余裕がない場合もあり），ボランティアスタッフだけで運営しているものも少なくないが，労働NPOも同様に，人件費を払う余裕がなく，事務局の運営をボランティアスタッフだけに依存している例が多い。

ボランティアスタッフだけで運営しているNPOは，スタッフが完全に無給である場合と，NPOの運営母体である労働組合専従がNPOのスタッフを兼務している場合とに分けられる。

例えばNPO法人労働サポートセンターやNPO法人POSSE，カラバオの会などのNPOは，いずれも全員ボランティアスタッフで運営しており，スタッフはそれぞれ生計を立てるための本業を持っている。

これに対し，NPO法人派遣労働ネットワークや，NPO法人労働相談センター，外国人研修生権利ネットワーク，NPO関西等の場合，事務局スタッフはNPOからは報酬を受け取っていないが，スタッフは労働組合専従を兼ねているため，事実上有給スタッフがいるという見方もできる。

ボランティアスタッフのみで運営するNPOは，収入が少ないだけに，費用も最小限の実費にとどめていることが多い。具体的には，スタッフの交通費，通信費（電話代，インターネットのサーバー代，郵送費など），文具などの消耗品費といった実費で，金額にして年間数万円程度にとどまる。スタッフに交通費を支給しないNPOも少なくない。

他方，少数ながら有給スタッフを抱えているNPOもある。NPO法人東京労働安全衛生センターは５名の専従有給スタッフを置き，さらに全国労働安全衛生センター全国会議も２名，中皮腫・じん肺・アスベストセンターも２名，それぞれ専従スタッフを抱えている。東京労働安全衛生センターは労働相談以外に安全衛生に関する技術的なサービス提供を行い，事業収入を得ているほか，亀戸ひまわり診療所と連携して労災・職業病診断，メンタルヘルス対策などを行って収入を得ている。

このようにNPOが労働組合の人的資源に依存せず，スタッフを独自に雇用する例もあるが，労働NPO全体のなかではごく限られている。

労働組合の事務所に間借りすることで，事務所費（家賃・水光熱費など）の負担を回避する労働NPOは多いが，間借りすることのマイナス面を重視するNPOは，あえて自前の事務所を持とうとする。労働組合からの干渉や介入を防ぎ，自立した運営ができるとともに，外部からも労働組合から独立したNPOとみなされる利点があるためである。しかしその場合，家賃を支払って事務所を維持し続けることは，小規模なNPOにとって極めて大きな負担となる。

NPO法人POSSEは，「私たちは労働組合付属の相談機関やNPOとは違う役割を担っている」との認識から，労働組合とは違うNPO独自の活動（調査や啓発など）の領域を開拓してきた。そのため，労働組合の事務所に間借りせず，自前の事務所を持つことにこだわり，雑誌の発行や助成金の獲得によって費用の捻出に努めている。

このほか，カラバオの会やOCNetなど，労働組合に依存しない労働NPOは，自前の財源を確保して事務所費を自己負担している。

労働NPOの財源確保は，労働組合への依存という問題とも絡み合っているが，ここにはそもそも誰が労働NPOの財政を支えるべきかという根本的な問題が横たわっている。労働NPOの多くはボランティアが事務局運営を担い，通信費など最小限の実費だけで運営しているが，これは労働NPOの財源が事業内容に比して過小となっているためである。会費も労働組合の組合費に比べてはるかに安価である。NPOは支援者から寄付金や助成金を受けたり，無償で事務所やスタッフの提供を受けることもあるが，スタッフの人件費を賄えるほどの収入には達しない。したがって，ボランティアスタッフに依存するのは現実問題として仕方がないが，長期的視点に立てば，NPOのスタッフの確保や人材育成，事業の持続的な発展にとって，財源の過少は大きな制約要因であるといえる。

（3）労働組合との関係性

労働NPOの多くは，人的にも財政的にも労働組合に大きく依存している。NPO法人労働相談センターやNPO法人派遣労働ネットワークなどは，労働組合の事務所に間借りし，必要経費はほとんどすべて労働組合が負担し，労働組合専従役員がNPOのスタッフとして（2種類の名刺を使い分けながら）活動する。ただしこうしたNPOでも，独自のボランティアスタッフや，外部の有識者などをメンバーに迎えており，労働組合とは異なる独自のネットワークを築いていることを考慮すると，労働組合とまったく同一の存在であるとはいえない。

なかには，労働組合と一体化したNPOもある。NPO法人関西は，社会的弱者の生活保障と失業者の救済を目指して設立され，道路の清掃を月1回，ボランティア活動として行っている［服部，2003］。事務所は建交労（全日本建設交運一般労働組合）関西支部にあり，NPO法人の役員はいずれも建交労役員である。NPO法人会員はいずれも建交労関西支部の労働者供給事業部所属の組合員であり，組合専従がNPO法人事務局を担う［2010.9.3聞き取り］。同団体は外部からも，労働組合と表裏一体とみなされているようである。

労働NPOが労働組合によって設立・運営され，あるいは支援を受けることは，ある意味で自然な流れであり，人的・財政的に脆弱な労働NPOが費用を最大限抑えて効率的に運営することを可能にしてくれる点では利点が大きい。

しかしながら，なかには労働組合がNPOの運営に干渉・介入する例や，

NPOの運営が労働組合から分離していないなどの例もみられる。NPOと労働組合のこうした関係性は，NPOの自立性・ガバナンスという観点からは無視しえない問題である。NPOは他者からの支配を受けず，自律的に意思決定する組織であるはずなのに，実態が異なるとすれば，健全な姿とは言えず，長期的にみればNPOセクターに対する一般社会からの信頼に背くことにもつながるのではないか。

また，NPOが労働組合の事務所に間借りすることによって，外部からは，NPOが労働組合と事実上一体の組織である（または労働組合の下部組織である）という誤解を受け，市民団体などと幅広いネットワークを築くことを困難にする恐れもある。

NPOが労働組合と密接な協力関係を築くこと自体は何ら問題ではないが，それぞれの組織の自立性と，両者の対等な関係を保つよう努めることが必要であろう(6)。

5　社会運動的労働運動における労働NPOの意義と課題

（1）社会運動的労働運動とNPOとのかかわり

本節では，社会運動的労働運動の視角から，労働NPOの意義と課題を考察したい。鈴木［2005］の先行研究の整理によれば，「社会運動的労働運動（social movement unionism）」の定義を構成する要素として，(1)既存の労使関係制度の制約を超えた労働運動，(2)労働組合の目的の再定義（例えば，コミュニティー，ジェンダー，環境問題などを組合の課題として取り込む），(3)労働組合と社会運動団体との協力あるいは同盟関係，(4)労働組合組織の民主化，組合員や活動家の草の根レベルでの動員，(5)労働者の草の根レベルでの国際連帯（例えば，同じ多国籍企業で働く労働者どうしの国境を越えた交流）の５つがある。

社会運動的労働運動と類似した用語に「社会的労働運動（social unionism）」があるが，高橋［2008］によれば，両者は異なる概念である。社会的労働運動とは，「社会的公正の実現や社会全体の向上を目標とする立場」の労働運動で，大企業中心のビジネス・ユニオニズムに対抗する潮流を指す。初期段階では社会主義やアナーキズムと強く結びついていた。19世紀末-20世紀初頭，ドイツの労働組合運動が，大企業内部での自己完結的な労使関係から脱却して，社会主義思想の影響の下で，国全体の労働規制を要求する運動へと転化していった［田中，1991］。日本でも，1950年代の「ぐるみ闘争」や安保闘争など，社会的労働運動が花開いた時期があった［鈴木，2005，14］。ビジネス・ユニオニズムとソーシャル・ユニオニズム（社会的労働運動）の相克は，先進国ではある程度共通にみられた現象なのかもしれない。

これに対し社会運動的労働運動は，1970年代に台頭した「新しい社会運動」の影響を受け，労働運動を再び活性化するべく1980年代以降に登場した概念で，環境保護運動やフェミニズムなど社会運動団体との結びつきが強い点が特徴である［鈴木，2005；高橋，2008］。さらに，1980年代以降新自由主義の台頭によって，資本への規制と労働法制が弱まり，経済のグローバル化が進み，移民労働者等の低賃金不安定雇用の労働者が大量に生み出された。そのため，正規労働者を中心としたかつての労資協調路線が行き詰まりを見せるようになった。「労働運動あるいは労働者階級にとって厳しい経済的・政治的状況」［鈴木，2005］を打開するため，低賃金不安定雇用労働者を積極的に組織化することにより，労働組合の影響力を再び高めようとした。

アメリカでは，1995年にAFL-CIOの会長選挙でジョン・スウィニーが会長に当選したことで，従来のビジネス・ユニオニズムから社会運動的労働運動に方針転換したといわれている。そのためアメリカの労働運動の文脈で社会運動的労働運動が語られることも多いが，これは必ずしもアメリカに限った現象ではない。カナダでも，ヨーロッパ諸国でも，韓国や日本でも，南アフリカやブラジルなどでも，さまざまな形で運動が展開されているようである。

社会運動的労働運動も，ビジネス・ユニオニズムに対するアンチ・テーゼとして登場している点では，社会的労働運動と共通している。

ただし，社会運動的労働運動の内容は，不安定雇用労働者の組織化や，労働組合内の民主化，草の根レベルの国際連帯などと多岐にわたっており，個別の運動の状況によって具体的な目標や形態も多様である［權，2005］。

ここで，筆者の関心事であるNPOとのかかわりについて考えてみたい。NPOを社会運動団体として理解すれば，労働組合とNPOの協力関係は，社会運動的労働運動の主要な特徴の一つである「労働組合と社会運動団体の協力・同盟関係」として捉えられるだろう。労働組合とNPOの協力関係を，その目的性から2つの文脈に整理できる。

（2）労働組合が狭義の労働問題だけでなく，他の社会問題にも手を広げる

労働組合が地域社会の一員としての責任を自覚し，自らの資源（金銭や人材など）を動員して社会貢献活動を行う。その際に，労働組合が単独で行うというよりも，寄付やボランティアを通してNPOを支援する，あるいはNPOと協働する方法を選択する。このように労働組合が，他の社会問題に手を広げる試みは，社会運動的労働運動の特徴の一つ「労働運動の目的の再定義」に相当するが，環境運動やフェミニズムなど「新しい社会運動」の影響を受けたものと考えられる。アメリカでは，労働組合が赤十字やユナイテッド・ウェイなどさまざまなNPOに協力・支援しているという［柏木，1997］。

日本でも，NPOの存在が社会から注目され始めた1990年代後半から2000年代にかけて，雑誌で特集が組まれたり，労働組合によるNPO支援の事例が紹介されたりした。その際の主な論調は，「労働組合もNPOである」が，もっと社会貢献しなければならないということ，労働組合にはおカネもヒトもあるので，NPOを支援すべきだという主張であった［林，1997；長村，2004；石川，2010など］。労働組合がNPOに寄付したり，ボランティア活動に労働組合が参加したという事例も散見される。日本で労働組合がNPOを支援しようとする背景には，労働組合の存在意義が揺らぎかけていることへの危機感があり，労働組合幹部が地域社会に目を向ける必要性を感じたのである［町田，1997］。

（3）未組織の低賃金・不安定雇用労働者を組織化する

労働組合が，既存の労働組合から排除された移民労働者やマイノリティ，女

性などを積極的に組織化し，経営者と直接交渉したり，政府に立法化を要求したり，労働者教育を行ったりする。その際に，移民労働者やマイノリティ，女性などを支援するNPOが労働組合と協力して組織化に努める。このように労働組合が未組織の労働者を組織化する試みは，社会運動的労働運動の特徴の一つ「既存の労使関係制度の制約を超えた労働運動」に相当するが，新自由主義の台頭やグローバリズムの影響を特に強く受けたものと考えられる。

アメリカにおいては，かつて移民労働者は正規従業員の雇用を奪う存在として，ビジネス・ユニオニズム主導の労働組合から排除されていたが，労働組合の組織率が年々低下しているなかで，低賃金・不安定雇用の移民労働者をむしろ積極的に組織化して労働組合を活性化しようとする動きが1980年代以降現れた。生活給（リビング・ウェッジ）条例制定運動が代表的な事例としてしばしば紹介されるが［例えば，柏木，1997；長村，2004］,[(7)] 労働組合が移民労働者をはじめとする不安定雇用労働者の組織化や運動の展開にあたって，ワーカー・センターをはじめとする，不安定雇用労働者支援NPOとの協力関係は極めて重要なものであった。[(8)] 労働組合がNPOとの連携を必要としたのは，1960年代以降に女性，移民労働者が増加し雇用差別への関心が高まったこと，短期派遣労働者が急増したことから，組合員の雇用条件だけを求めるのではなく，NPOと連携してこうした問題に対処する必要に迫られたためであるという［柏木，1997］。

日本でも，企業内組合から排除された非正規雇用労働者をコミュニティ・ユニオンが地域単位で組織した。日本ではコミュニティ・ユニオンが社会運動的労働運動のひとつの典型として挙げられ，そこに日本の労働運動再活性化の契機を見出そうとする議論も少なくない［例えば，福井，2005；鈴木，2005］。コミュニティ・ユニオン以外にも，労働組合によるパートタイム労働者の組織化や，連合による非正規労働センターの設立，貧困層の自立支援をしているNPOとコミュニティ・ユニオンとの協働［Nakajima，2010］などが日本の社会運動的労働運動の事例として注目されている。

上記の２つの流れのうち，本章の主題である労働NPOは，後者の「未組織の低賃金・不安定雇用労働者を組織化する」の文脈の中に位置づけられるだろう。

以下では，アメリカの労働NPOであるワーカー・センターについて概観する。

（4）ワーカー・センターの特徴

① ワーカー・センターの定義と特徴

ワーカー・センター（worker centers）とは，主に移民労働者やマイノリティ（黒人など）を組織して総合的に支援する労働NPOである。1980-90年代にアメリカ各地で次第に増加し，2005年5月に調査した時点では少なくとも137のワーカー・センターが活動している。なお，以下の記述は，断りのない限りFine［2005］を参考にした。

ファインの定義によればワーカー・センターとは，「コミュニティに根ざした，またはコミュニティ主導の組織で，低賃金労働者を支援するためにサービス，アドボカシー，組織化を総合的に取り組む組織」をいう。ファインは，ワーカー・センターの多くに共通する点として以下の7点を挙げている［Fine, 2005；2006］。

(1) 職場単位ではなく地域単位で活動。労働組合と異なり，職場での多数派を形成しない。

(2) 職業別や産業別ではなく，民族・人種別に組織し，民族間の差別に主な関心がある。

(3) リーダーの育成と民主的な意思決定を重視し，労働者参加を促す。

(4) ワークショップや講座，訓練などの教育を重視し，批判的な思考を養う。

(5) 外国の労働者との連帯意識を持ち，特に移住労働者の出身国との交流を中心に行う。

(6) 労働問題を中心的な課題とするが，移民の抱えるさまざまな生活問題にも対応する。

(7) 労働者が会員になる際には講習を受けて会員資格を満たすといった方法

をとる。

ワーカー・センターは未組織労働者の組織化や，社会運動団体との連携，参加型の運営，国際連帯など，多くの面で社会運動的労働運動の特徴と一致している。

② ワーカー・センター出現の背景

ワーカー・センターが出現した背景としては，グローバル化の流れのなかでアメリカに大量の移民労働者が流入し，移民労働者や黒人などのマイノリティが劣悪な労働条件で搾取されているが，労働市場の法規制はあまり効果がなかった。しかも，既存の労働組合は彼らを組織化するのが難しかった。

そのため，ワーカー・センターが組合に代わって彼らを組織し，権利を擁護・主張する必要が出てきた。特に移民労働者については，解雇や賃金未払いといった狭義の労働問題にとどまらず，英語教育や生活面での支援，職業訓練や新しい職のあっせん，市民社会への参加など，トータルに彼らを支援する態勢が求められたのである。

③ 主な事業

主な活動としては，(1)サービス提供（賃金未払い問題，無料の医療サービス，英語教育など），(2)アドボカシー（問題ある経営者の公表，政策の変更の要求など），(3)組織化（個別の経営者に対する要求など）である。

(1)のサービス提供に関して，最も一般的な例は賃金未払い問題への対応で，経営者が賃金・労働時間の法律違反を犯している場合，労働者に法的な知識を教えてサポートしている。また医療サービスに関しては，病院を紹介したり，健康に関する教育を提供したりしている。

ほとんどすべてのワーカー・センターにとってサービス提供は中心的な事業だが，未払い賃金など個別の問題への対処だけでは根本的な問題解決につながらない。また，労働者は自らの問題が解決した後は去って行ってしまう。そのため，個別のサービス提供と組織化，経営者への直接行動（争議・交渉など）を密接に結びつけることで，より根本的な問題解決である社会変革につなげていこうとする方向にある。

④　労働組合との連携

ワーカー・センターは労働組合との連帯を強めている。争議を行う際に個々の労働組合と連携したり，あるいはワーカー・センターが自ら労働組合を設立したりしている。2006年8月には，ワーカー・センターの全国組織であるNDLON（National Day Laborer Organizing Network）がAFL-CIOとパートナーシップ協定を結び，賃金・労働時間・安全衛生・移民の権利等に関する分野で連携するとともに，移民の労働権や市民権，政治的平等を保障する改革に向けて協働することを約した。同年12月には，ワーカー・センターが州と地方のAFL-CIOの会員になることができるという合意が結ばれた(9)。これはAFL-CIOが1995年にソーシャル・ユニオニズムに方針転換し，移民労働者の組織化に舵を切ったことが背景となっている。

労働組合の中には，自らワーカー・センターを立ち上げて移民労働者を組織化し，労働組合の退潮に歯止めをかけようとする戦略もある。例えば，ニューヨークの衣服製造業の労働組合UNITEは，劣悪な労働条件で働く移民労働者（未組織労働者）をコミュニティ単位で，ワーカー・センターを通して組織する戦略をとった。UNITEはニューヨーク市，マイアミ，ロサンゼルス，サンフランシスコでワーカー・センターを運営し，移民労働者に職業訓練，英語教育，市民権・労働権の教育，労働組合のサポートを提供している。ワーカー・センターを通して移民労働者を組織することの利点は，未組織労働者を組織しやすいということにある。一定期間以上の勤続実績がないと組合には加入できないが，ワーカー・センターにはそうした制約がない。また，移民労働者の交流と連帯の場にもなっている。ただし，単なるサービス提供組織ではない。移民労働者が自ら経営者に要求できるようにリーダーを育成したり，政治キャンペーンに参加したり，労働組合を組織したりすることを支援して，労働者の組織化を進めることを目指している［Ness, 1998］。労働組合がワーカー・センターを設立運営することで労働運動の再活性化を目指すという点に，社会運動的労働運動の特徴がよく表れている。

⑤　ワーカー・センターの人的・財政的基盤

ワーカー・センターの多くは，５人以下のスタッフしかなく，ボランティアから有給スタッフへと移行するのは難しい。予算は極めて限られており，人件費と運営経費で予算が消えてしまう。自らの建物やスペースを所有している例はほとんどない。収入源は財団の助成金に大部分を依存しており，そのほか年会費や事業収入もある。労働者へのサービス提供によって財団が助成金を出すわけではなく，助成金獲得のためのプログラムを行わなければならないうえに，助成金は不安定な収入なので，依存しすぎるのはリスクが大きい。自立的で安定的な収入確保のためには，会員の拡大（組織化）と事業収入の増加を目指すしかない［Fine，2005；2006］。

（５）日本の労働NPOとの比較

アメリカのワーカー・センターと日本の労働NPOは，社会的背景や法制度的環境が異なるため，単純な比較はできないが，類似した点はいくつかあると思われる。

第一は，経済のグローバル化による不安定雇用労働者の増加を背景として，低賃金不安定雇用労働者を主な活動の対象にしていることである[(10)]。ワーカー・センターは主に移民労働者を対象とし，日本の労働NPOは派遣労働者や女性労働者，外国人研修生などの非正規雇用労働者全般を対象としている点の違いはある（ただ，外国人支援の労働NPOは，ワーカー・センターと極めて特徴がよく似ている）。ワーカー・センターや労働NPOは，「労働組合」ではなく「NPO」という組織形態を活用することで，既存の労働組合が組織化できていない不安定雇用労働者に広範にアプローチすることに成功している。

第二は，主な活動内容として，個別の問題解決（賃金未払いなど）とアドボカシー活動を含んでいることである。また，ワーカー・センターが狭義の労働問題にとどまらず，語学教育や医療，生活問題にまで広げている点も，いくつかの労働NPOと共通している。労働組合の枠組みを超えた活動内容の幅広さも，NPOの特性を生かした結果といえよう。

ただし，日本の労働NPOにはあまり一般的に見られない活動として，組織化と直接行動がある。ワーカー・センターは労働者を組合に積極的に組織し，経営者や政府当局に直接行動で要求を突き付けることで集団的な問題解決を図る。これに対し日本の労働NPOは労働相談にとどまり，組織化と直接行動は労働組合に委ねるものが多い。

第三は，労働組合との連携を図っていることである。労働者の組織化，経営者との交渉，争議を進めるうえでは，労働組合と連携したほうが有利である。

第四は，人的・財政的基盤の脆弱さという課題を抱えていることである。人的には多くをボランティアに依存し，予算も極めて限られている点は，両者に共通している。ただし，ワーカー・センターが主な外部資源として助成財団からの助成金に依存しているのに対し，労働NPOの多くは労働組合の援助に依存している点が違いといえる。

ここではアメリカの事例との比較を示すにとどまったが，労働NPOの必要性は日本に特殊なものではなく，グローバル化に伴う不安定雇用労働者の増大，社会的労働運動の広がりといった普遍的な現象を背景として生じていることが明らかになった。

6　結　　論

本章は個人加盟ユニオンとの対比・関連で，労働NPOの特質を明らかにした。労働NPOは無料労働相談やアドボカシー活動など，外部に開かれた活動をしており，ユニオンに比べて公益性が高い。こうした労働NPOが出現した背景としては，労働組合に対する疎遠な意識や，非正規労働者・貧困層の増加などが挙げられる。

労働NPOは，相談者に労働組合や行政機関を紹介する「橋渡し」の役割を担うことが多い。他方，労働組合が担いきれない個別の専門領域の問題を扱う団体や，アドボカシー活動に力を入れる団体もあり，こうした領域が労働NPOの主な役割といえる。

1980年代以降，世界各地で社会運動的労働運動が台頭しつつあるが，労働

NPOもその運動の一環に位置づけて考えることができる。アメリカのワーカー・センターと日本の労働NPOの間にはいくつもの類似点がある。経済のグローバル化による不安定雇用労働者の増加を背景として，労働NPOは，「労働組合」ではなく「NPO」という組織形態を活用することで，未組織労働者に広範にアプローチすることに成功している。

会員制度を持つNPOであっても，会費収入だけで経費を賄うことは困難であり，財源が限られている。労働NPOの財源の過少は，組織の自立性と持続可能性の観点から無視しえない課題であるといえよう。

注

(1) コミュニティ・ユニオンは地域に基盤をおき，主として個人加盟の組織形態をとる労働組合である。「個人加盟ユニオン」より「コミュニティ・ユニオン」のほうが人口に膾炙していることから，本章では，「コミュニティ・ユニオン」の語を用いる。

(2) 本章で扱う労働NPOには，調査研究や政策提言，企業・政府への要求・告発，労働基準の作成に特化した組織（シンクタンク，アドボカシー組織，企業監視など）は含まない。

(3) 神奈川労働相談センターは，神奈川県労働組合共闘会議の事務所内にあり，同共闘会議の加盟組合が人的・財政的に運営を支えている［2010.6.17聞き取り］。

(4) ガテン系連帯は，連帯（全日本建設運輸連帯労働組合）や大学研究者が中心となって2006年に設立された。同団体の事務局長によれば，現場の労働者は「労働組合は正社員のもの，自分たちと違う世界のものだ」と思っていて，なじみがない。いくら「労働者の味方です」と呼びかけてもなかなか声が届かないし，接点が生まれないだろうという認識から，労働組合とはやや異質なものをつくらないと製造現場の労働者がアクセスしてくれないだろうと考えた。それがNPOにした理由だ」という。

(5) ただし，大原社会問題研究所のアンケート調査結果によれば，労働組合（個人加盟組合）が，それぞれの課題を専門とするNPOや社会運動組織と連携するのは27.3%とやや少ない［法政大学大原社会問題研究所，2010，15］。個人加盟組合とNPOとの連携は，労働組合どうしの連携に比べて，まだあまり進んでいないようである。

(6)　神奈川シティユニオン委員長は「労働組合とNPOがいっしょにやることのマイナス面もある。労働組合の影響がNPOに強く出てしまう。NPOは労働組合から独立した事務所を持って，安全衛生や女性，外国人問題などに取り組んだほうが，いろいろな人の協力を得られて広がりが持てるし，労働組合とNPOのそれぞれが発展する」と指摘している［2010.9.6聞き取り］。

(7)　生活給条例制定運動や雇用差別反対運動などは，未組織労働者の組織化という枠組みにとどまらず，「公民権あるいは社会正義の問題として『フレーミング』した」［鈴木，2005］ことから，前者の「労働組合が狭義の労働問題だけでなく，他の社会問題にも手を広げる」にもまたがっていると考えられる。

(8)　NPOとの連携の事例として，全米勤労女性協会（ナイン・トゥ・ファイブ）とAFL-CIOの連携や，生活給条例の制定運動を行った観光産業開発協議会（TIDC），移民労働者の権利擁護活動を行う韓国系移民労働者協会（ロサンゼルス）などが知られている［柏木，1997］。また，ロサンゼルスのLAANE（Los Angeles Alliance of a New Economy）は，労働組合が中心となって結成されたNPOで，労働組合・宗教者・住民・社会運動組織をつなぎながら，経済的公正と貧困解消の調査や，生活給・最低賃金に関する政策提案を行い，労働組合への組織化を進めているという［長村，2004；高須，2005］。

(9)　Tiffany Ten Eyck, "Worker Centers Increasingly are Forging Alliances with Unions," Labor Notes, 2007.1.

(10)　小畑［2008, 25］は，ワーカー・センターの活動を紹介したうえで，「連合が非正規労働問題への取り組みを進めるうえで参考になるのは，ワーカーズセンターなどの労働NPOと中間的な市民組織だ。……日本でも，こうした労働NPOや中間的な組織と運動がもっと必要ではないか」と指摘している。

参考文献

石川両一［2010］「労働組合は地域・市民と出会えるか」『労働調査』482。

長村潔［2004］「どうする労働組合とNPO」『労働調査』422。

小畑精武［1996］「コミュニティ・ユニオンとはなにか」『賃金と社会保障』1187。

小畑精武［2003］「コミュニティ・ユニオン運動の到達点と展望（下）」『労働法律旬報』1562。

小畑精武［2008］「街のあちこちに『労働を語る場』を」『連合』20（10）。

柏木宏［1997］「アメリカのNPOと労働組合」『労働調査』343。

権蕙洹［2005］「韓国の社会運動的労働運動の過去と現在（上）」『大原社会問題研究所雑誌』564。
今野晴貴［2006］「労働問題に取り組むNPO結成」『月刊労働組合』497，９月号。
鈴木玲［2005］「社会運動的労働運動とは何か」『大原社会問題研究所雑誌』562/563。
高木郁朗［1992］「都市型産業の展開とコミュニティ・ユニオン」『都市問題』83(7)。
高須裕彦［2005］「アメリカの社会運動ユニオニズム」『大原社会問題研究所雑誌』562/563。
高橋善隆［2008］「ソーシャル・ユニオニズムと現代アメリカ政治」『跡見学園女子大学文学部紀要』41。
田中洋子［1991］「企業共同体と社会的労働運動の相克（４・完）」『経済学論集』（東京大学）57(2)。
成川 美恵子［2002］「地域ユニオンとNPO」『中央労働時報』997。
服部信一郎［2003］「大阪　NPOを立ち上げ失業者の雇用保障」『労働運動』465。
林雄二郎［1997］「企業も労組も市民社会の一員である」『労働調査』343。
福井祐介［2002］「コミュニティ・ユニオンが個別紛争解決に果たす役割について」『人間科学共生社会学』（九州大学）２。
福井祐介［2005］「日本における社会運動的労働運動としてのコミュニティ・ユニオン」『大原社会問題研究所雑誌』562。
法政大学大原社会問題研究所編［2010］『個人加盟組合の活動に関するアンケート調査結果報告』（ワーキング・ペーパーNo.41）法政大学大原社会問題研究所。
町田有三［1997］「市民・連合ボランティアネットワークの経験から」『労働調査』343。
Fine, Janice ［2005］ “Worker Centers : Organizing Communities at the edge of the dream,” *Economic Policy Institute Briefing Paper,* #159.
Fine, Janice ［2006］ *Worker Centers: Organizing Communities at the Edge of the Dream,* Cornell University Press, Ithaca.
Nakajima, Jo ［2005］ “Recent Japanese Labor Movement and Problems of Poverty: Early Signs of Social Movement Unionism,” Chiba University of Commerce Review, 48(1).
Ness, Immanuel ［1998］ “Organizing Immigrant Communities: UNITE's Workers Center Strategy,” Kate Bronfenbrenner et al. ed., *Organizing to Win: New Research on Union Strategies,* Cornell University Press, Ithaca.

第6章
派遣切り問題にみる「協セクター」の可能性
——愛知派遣村のフィールドワークを通じて——

大山　小夜

1　問題設定と本章の概要

社会を，贈与による「家族」(私セクター)，交換による「市場」(民セクター)，再分配による「国家」(官セクター)，互酬性による「市民社会」(協セクター)の4つのセクターからなると捉えた場合，上野千鶴子によれば，21世紀は，「家族，市場，国家の近代トリオがその限界をあらわにした時代」であるとされる。こうしたなか，「協セクター」(非営利民間団体の集合)に期待が寄せられることになるが，協セクターにも当然ながら限界はある。大事なのは，おのおののセクターの限界と可能性を見定めたうえで，これらの最適混合を構想することである［上野，2011b］。上野は，この4元図式をケアサービスの問題にあてはめて議論した。では，4元図式を，雇用流動化の問題にあてはめるとどのようなことが見えるだろうか。また，協セクターにはどういった役割が期待できるだろうか。本章は，ゼロ年代末以降，日本に出現した「派遣村」を例に考えてみたい。

2008年秋以降，日本では大量の「派遣切り」(非正規雇用労働者等が仕事を失うこと)が生じ，東京・日比谷公園に仕事や住まいを失った人のためのテント村(いわゆる「年越し派遣村」)が出現した。各地で派遣村の開設が相次いだ。派遣切りされた人の数が全国最多の愛知県でも「派遣村相談会」が行われた。愛知県における派遣村相談会は，テントを設置しないが，法律家，看護師，労働運動家，市民などの異業種の人びとが連携して，仕事や住まいを失った人に利用可能な社会資源を調達する。すなわち，これは，協セクターによる包括支援型（ワンストップ）の相談事業であり，本書の主題の一つである「労働者の権利擁護の多様化」に対応する非労組活動（本書序章）の一事例に位置づけられる。本章は，愛知の派遣村相談会を通じて4つのセクターの限界と可能性を探る。

本章の概要は次のとおりである。「派遣切り」問題において，3つの「近代トリオ」の限界は次のようなかたちであらわれる。

第一に，「派遣切り」問題は，情報と交渉力の対称性を前提とする「民セクター」の限界としてあらわれる。労働市場において，劣位にある者は，不利な契約を結ぶことで資力を低下させる傾向にある。自力では脱出困難な悪循環に陥る者もでてくる。「派遣切り」問題は，そうした民セクターの冷酷で排他的な側面を浮き彫りにする。

第二に，「派遣切り」問題は，派遣切りされた人の受け皿として期待されてきた私セクターの限界をあらわにする。愛知の派遣村相談会に訪れた人びとの半数を占める日本人の8割は単独世帯である。一方，残り半数の日系人は，世帯規模は大きいものの，世帯内で資源が不足している。つまり，受け皿としての私セクターはそもそも形成されていなかったり，あっても「積み過ぎた方舟」［上野，2011b］の状態であったりする。

第三に，こうした事態に対応する「官セクター」の実情である。官セクターは，民セクターにおける違法行為等を監視し指導する立場にあるが，その体制は不十分である。また，労働者の生活を支え，かつ，生活保護等による財政負担を最小限に抑えるための，積極的労働市場政策（失業給付や失業者への職業訓練など）は十分に機能していない。さらに，周辺自治体の人手・お金・ノウハウの不足を背景に，一部自治体へ相談者が不均衡に集中する。

これら近代トリオの限界を協セクターがすべて補完することはできない。だが，協セクターは，現場のニーズをいちはやく発見し，解決にむけて他のセクターの協働や対応を促し，各セクターの最適混合（すなわち制度改変）にむけて機運を高める（つねに一歩先を歩む）役割を担いうる。

本章の構成は次のとおりである。第2節は，愛知派遣村のある相談事例を紹介する。第3節は，派遣切りの全国的な傾向を公的データにより示す。第4節は，リーマン・ショック前の，愛知県の社会状況を描く。第5節は，リーマン・ショック後に結成された愛知の派遣村に来た相談者の状況を，複数の事例を交えて考察する。第6節は，相談会後の支援活動と相談者の様子を記す。第7節は，愛知派遣村にみる協セクターの活動の限界と可能性を述べる。

2　ある男性のケース(1)

2008年末，製造業が集中する愛知県三河地域の駅構内で，菅原健（仮名　50歳代）は生まれて初めて野宿をした。このときは，仮住まいをしていたビジネスホテルが年末年始に一時休業したことによる緊急避難だった。その3カ月前の2008年9月，アメリカ投資銀行リーマン・ブラザーズが破綻し，「100年に1度の」世界的金融危機，いわゆる「リーマン・ショック」が幕を開けた。菅原もそのあおりを受けた。勤めていた自動車会社から退社通告を受け，住んでいた寮を追われ，やむなく，慣れないホテル暮らしをすることになったのである。

菅原は2007年，自動車会社に期間従業員（期間工）として入社した。当初は6カ月の有期雇用契約の更新を繰り返していたが，途中から契約期間は3カ月に短縮された。このような細切れの契約は使用者（雇う側）にとって都合がいいものである。いつでも雇止めできるだけでなく，雇用のコストを抑えられるからである。当時，使用者は，「1年以上の雇用見込み(2)」がない場合，被用者（雇われる側）の雇用保険料を負担しなくてよかった。このことは，当該の被用者からすれば，雇用保険の枠外に置かれる（その職を失っても失業給付を得られない）ことを意味した。しかし，そうしたことを当時の菅原は知らなかった。退社通告を受けたのは次の契約更新の打診を応諾してすぐのことだった。菅原は，驚き，途方に暮れた。最後の契約満了を迎えた08年10月，菅原は退社した。

菅原は，工場から離れた社員寮に住んでいた。社員寮からは「会社規則により退社日から3日以内に引き払う」よう言われた。したがう法的義務はない。けれども，そうしたことも，当時の菅原は知らなかった。1カ月ぐらいで仕事は見つかるだろうと考えた菅原は，退寮したが，じきにそれは甘い見通しであることがわかった。

かつては，東海圏外の大手メーカーに正社員として勤め，現場では重要な仕事をまかされていた。その彼に，妻との離婚，父親の認知症進行という出来事が重なった。菅原は，退職して父親の介護に専念した。父親を看取った数カ月後のある日，新聞で期間工の募集案内を見つけた。社員寮もある。知らない土地だが，前職で培った経験と自信，物作りへの愛着もあった。菅原は新生活に期待を寄せて単身，愛知県にやってきた。

――そんな新生活が突如，音を立てて崩れたのである。ハローワークや就職情報誌を頼りに職探しを続けたが，電話連絡の時点で断られた。面接まで進んでも「住所が定まっていない」「連絡先がない」として，アルバイトさえ見つからない。ホテル暮らしも長くなり，交渉して１泊2500円の格安料金で泊まれるようになったものの，所持金は着実に減っていく。年末年始の頃は緊急避難の場だった屋外は，あるときから生活の本拠地になった。

菅原は，日中を，駅前広場や近くの公園で過ごした。ある日，地域の野宿者支援関係者から，馴染みの公園で「派遣村相談会」が開かれると知らされた。「手伝ったら，食事が出るらしい」と話す野宿者もいた。当日朝，菅原は公園に出向き，会場の設営を手伝った。相談会が始まると，大勢の相談者や支援者で公園はごった返した。相談に行こうか，どうしようか，と正午近くまで迷ったが，相談を終えた人の笑顔や談笑する姿を見て，相談してみることに決める。

住まい，生活，就職など，困っていること，悩んでいること，希望することを話したところ，驚いたことに，その日のうちに住まいを見つけてくれた。数日後，主催者のメンバーを伴って福祉事務所に出向き，生活保護を申請した。後日，生活保護の支給が開始された。

3　派遣切りとは

（1）派遣切りの定義

全国の労働局とハローワークの調べによると，2008年10月から2011年３月までの２年半で実施済または実施予定とされた「非正規労働の雇止め等」総数は，30万737人(3)［厚生労働省，2010］。先の菅原はその１人である。「非正規労働の雇止め等」とは，派遣会社を介して派遣先の事業主から間接雇用される「派遣」，菅原のように事業主と直接，有期の雇用契約をする「期間工等」，さらに，雇用でなく仕事の契約をする「請負」などで働く人が，「契約の期間満了や中途解除等によって仕事を失うこと」をいう。「派遣切り」という言葉に明確な定義はないが，広く，この「非正規労働の雇止め等」と同義で使われることがある。本章はこの用法にならう。

（2）派遣切りの傾向

リーマン・ショック後，派遣切りは，ある時期，ある産業，ある地域に集中した。厚生労働省［2010］によれば，「非正規労働の雇止め等」総数の内訳は，第一に，６割が2008年10月から09年３月までの半年以内のケースであり，第二に，10人に８人が製造業に従事し，第三に，４人に１人が愛知・岐阜・三重・静岡の「東海４県」のケースである。とくに東海４県の生産量の半分を占める愛知県は全国最多の４万8689人。この数は，日比谷公園に年越し派遣村が設置された東京都（２位１万9766人）の約2.5倍にのぼる。

菅原は，契約満了により仕事を失った。だが，文字通りある日突然，仕事を失う人もいた。不安定な就業形態ほどその割合は高かった。「非正規労働の雇止め等」総数の就業形態は，「派遣」50.7%，「期間工」24.7%，「請負」7.5%，「その他」（パート・アルバイト等）17.1%である。「期間満了」は全体の半数（51.3%）を占め，４割（41.9%）は「中途解除」「解雇」である。だが，細かくみると，「期間満了」は，菅原のような比較的安定的な「期間工」だと４人に

３人と多数であるが，より不安定な「派遣」「請負」だと２人に１人，さらに「その他」だと５人に１人にとどまり７割が「解雇」であった。

4　リーマン・ショック前

（1）好景気の愛知県

2000年代前半，愛知県は，県内総生産の増加率が全国で唯一，＋５％を超える好景気の県だった。2000年以降，日本の「戦後最長の好景気」は，主に貿易黒字が支えた［藻谷，2010］。名古屋税関の管内地域（愛知・岐阜・三重・静岡・長野の５県）は，2007年，この貿易黒字の実に７割を稼いだ。なかでも名古屋港の輸出入額は８年連続増，海港としての輸出額は９年連続全国１位。その輸出額で最大割合（３割）を占めたのは自動車である。県内の自動車産業集積地，三河地域の三河港（輸出額は県内２位）だと，自動車は三河港の輸出額の96.1％を占め，輸出先の84.4％はアメリカだった［名古屋税関，2008；愛知県，2008］。

2000年以降の愛知県の好景気は，北米向け輸出に依拠した，自動車産業に収斂される県内産業構造に支えられていた。拡大路線のなか，従来の「三河地域の一極集中」ではもはや人手や工場敷地を十分確保できないとして，九州や東北以北に生産拠点を分散させる体制がつくられつつあった［『日本経済新聞』2006年１月26日付；2006年５月11日付；2006年７月４日付］。

（2）好景気を支えた人びと

小泉純一郎政権下の2002年，トヨタの奥田碩会長が日本経済団体連合会初代会長に就く。後に「蜜月」と評される両者の良好な関係の下，さまざまな制度が改変された。そのうちの１つが，2004年，経済界の要請を受けるかたちで行われた「労働者派遣法の改正」である。これによって製造業派遣が解禁された。

トヨタは，高度経済成長期以降，従業員は主に地元の東海３県（岐阜・三重・愛知）や九州各県から，期間工・季節工は九州，東北，北海道などから広く採用し，人手が不足する好景気の時代には，期間工やパートなどの非正規雇用労働者を動員した［猿田，2008；2011］。リーマン・ショック前（以下，今回）の「好景気」も基本的には従来の方針を踏襲する。だが，今回が従来と大きく異なる点が２つある。ひとつは，「非正規雇用労働者の多さ」である。2005年，トヨタでは最多の１万1600人が期間工として働いていた（2011年６月現在は約960人）。期間工ばかりでない。雇用情勢の厳しい他県などからやってきた派遣労働者は，工場周辺の，派遣会社が用意した寮（派遣寮）に住んだ。このころ，三河地域にいくと，派遣寮の駐車場には，苫小牧や仙台など愛知県ではあまり見かけないナンバープレートの車が「ずらっと」並んだ［榑松，2008］。愛知県の労働者派遣事業所数は，2004年2531社から2008年6750社と2.7倍に増え，派遣労働者数は2008年に32万人を数えた。

今回の「好景気」が従来と大きく異なるいまひとつの点は，「不安定就労につく外国人労働者の多さ」である。1990年に改正入国管理法が施行され，三世までの日系人とその配偶者に定住資格が認められた。愛知県内に日系南米人（特に日系ブラジル人，ペルー人）の集住地が形成される。三河地域の豊田市に最初に住所登録した日系ブラジル人は80年に１人，トヨタ紡織の女性労働者だった［鎌田，2009］。その数は，改正入国管理法施行前年の89年には96人だったが，1991年1179人，2000年5074人と急増する。豊田市の保見団地は，全国で最大規模の日系南米人の集住地になった。約１万人が居住可能な保見団地で外国人は2001年，住民の４割（37％）を占めた［都築，2003］。愛知県の外国人労働者は，全国で東京都に次いで６万326人であり，その２人に１人がブラジル人かペルー人。県内の外国人労働者の４割は派遣か請負のかたちで働いていた(4)［愛知労働局，2008］。

（３）就業形態の不安定さと賃金の低さ

就業形態が不安定（本章第３節（２））であっても，賃金が高ければ，蓄えることで不測の事態に耐えられる。だが，就業形態の不安性さと賃金の低さはむしろ正の関係で連動していた。リーマン・ショック前年の2007年２月，週刊東洋経済が「貧困の罠」と題した特集記事を組み，話題を呼んだ。自動車産業はすそ野が広く，幾重もの関連・下請企業を抱える。一般に，下位の階層にいくほど，正規雇用労働者に対する非正規雇用労働者の比率は高まる。「営業利益２兆円企業を支える『賃金格差』」という記事では，冒頭，「空前の増産活況に沸くトヨタ城下町」で，新車が出されるたび，生産した部品等の買取り単価が引下げられ，働く人を，正社員から労働コストの安い外国人派遣労働者に切り替えていく下請企業の厳しい状況が紹介された［『週刊東洋経済』2007年２月24日増大号］。記事の後半では，有価証券報告書と豊田市統計書をもとに杉山直が算出したデータから，トヨタ社員の2003年度平均年収822万2000円に対して，下請企業に相当するとされる豊田市内の自動車関連企業の一人当たり年収（2003年末）の対トヨタ社員平均年収比は，「１次下請層」（従業員数500-999人）企業が７割，「孫請層」（同100-199人）企業が６割，「４次下請層」（同１-３人）は178万円と２割にとどまること，さらに，こうした「年収格差」が「好景気」の時代にあった2000年代も拡大傾向にあることなどが紹介された。

このように，労働市場においては，優位にある者がより優位な条件を獲得し，劣位にある者はより劣位な条件を結ぶことで資力を低下させるという悪循環が，リーマン・ショック前の愛知の状況としてみられた。

5　リーマン・ショック後

仕事を失っても，十分な収入や支えてくれる人があれば，条件のよい仕事を落ち着いてじっくり探すことができるだけでなく，役立つ情報を手に入れる可能性が高まる（私セクターの働き）。一方，公的な社会保障の制度は，資力の乏しい人が生活や生命の危機にさらされることを防ぐ（官セクターの働き）。こうした，危機に対する人びとの適応状況はどうだったのか。まず次項で，リーマン・ショック後，大量の相談者が生じ，愛知派遣村が結成された経緯と筆者の位置づけを説明する。ついで，危機に対する人びとの適応状況について，「資力の乏しさ」「人的ネットワーク」（私セクターの限界），「社会保障」（官セクターの限界）の順でみていく。

（1）大量の相談者と県内派遣村の結成

2008年9月以降のリーマン・ショックと，2009年3月末以降に控える大量の派遣労働者の「任期切れ」問題(5)を前にして，愛知県では，2008年末頃より，仕事や住まいを失う人が民間支援団体や行政窓口に殺到した。愛知県は東部の三河地域と西部の尾張地域に二分される。尾張地域の最大都市である名古屋市の中村区役所は，管内に寄せ場があり，日雇い労働者や野宿者への支援の伝統があった。この中村区役所には，2009年1月以降，連日100人の相談者が押しかけた。名古屋市が調べたところ，過半数が市外から来ていた。三河地域の自治体窓口で「名古屋に行ったら相談に乗ってくれる」と交通費を渡されてきた人もいた。危機感を覚えた県内の野宿者支援組織，法律家組織，多重債務者自助組織などの民間諸団体や諸個人は，2009年3月「愛知派遣村実行委員会」，4月「知立団地一日派遣村実行委員会」，5月「豊橋派遣村実行委員会」を次々と立ちあげた（以下，愛知派遣村，知立派遣村，豊橋派遣村，あわせて県内派遣村）。県内派遣村は，同年3月から5月にかけて，三河地域の岡崎市・知立市・豊橋市の3都市で計4日間，のべ522人が支援者として駆けつけ，包括支援型の無料相談会(6)（以下，相談会）を行った（県内派遣村の経緯・仕組み・特徴は大山［2011］を参照されたい）。本章冒頭で紹介した菅原が設営を手伝い，相談したのは，この相談会である。後日，県内派遣村は，4日間の相談会で使用した「相談票」と，相談にあたった相談員等からの聞き取りをまとめた報告書を刊行し［愛知派遣村実行委員会ほか，2009］，各所への要請の際の資料とした。

筆者は，愛知派遣村実行委員会の運営メンバーとしてその立ちあげ時から関わり，他のメンバーと協力して，相談会の運営や報告書の執筆にあたった。本節では，主に［愛知派遣村実行委員会ほか，2009］と筆者自身のフィールドワークにもとづき記述する。

（2）相談者の状況

① 資力の乏しさ

雇用階層の低位に位置し，「就業形態の不安定さ」（本章第3節），「賃金（「名目賃金」）の低さ」（本章第４節（３））に加え，手取り賃金（「実質賃金」）がほとんどなく，仕事を失う前から生活にことかく状態の人がいた。一連の活動を通じて筆者が驚かされたことの１つは，「派遣会社によって，諸費用名目で賃金から不当な控除がされている」ことであった。例えば，次のような事例である。

〈具体例　その２[(7)]〉　男性30歳代　派遣会社より名目賃金から様々な名目で諸費用を差し引かれ，手取りが月額０-300円。

2008年末頃より減産で収入が減少。2009年１月頃から，給与の明細上の支給額は月額13-15万円程度であるが，寮費５万8000円，布団代3500円，備品代3500円，昼食代１万3000円，管理費1000円，前貸３万円，社会保険料３万円等の名目で諸費用を差し引かれ，実際の手取り収入が３カ月連続で月額０-300円であった。

上の事例における「前貸」とは，使用者が被用者にお金を貸し付け，その後に支払う給料からの天引きで相殺することである。相談にあたった相談員から，「これは法律違反だよ」と教えられ，筆者は再度，驚かされた。確かに，労働基準法第17条で「使用者は，前借金その他労働することを条件とする前貸の債権と賃金を相殺してはならない」と定められている。その理由は，使用者が前貸を悪用して，被用者に不当な労働を強いたり，離職を妨げたりさせないためである。だが，現実には，使用者が前貸の利用を奨励していると思われる事例や，前貸の悪用が疑われる事例があった。さらに，この前貸に利息制限法をはるかにうわまわる年利300％の利息を上乗せする派遣会社もみつかった。

「名目賃金」と「実質賃金」の幅の開きは，後日，生活保護を申請する際にも困った事態を引きおこす。福祉事務所の窓口は，生活保護の「支給の要否」，また支給する場合はその「金額」を「名目賃金により判定せざるを得ない」として対応するからである。これにより，予定支給額が月額数千円程度となり，「当面の生活費という点で生活保護を受ける意味がなく」なる事例もあった。

②　人的ネットワーク

人的ネットワークの規模は，日本人か，日系人かによってかなり異なる。2009年3月から5月までの相談会における相談者297人について調べたところ，平均年齢は44歳，その4割は「生活保護の水準以下」だった。相談者の7割（72.3%）が男性である。そして，相談者の約半数（46.5%）を占める日本人相談者の8割は単独世帯である。

派遣寮の多くは単独世帯仕様であり，派遣寮に住む相談者のほとんどは日本人であった。ここで，派遣寮に住む相談者が不当な控除をされている事例について読者は疑問に思われるかもしれない。すなわち，「当人はなぜそうした控除を黙認しているのか」「減額を交渉するなり，退寮して条件のいいアパートに住むなどしてはどうか」と。筆者もそう考え，相談にきた人の話に耳を傾けた。すると，「特に疑問に思わなかった」「（これまで派遣会社が用意する寮を転々としてきたため）アパートの探し方がわからない」と言われ，ショックを受けた。彼らは，派遣会社の「指示」のもと，知らない土地にやってきては職場と寮を往復する生活を送っていた。同じ職場の人とは，特に親身に相談しあう関係になく，経済的に頼れる親族も身近にいない。いても，遠方で，相談する電話代や交通費が十分にない。そういう生活の長い人，そういう生活しか知らない人がいた。ある相談員はこう話す。「仕事と住まいがセットだと，住まいが『人質』にとられ，労働条件の切下げが起こる」。前貸による借金は，そうした孤立した人びとによる，労働条件切下げへの適応のひとつの帰結ともいえる。

リーマン・ショック後，全国各地で派遣村相談会が開かれたが，そのなかで愛知の派遣村の際だった特徴は，日系人相談者の多さである。相談者総数の残り半数を占める日系人の世帯規模は，単独20.4%，2人23.1%，3人25.9%，4人21.3%，5人以上9.2%であり，総じて日本人より大きい。非親族が同居する世帯もあった。構成員が錯綜していて相談員が把握するのに手間どる世帯もあった。構成員が多いと，相互扶助で乗りきれることもある。実際，日系人は，日本人に比べて野宿者が少ない。それは，親族，非親族にかかわらず，住まいを失いそうな人，住まいを失っていると思われる人に声をかけ，何とかしようとするからである。だが，こうした同居という形態での相互扶助が公的支援（官セクターのサービス）を受ける際にはむしろ妨げになることもある。生活保護費は，世帯単位で支給される。その際，複数の同居世帯の家計は1つとしてみなされるからである。次の事例がこれにあてはまる。

〈具体例　その15〉　1つの住まいに2世帯4人が同居。もともとの世帯Aは母と子からなる。ここに親族2人（世帯B）が住まいを失い，当該宅にて同居することに。家計は別。

世帯Aは，生活保護を申請したが，世帯Bに収入があるため，同居している間は保護が開始されなかった。世帯Aはなぜ開始されないか理解できず，そのことに気づいた支援者によって急きょ世帯Bの住居を確保，その後再申請。緊急性が高いにもかかわらず1カ月の遅れで開始。

構成員が多いことが，かえって世帯内での資源未配分や孤立をもたらすこともある。構成員を増やしたところで，そもそも「積み過ぎた方舟」状態の場合も少なくないからである。そこで，同居を解消して世帯を分離し，生活保護を利用して生計を立て直そうとするが，うまくいかないこともある。その背景に，低廉な民間アパートや公営住宅，緊急宿泊施設の不足，外国人差別などがある。次の乳児を抱える世帯Cがそうである。

〈具体例　その17〉　日系外国人。親族宅に居候。その後，親族宅が生活困難のため，友人宅に。

世帯Cは夫婦（ともに失業）と乳児の3人家族。70歳代の父と失業した兄の住まいに同居していたが，生活困窮のため追い出され友人宅に居候。友人も生活困窮のため（地域の市民から）食糧支援を受けている。相談に訪れるまでの1週間，世帯Cは友人から食糧を分けてもらえなかった。

相談会を経て，後日，生活保護を申請し受理される。すぐに民間アパートを探したが，保護基準に合い，かつ外国人世帯を受け入れる物件は見つからず，あっても断られる。二月先に入居できる物件が見つかったが，それまでの間，住居の確保ができないので，市からシェルターとして利用している民間宿泊施設を紹介されたが，乳児のいる世帯Cにとって衛生面で問題があり，煮炊きも出来ない。やむなく再び，友人宅に居候となった。

③　社会保障

就業形態が不安定で，賃金が低い人ほど，セーフティネットは手厚くなければならない。一般に，労働市場から離れて時間が経つほど，就労意欲の減退，生活リズムの弛緩，周囲からの孤立，自信の喪失が生じ，労働市場への復帰は難しくなる。また労働市場からこぼれた人をたくさん抱えることは，社会にとってもコスト高になるからである。だが，就業形態の不安定さと賃金の低さが正の関係で連動しているのと同様に，雇用にかかわるセーフティネットもまた，現実には，それを必要とする人ほど使いづらく，さらには，（例えば，細切れの契約で雇用保険の適用外となっていた菅原のように）制度の枠外に置かれやすい。

具体的には，以下の事例のように，雇用保険の加入要件や受給資格があるにもかかわらず，そうした被用者に対して手続きをとらない，あるいは迅速にとっていない使用者がいた。

〈具体例　その４〉　男性50歳代。年末に派遣会社を解雇されたが「会社が全然離職票を出してくれない」。

後日，相談会の主催団体を通じて弁護士に依頼し，離職票を得る。受給まで数カ月間かかるため，生活保護を申請し受理，後日決定。

口約束で契約したため（口約束は，書面による労働条件の明示を定めた労働基準法第15条に違反する），行政（ハローワーク）に相談しても「制度の利用ができない」として制度の枠外に置かれる事例もあった。

〈具体例　その19〉　ハローワークが「契約書がない」として事業主への確認を拒絶したケース。

2004年10月から2008年７月１日まで，「朝７時から夜７時まで，月から土まで勤務」との口約束で，派遣会社から派遣先に勤務。契約書はなかったが，給料明細などは持っている。解雇されたためハローワークに事業主への確認を求めたが，事業主への確認を求めること自体を拒絶。「現に１年以上働いている」と反論したが，「それは結果論」と言って相手にしなかった。

社会保険には，こうした雇用保険のほかに，病気などによる突然の支出の負担を軽くする健康保険などもある。だが，例えば，日系人専用の，派遣や請負を斡旋する会社では，「多くは社会保険に加入させてもらえず，４割が未加入」の状態だった［樽松，2010］。そうなると，国民健康保険に加入することになるが（現実にはこれさえ無加入の人もいる），経済的に余裕がないと，保険料の支払いは後回しになってしまう。西三河の人口約７万人の知立市は，市人口に占める外国人割合が6.4％と，隣接する西三河中核都市の豊田市（4.0％）を上回る［西三河の統計，2009］。この知立市には4900人（2009年４月）が入居する知立団地がある。知立団地の住民の半数（54％）は日系人。団地に足を踏み入れると一瞬，南米にいるのかと錯覚するほどである。知立市に住む元高校教師の高須優子は，2009年３月20日と21日の２日間，同じ西三河の「岡崎の派遣村相談会」に参加した。野生動物の観察が趣味で海外旅行にもよく行く高須は，自らを「遊び人」という。そんな高須が相談会に参加したのは，日系人が身近な「ご近所さん」であり，「海外に娘が住んでいて，人ごととは思えなかった」からである。高須は，相談会の場で，知立市からきた日系人の相談者らから，「知立市では相談会はしないのですか」と聞かれる。翌４月，高須は彼らと「知立団地一日派遣村実行委員会」（後日，知立派遣村実行委員会に改称）を立ちあげた。その知立市の国民健康保険滞納世帯率は，2007年６月時点ですでに県内最多の37.5％と，県平均17.1％の２倍を上回っていたのである［愛知県保険医協会，2008］。

6　その後の支援活動と相談者の状況

前節の具体例の考察から示されるように，相談会では，仕事，住まい，家族，健康，借金など，複雑にからみあった相談者の問題群を発見し，腑分けし，応急処置をほどこし，後日，相談者が（元）使用者と交渉したり行政に各種手続きをしたりするための段取りを手伝う。だが，支援活動はこれで終わりというわけではない。相談会が終わると，相談者の個別の問題解決や，制度や運用上の問題解決にむけて，関係機関に出向き，交渉や要請などもする。本節では，こうした相談会後の支援活動と相談者の状況をみる。

リーマン・ショック後，知立団地の日系人世帯の7－8割は仕事を失った。高須らは，相談会終了後も，月2回，団地の集会場に机と椅子を置き，やってきた相談者の話を聞き，福祉事務所に付き添うなど継続的な支援をした。福祉事務所に，通訳を置くことなど，必要な手立ても求めた。やがて，「知立に行けばなんとかなる」と口コミが広がり，周辺地域から知立市に次々と相談者がやってきた。高須の携帯電話は昼夜問わず鳴り響いた。知立市は，金額が低くアパート探しが難しかった従来の生活保護の住宅扶助費を1万円引上げ，通訳を兼ねた臨時職員1名，正規職員2名を増員し，ハローワークに日本語教室を誘致し，無保険者に対し国民保険へ加入するよう促した。2010年2月末，知立市の生活保護利用世帯の割合は，前年度同月比3倍以上（2.4‰→7.8‰）と愛知県では名古屋市に次ぐ高さになった。(8)

東三河の中核都市である豊橋市は，法律家，野宿者支援組織，生活保護利用世帯の支援組織らが2009年5月に豊橋派遣村実行委員会を立ちあげ，相談会を行った。小規模体制の知立派遣村は，支援対象を主に知立団地に住む日系人に絞っていた（実際には，そうではない人の支援も行った）。一方，豊橋派遣村は，地域や国籍を絞らず広く支援した。派遣切りがピークを迎えた2009年3月に実施した「岡崎の派遣村相談会」では，相談者の半数（54.6%）がアルバイトや派遣で収入があると答えた。その2カ月後の5月に実施した「豊橋の派遣村相談会」では，半数（54.8%）が「収入源は失業給付」と答え，進行する事態の深刻さが垣間見えた。こうした失業給付利用者は，次の仕事が見つからないと，ほとんどは生活保護に移行する。細切れであってもつける仕事はあったほうがいい，という見方もある。だが，相談現場で聞いたのは，「そのときにならないとわからない」ものの，「もう二度と同じ思いはしたくない」という声だった。

さて，本章の第2節で述べた菅原のもとには，数カ月後，派遣切りした会社から期間工募集の案内が届いた。菅原は，いろいろと考えて，最終的に応募しなかった。菅原は，「早く生活保護を終えて自活したい」と思い，官セクターによる職業訓練を受けたが，現在も職探しをしている状況にある。空いた時間には，派遣村相談会の仲間とともに相談に応じ，書類作成の補助や行政への付き添いなどをしている。2011年3月の東日本大震災後は，仲間と必要な物資等を集め，被災地支援に赴いた。また，原発等により愛知県へきた広域避難者のための交流会の運営も手伝うなどして，過去の自身の生活を振り返り，また今後の生活にむけた人的ネットワークの再構築とさまざまな知識の習得を行っている。

相談活動を通じて筆者が感じたのは，現場には，「めまいがしそうなほど，ありとあらゆる種類の課題が山積している」ことだった。しかも，そうした課題は，課題への適応力の弱い人の上に折り重なるようにして現れ，さらに，そのような実態はふつうに生活している人の目にほとんど映らない。ため息をつく筆者に，相談会の主催責任者の1人は，「派遣村の報告書にぜひ書いて欲しい」と，こう話した。

〈具体例　その23〉　相談会の主催責任者の声

相談会後，生活保護の申請と福祉貸付金受給について，福祉事務所の稼働日に連続7日間，朝9時から遅くは夕方7時まで，4－7名のボランティアが相談者に付き添い，支援しました。つまり，平日にもかかわらず，少なくとも7日×8時間×4人＝224時間分の労力が相談会後の支援に費やされました。

「本当の自立」に向けて，今後，就職マナーや履歴書作成や面接訓練などの就労支援も必要になります。行政と共に，長期的で包括的な貧困対策をしていくことが重要になってくると考えます。また，そうした貧困対策を実効性あるものにするために，貧困と就労の実態調査をきちんと行うことが必要であると考えます。

知立派遣村，豊橋派遣村は，現在も活動を続けている。一方，愛知派遣村は，2009年5月末，県内の諸団体や諸個人と合流し，「反貧困ネットワークあいち」を全国で20番目に設立し，この日をもって解散した。この間に愛知派遣村が主催・共催した相談会は計7回，相談者総数は525人（この数は，東京の年越し派遣村で過ごした「村民」の数にほぼ相当する）。他にも，国・自治体・企業への要請，「貧困ビジネス」の告発（無料低額宿泊所元入所者による訴訟の支援），メンバーの「レベルアップ」のための学習会を7回行った。現在，反貧困ネットワークあいちは，知立派遣村，豊橋派遣村，また県内の諸団体と連携しながら，愛知派遣村実行委員会のほぼすべての活動を発展的に継承している。

7　協セクターの限界と可能性

以上，派遣切りされ，相談に訪れた人の事例紹介（本章第2節），派遣切りの全国的な傾向（第3節），愛知県で大量の派遣切りが起こるまで（リーマン・ショック前）の経緯（第4節），派遣村相談会に訪れた人々の様子（第5節），相談会後の支援活動と相談者の状況（第6節）をみてきた。そこで，最後に，愛知の派遣村にみる協セクターの限界と可能性を考察する。

筆者が「愛知の派遣村活動」についてある学会の場で報告したところ，後日，愛知の派遣村が対応した525人は県内で派遣切りされた4万8689人の，ごく一部であること［上村，2011］，また，その525人は，福祉サービスの普遍主義を唱える立場からすれば，共助の輪にたまたま入れた人であること［阿部真大，

2011］が指摘された。これらは，自発性と無償性に頼る協セクターのまさに限界をついたものである。すなわち，協セクターは，問題解決の広範囲で，長期的で，普遍的な担い手になることがきわめて難しい。では，協セクターの利点であり可能性はどこにあるのか。それは，弱みであると同時に強みでもある自発性と無償性をフル稼働して，「当事者ニーズにもっとも近い位置にいて先進的な事業モデル」を提示することである［上野，2011a］。実のところ，愛知の派遣村活動は，地域において先進的な事業モデルを提示するまでにはいたっていない。その成果といえば，「当事者ニーズにもっとも近い位置」にいたこと，すなわち，限られた数であるが，仕事と住まいを失った人の話を聞き，官セクターや民セクターと交渉して，住まいを探し，生活保護を得るなどの，最低限の生活環境の整備を支援したことである。そして，こうした相談支援事業を通じて解決できる問題とそうでない問題があること，４つのセクターにはおのおの限界があることを，支援者と被支援者がともに具体的な社会的文脈のなかで学んでいったことである。

東京の「年越し派遣村」のメンバーは，当初，「貧困の可視化」を最大の目的としていたが，活動を通じて，広範囲で，長期的で，普遍的なサービスを担える官セクターを巻き込むことの必要性を訴えるようになった。年越し派遣村の１年後，東京都は住まいと食事を提供する公設派遣村を，さらにその翌年には全都道府県の約300地域のハローワークや市区町村が仕事や住まいにかんする総合相談会を行った。2011年夏には内閣府が「一人ひとりを包摂する社会」特命チームを設置した。同年，政府は，総額４億6700万円の「社会的包摂ワンストップ相談支援事業」（24時間365日電話相談ができる面接相談・同行支援を含めた問題解決型の包括的個別支援事業）を行う民間団体を募集し，2012年度末にかけて，相談支援事業の実施を通じたニーズの把握と相談支援事業の効果測定が全国各地（主に県単位）で実験的に実施されることとなった。その最終的なねらいは，地域自治体との個々の支援事業の協働を通じた「社会の仕組みを組み替える取組」の構築である。

他のセクターが先進的な事業モデルを取り込めば，協セクターの任務は終わるのだろうか。協セクターの宿命は，つねに「もう一歩先にいっていなければならない」ことである［上野，2011a］。劣位にある人を排除する民セクター，「非効率かつパターナリスティックな」［阿部真大，2011］官セクター，そもそも形成されていないか積み過ぎた方舟の状態にある私セクターにすべてを委ねることは問題であるし，またできないことである。自発性と無償性をベースに，現場のニーズにもっとも近いところで培われた見識眼によって他のセクターの動向をチェックしつつ，4つのセクターの最適混合にむけて，より先進的な事業モデルを提案するという役割が，協セクターに期待されている。

注

(1)　菅原による体験報告（2008年7月26日開催「愛知派遣村交流集会」），および菅原への聞き取り（2009年9月2日実施）により再構成。

(2)　大量の派遣切りを受けて，雇用保険適用基準「雇用見込み1年以上」は，雇用保険法改正により，2009年4月「6か月以上」，10年4月「31日以上」に拡大された。

(3)　2008年10月より毎月出されているこの報告は，11年1月報告から調査対象の定義が変更された。このため，本章では，「旧定義」に基づく「10年12月報告」までの数，すなわち「10年12月時点で把握された08年10月から11年3月までに実施済または実施予定とされた」数を扱っている。なお，この数は，労働局とハローワークによる任意の聞き取りに基づく。したがって，実態はこの報告値を上回る。

(4)　東海地域の日系ブラジル人の全就業者のうち「生産工程・労務作業」の就業者割合は男性92%，女性89.5%である［平岩・伊藤，2007］。リーマン・ショック後の東海地域の日系人に関する状況は［阿部太郎，2011］を参照のこと。

(5)　派遣先企業は，法律上，雇用任期（2007年3月の法改正により，従来の「1年間」から「3年間」に延長）を超えると，当該の労働者に直接雇用を申し込まねばならない。2006年，偽装請負が社会問題化し，製造業分野で請負から派遣へ大規模な労働力の切り替えがなされた。「任期切れ」問題とは，2006年3月以降に派遣された大量の労働者が，3年間の任期切れを迎える09年3月以降，派遣先企業から直接雇用されず，失業する事態を指した。厚生労働省は，リーマン・ショック後，こうした事態を懸念し通達を出したが，現実には懸念どおりとなった（直接雇用を逃れるために派遣切りがなされた）との指摘もなされている。

(6)　弁護士，司法書士，生活保護ケースワーカー，看護師，労働運動専門家，市民などの異業種の人びとが，生活・労働・健康などの計３つから５つの相談窓口（県内派遣村による相談会の場合）に分かれて待機し，無償で相談にあたる「ワンストップサービス」のこと。相談者は，１つあるいは複数の窓口をまわり，最後，総合受付において，ベテラン相談員とともに方針を決め，段取りをたてる。

(7) 報告書では，相談票の集計に加え，計23事例の紹介を付して「相談から見えること，見えてきたこと」をまとめた。本章の番号は，これら事例の，報告書における通し番号を指す。

(8) 校正時現在（2012年３月）も状況は刻々と変化している。引き上げられた住宅扶助の金額は，退寮者の増加を背景に比較的安く借りられるアパートの空きが増えたことにより，従来の水準に戻されている。また，かつては生活保護申請が主な支援内容だった高須らの活動は，失業の長期化にともない，うつ病や引きこもり対策に変わりつつある。日系人の労災相談も増えている。

引用・参考文献

愛知県保険医協会［2008］「国保資格証明書等の交付状況一覧」。

愛知派遣村実行委員会・知立団地一日派遣村実行委員会・豊橋派遣村実行委員会編集・発行［2009］「愛知県内におけるこれまでの『派遣村』相談会」［http://hanhinkon-aichi.seesaa.net/article/177426316.html］。

愛知労働局［2008］「外国人雇用状況の届出状況（平成20年10月末現在）」。

阿部太郎［2011］「世界同時不況と東海地域の日系外国人」佐竹眞明編著『在日外国人と多文化共生』明石書店，74-103ページ。

阿部真大［2011］「コメント—新しい『日本型ワークフェア』に向けて」『フォーラム現代社会学』第10号，105-108ページ。

上野千鶴子［2011a］「ケア：共助の思想と実践」『atプラス』08号，126-153ページ。

上野千鶴子［2011b］『ケアの社会学——当事者主権の福祉社会へ』太田出版。

大山小夜［2011］「愛知派遣村の支援活動——貧困と排除に取り組むある地域組織のエスノグラフィー」『フォーラム現代社会学』第10号，76-86ページ。

鎌田慧［2009］「豊田市保見団地の日系ブラジル人①　“トヨタ大失業地帯”の派遣切り労働者に住居を」『週刊金曜日』740号（２月27日刊）。

上村泰裕［2011］「コメント—『労働における差別と排除』と社会学」『フォーラム現代社会学』第10号，102-104ページ。

榑松佐一［2010］『反貧困でつながろう』かもがわ出版。

厚生労働省［2010］「非正規労働者の雇止め等の状況（平成22年12月報告：速報）」。
猿田正機編著［2008］『トヨタ企業集団と格差社会――賃金・労働条件にみる格差創造の構図』ミネルヴァ書房。
猿田正機［2011］「トヨタ生産システムと人事管理・労使関係――労働者支配の仕組み」『寄せ場』第24号，148-187ページ。
『週刊東洋経済』「営業利益２兆円のトヨタを支える下請けとの『賃金格差』」2007年２月24日増大号，72-74ページ。
菅原健［2009］「相談会に参加して：相談者から」愛知派遣村実行委員会・知立団地一日派遣村実行委員会・豊橋派遣村実行委員会主催「愛知派遣村交流集会」（配布資料，2009年７月26日実施）。
都築くるみ［2003］「日系ブラジル人を受け入れた豊田市H団地の地域変容：1990～2002年」『フォーラム現代社会学』第２号，51-58ページ。
西三河統計研究協議会［2009］『2008　西三河の統計』。
『日本経済新聞』「Go!自動車産業（中）関東自工増産に乗れ」（2006年１月26日付）。
『日本経済新聞』「トヨタ，国内生産最高に　前期　期間従業員数高止まり」（2006年５月11日付）。
『日本経済新聞』「自動車が帰る①胎動する産業新地図　トヨタ，地域経済起こす」（2006年７月４日付）。
平岩恵里子・伊藤薫［2007］「東海地域における外国人労働者の実態と特徴――中国人と日系ブラジル人を中心に」『星城大学経営学部研究紀要』第５巻。
藻谷浩介［2010］『デフレの正体』角川書店。

第7章

韓国における女性非正規労働者の組織化

——韓国女性労働組合（KWTU）の事例——

金　美珍

1　研究課題

本章では，「女性が労働組合活動に積極的に参加する要因は何か」という問いに基づき，韓国女性労働組合（KWTU）の事例を通じて，女性労働者が労働組合に参加する理由と活動の特徴，および活動の継続理由を考察する。韓国女性労働組合（KWTU）は，地域と業種に関係なく女性であれば自由に加入できる労働組合である。全国単一の組織構造をとっている。1999年設立以来，2009年の時点で約6000人の組合員を組織している（表7-1参照）。ソウルに中央本部をおき，全国に10支部，また支部傘下に約70の分会および支会を持つ（図7-1参照）。上部団体には加入していない。なお，「韓国女性労働組合（KWTU）」の正式名称は「全国女性労働組合（Korean Women's Trade Union：KWTU）」であるが，本章では英語名称にしたがって「韓国女性労働組合（KWTU）」と呼ぶ。

さて，張［2006］によれば，韓国の女性労働者と労働市場の特徴はつぎの4点である。第一に，女性労働者の労働市場への参加比率は相対的に低く，女性労働者のなかに占める非正規職の割合は高い（ただし，非正規労働者の中で占める，男性労働者の割合も高い）。第二に，女性労働者の賃金水準が低い。第三に，社会保険や福利厚生の利用から排除されている女性労働者が多い。男女を問わず，非正規労働者は雇用が不安定である。また，非正規労働者は，経歴や教育水準に対する相応の報酬を享受できないため，賃金水準が低い。さらに，非正

表 7－1　業種別にみた韓国女性労働組合の組合員数の現状

	1999.8	2000	2001	2002	2003	2004	2005	2006	2007	2008	2009
医療給与管理員								230	230	300	300
学校非正規職員				830	1,730	1,840	3,030	3,740	4,830	4,800	4,500
放送社作家			150	150	100	90					
学校掃除用役			100	170	220	320	420	480	540	600	600
大企業内非正規職			200	200							0
製造業中小事業所		100	150	150							0
ゴルフキャディー		100	100	100	100	100	100	100	100	100	100
個人加盟	400	400	400	400	450	450	450	450	500	500	500
合計	**400**	**600**	**1,100**	**2,000**	**2,600**	**2,800**	**4,000**	**5,000**	**6,200**	**6,300**	**6,000**

出所：韓国女性労働組合［2009b，141］より作成。

図 7－1　韓国女性労働組合（KWTU）地域支部の位置図

〈地域支部の英語表記〉
・韓国女性労働組合　中央本部
（KWTU CENTRAL OFFICE：ソウル）
・ソウル支部
（SEOUL BRANCH）
・仁川支部
（INCHEON BRANCH）
・京畿支部
（GYEONGGI BRANCH）
・大田忠清支部
（DAEJEON-CHUNGCHEONG BRANCH）
・大邱慶北支部
（DAEGU BRANCH）
・蔚山支部
（ULSAN BRANCH）
・全北支部
（JEONBUK BRANCH）
・釜山支部
（BUSAN BRANCH）
・光州全南支部
（GWANGJU-JEONNAM BRANCH）
・慶南支部
（GYEONGNAM BRANCH）

出所：韓国女性労働組合（KWTU）内部資料「About Korean Women's Trade Union」より作成。

規労働者は，社会保険や休日・休暇，そして会社が提供する各種の福祉の恩恵からも除外されている。低い賃金水準と社会保険からの排除といった韓国女性労働者の特徴は，女性労働者の中で非正規労働者が占める割合が高いことに起因している。第四に，年齢別の労働力分布をみると，出産年齢前後（20代と40代）においては高い水準であるが，出産年齢期（30代）においては最低の水準

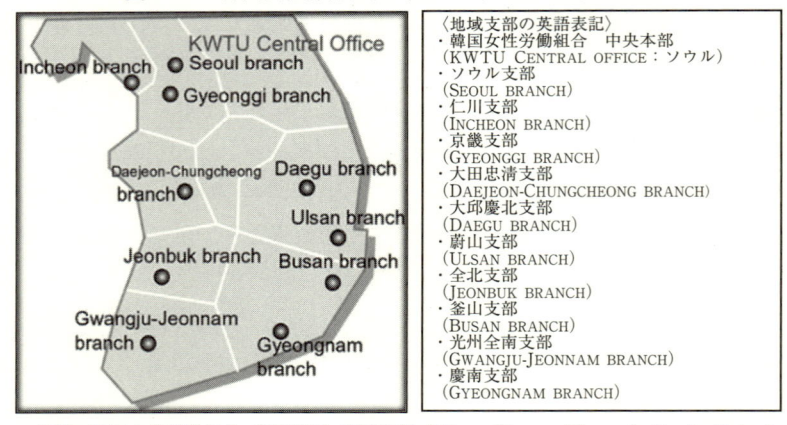

というM字型をとっている。

このような状況のもとで，韓国女性労働組合（KWTU）は，組合員の約99%が非正規労働者であるにもかかわらず，その結成からおよそ10年間で，約6000人を組織してきた。全国単一の組織構造を持ちながら，今まで組織化が困難であると思われてきた非正規女性労働者を組織し，体系的に運営している。韓国女性労働組合（KWTU）はどうしてこの組織化と組織運営が可能になったのか。

本章では，韓国女性労働組合（KWTU）の前・現職役員と関係者へのインタビュー調査と収集文献を中心にして，組織的特徴に注目しながら，韓国女性労働組合（KWTU）がいかに女性労働者を組織化し，どのように組織を運営してきたのかを明らかにする。本章の韓国女性労働組合（KWTU）に関する分析は，組織化と組織運営に女性が主体となって，積極的に参加している労働組合の事例として，今後の女性労働者と労働組合に関する研究に重要な示唆を提供するであろう。

以下ではまず第一に，韓国女性労働組合結成の経緯を韓国女性労働者会（Korea Women Workers Association，以下KWWA）との関係を中心に検討する。第二に，韓国女性労働組合（KWTU）の10年間の活動内容の主な成果を簡単に紹介しながら，さまざまな成果をあげてきた一要因として，その組織構造と組織化戦略及び組織運営に関して詳しく述べる。

2　結成の経緯とその背景

本節では韓国女性労働組合（KWTU）の結成背景を，韓国女性労働者会（KWWA）との関係を中心に紹介する。これら組織の関係を中心にするのは，韓国女性労働組合（KWTU）の結成に，韓国女性労働者会（KWWA）の財政的・人的援助が重要な役割を果たしたからである。

（1）韓国女性労働者会（KWWA）

まず，韓国女性労働者会（KWWA）結成の時代背景に関して簡単に述べていこう。

韓国の女性労働者は，1960年代の工業化のはじめから，搾取と劣悪な労働条件の下で苦しんできた。劣悪な労働条件の改善や労働権・生存権の確保のため，女性労働者は1970年代の民主的労働組合運動を主導してきた(1)。しかし，1980年半ばから，大企業男性中心の労働組合が労働運動を主導するようになり，女性労働者の問題は周辺化してきた。当時，韓国の労働運動と社会運動は「女性」の問題より「階級」の問題を重視したため，労働組合のなかで女性労働者が直面していた問題は重要な課題として扱われてこなかった［ホ，2007］。

一方，韓国女性労働者会（KWWA）の設立の背景として，1980年代の進歩的女性運動の出現をあげる必要がある。進歩的な女性運動は，1980年以前の韓国女性運動が一部のエリート中心の運動として展開され，他階層の女性とのつながりをあまり持たなかったという反省から登場した。1980年代初頭，光州民主化運動が韓国社会に強力な影響をおよぼしていたなか，進歩的女性運動は，女性に対する抑圧と差別を社会構造全体の矛盾から生じる問題として認識し，その解決のため動きはじめたのである。当時，進歩的な女性運動は，社会運動の下位運動として女性運動を位置づけながら，周辺部に位置する労働者・農民・貧民に属する女性の問題を，中心課題として取り上げるべきだと主張していた。これは労働者・農民・貧民に属する女性が「ジェンダー」と「階級」の二重抑圧を最もはっきりと受けていたからであった［チョ，1998］。

当時，周辺部に位置する女性労働者の大多数は深刻な低賃金の問題に直面していた。この問題に対し，24の進歩的女性団体が賃上げ問題を取り上げ始めた。これらの団体は，賃上げの一環として，労働者・農民・貧民層に属する女性の生存権問題を前面に出し，1986年３月８日には「女性生存権対策委員会」を発足させた。この賃上げ闘争から始まった女性団体の連帯活動によって，女性運動勢力の政治的要求を統一的に進めていく，中心的な団体が必要であるとの自覚がうまれた。こうしたことから，1987年２月18日，24団体は，団体間の連携を常時的に強化するため，「韓国女性団体連合（Korean Women's Association United: KWAU）」を結成するにいたった［イ，1999］。

韓国女性団体連合（KWAU）は，進歩的な女性団体の連合体として，女性労働団体の他にも，性暴力の問題，貧困の問題などをあつかう女性団体をも含んでいる。また，1990年代に入ってから，韓国女性団体連合（KWAU）は，性，結婚，家族など女性の日常生活に関する具体化された女性問題に，よりいっそう取り組みはじめ，「女性」という名前で，政治的立場が異る女性団体との連携も広げていった。韓国女性団体連合（KWAU）は，1980年代には女性の労働運動を中心とした活動を展開していたが，1990年代には，消費者運動や環境運動，性暴力防止運動など，多様な女性関連活動へとその活動を拡大した。労働問題に関しては，1998年の「男女雇用平等法」改正運動，2001年の母性保護法の改正運動，2005年の非正規職法改悪反対運動などで積極的に活動を展開してきた。

こうした時代背景のなかで，1987年「労働者大闘争」や民主化運動を境に，1970年代の民主的労働組合運動の女性リーダーたちは，かつての女性労働者たちの闘争精神を発揮し，「労働の問題のみならず，女性労働者の問題をも同時に提起するため」，1987年3月21日ソウルで「韓国女性労働者会」を結成した［マル，1987］(2)。

1987年ソウルでの結成をはじめ，仁川（1989），釜山（1990），馬山（1992）など7つの地域で次々と地域の「女性労働者会」が結成された。各地域「女性労働者会」は，各地域での女性労働者に対する日常的な教育・宣伝活動を通じて，労働組合のなかでの女性労働者運動を支援する活動をしていた。各地域間で女性労働者会は，討論や会議などを通じて緊密に共同活動をしてきたものの，設立後2年目からは，他階層の女性団体との日常的な連帯をも拡大し，全国的な活動の基盤を整えるため，大衆組織への組織拡大を検討しはじめた。ついに，1992年「韓国女性労働者会」と各地域の「女性労働者会」は，連帯を強化するため，「韓国女性労働者会協議会（Korean Women Workers Association United: KWWAU）」の名前で組織を整備し，各地域の「女性労働者会」をその傘下団体として配置した。これによって，既存の「韓国女性労働者会」は「ソウル女性労働者会」と名称を変更し，扱う問題をソウル地域の女性労働者問題に集中することになった。全国的単一組織となった「韓国女性労働者会協議会（KWWAU）」は，その後，政策的要求を中心とした法・制度改善活動を展開してきた。なお，「韓国女性労働者会協議会（KWWAU）」は，結成20年目の2007年に，その名称をさらに「韓国女性労働者会（KWWA）」に変更した［Sohn et al., 2008］。つまり，「韓国女性労働者会協議会（KWWAU）」は現在の「韓国女性労働者会（KWWA）」の前身であり，2007年を境に，名称が変わったものである。本章では，混乱をさけるため，2007年以前の「韓国女性労働者会協議会（KWWAU）」の活動について述べるときも，「韓国女性労働者会（KWWA）」として名称を統一する。

設立初期，韓国女性労働者会（KWWA）の活動は，既存の労働組合で活動する女性労働者の意識向上や組合内の女性部への支援，ストに参加した男性労働者の妻たちへの支援などが中心であった。イ・チョルスン韓国女性労働者会（KWWA）前代表によると，「（設立初期は）女性労働者，大衆，未婚・既婚女性労働者と男性労働組合員の妻を，労働運動の主体，女性運動の主体として育てるため，（労働組合の）外部団体として，（労働）現場での活動の支援」を主な活動の内容にしていたという［インタビュー調査より：2011年2月17日(3)］。また，1980年代には，韓国女性団体連合（KWAU）の構成団体として，周辺部に位置する女性労働者向けの労働相談・労働問題に関する「平等の電話」相談・職業訓練・福祉サービス提供などを主に行ってきた。1990年代からは，労働実態調査・討論会などの活動に基づいて，政府に対し女性労働政策を提案し，圧力をかけるなど，その活動の性格を変えてきた。さらに，女性の不安定な雇用に関して，あまり積極的に対処してこなかった労働組合や他労働運動団体に対して，雇用不安の問題に関する積極的な取り組みを促し，連帯活動を提案した。

一方，1997年アジア通貨危機を境に，韓国女性労働者会（KWWA）の活動は，女性の失業問題によりいっそう取り組むことになった。それは，アジア通貨危機の際，多くの女性労働者が，一番先に解雇される事態が起きたからである。イ韓国女性労働者会（KWWA）前代表によると，「韓国女性労働者会（KWWA）は，解雇された女性労働者の中には，雇用保険の適用対象ではない女性が多かったことから[(4)]，統計上，女性の失業が浮かび上がらないことに気づき，至急女性の失業問題を取り上げなければいけないと判断し，「失業対策本部」をつくり」，女性の失業の問題を大きく社会に提起したという［インタビュー調査より：2011年２月17日］。

イ韓国女性労働者会（KWWA）前代表によると，この失業対策本部の活動で，「労働組合という組織形態の必要性」に気づいたという。当時，韓国女性労働者会（KWWA）は，「NGOとしての限界」に直面したのである。その限界の一つが交渉権に関してであった。イ前代表は，「（1997年）アジア通貨危機の影響で，多くの女性労働者が解雇され相談に来ても，労働組合のみが事業主との交渉権をもつため，事業主が応じてくれず，問題解決に限界があった」という。第二に，法改正・政策中心運動と労働現場との距離感である。イ前代表は，その距離感に関して，「法改正運動を展開していても，現場に（その改正の内容が）届いていないと思うようになった」と述べる。こうした距離感に対し，「どうすれば変化した政策や法律が（労働）現場まで届くかということを考え始めた。また，NGOの会員は（NGO）団体が全て解決してくれるので，自分の組織という認識が弱かった。それに対して，労働組合という組織形態は当事者を組織化し，当事者が動いて，参加して，自分の問題を解決する組織である」ということから，「当事者組織の必要性を感じた」とイ前代表はいう［インタビュー調査より：2011年２月17日］。

（2）新たな女性労働運動

韓国では，1999年１月に「ソウル女性労働組合」，同年７月に「全国女性労働組合連盟」，そして８月に全国単一組合として「韓国女性労働組合（KWTU）」と相次いで，三つの女性労働組合が結成された。これらの三つの労組は，従来の正規職労組が包括していない，周辺部に位置する女性労働者を組織し，代弁する点で，相通ずる組織である。

しかし，この三つの女性労働組合は，労働組合の男性中心性，労働運動の家父長制的な事業運営方式に対して，いかに対応していくかという点においては，異なる立場をとっている。「ソウル女性労働組合」は，従来の正規職労働組合の男性中心性や，労働運動内に存在する家父長的性格を強く批判する立場をとり，女性労働問題が，（単純な）労働問題として還元されることや後回しされるのを警戒している。この立場から，韓国2大労総（全国民主労働組合総連盟と韓国労働組合総連盟，以下民主労総と韓国労総）に対し批判的で，下部組織として加入しないばかりでなく，攻撃的態度をとっている［ジョン，1999］。一方，「全国女性労働組合連盟」は，「階級」の問題を重視するため，2大労総を「一緒に行動する同志」として認識している。1999年の設立とともに，「全国女性労働組合連盟」の役員らは，民主労総の下部組織として加入することを決意した。女性労働者の劣悪な労働条件の解決のために，労働者の団結を強調したのである。他方，韓国女性労働組合（KWTU）は，いわば，前の二つの女性労働組合の中間的な立場であり，2大労総とは連帯できると認識している。しかし，2大労総のどちらにも加入せず，女性労働組合を労総の下部団体として位置づけない立場である［キム，1999］。

1999年に，一挙に三つの女性労働組合が組織された背景には，韓国企業の「性差別的構造調整」があげられる。1997年アジア通貨危機の後，多くの韓国企業は構造調整の実施を余儀なくされ，その影響で，男女を問わず，正社員の非正規化（臨時期間制・派遣労働者など）が急速に進められた。しかし，多くの男性労働者も構造調整の対象になり，失業率が高まったものの，正社員の非正規化は女性労働者の多い職種や部門に集中した。女性労働運動団体や学者らは，これを「性差別的構造調整」，「性差別的（不当）解雇」として批判し続けた［チョ，2000；韓国女性労働組合・韓国女性労働者会協議会，2004］。このような女性に集中した非正規職化と解雇が行われた理由を探るためには，当時の既存の労働組合運動の限界を指摘する必要がある。

まず，当時の労働運動の状況から簡単に述べていこう。韓国の労働運動は，1970年代には，輸出主導型産業の女性労働者が中心となって展開されてきたが，1980年代から，その労働運動の柱が大企業に勤める正規職男性労働者にシフトした。この男性中心の大企業労働組合は，戦闘的な闘争を通じて，賃金引上げと企業福祉の増大という果実を勝ち取ってきたが，中小・零細企業と非正規職に集中している女性労働者がこの果実を共有することは難しかった。むしろ，女性労働者は，支払い能力のない中小・零細企業と，労働組合との闘いを避けようとする大企業によって，非正規職労働者として多く採用された。多くの女性労働者が，1990年代初頭から非常に速いスピードで，非正規労働者へと転換されていた。

しかし，非正規労働者の増加や雇用の不安定性の問題は，1997年のアジア通貨危機の発生までには，労働運動の主な争点として浮上しなかった［張，2006］。非正規職の女性労働者を既存の労働組合の組織が吸収しようとする努力はあまり見られず，むしろ企業別労働組合において，非正規職の女性労働者を排除する傾向があるという報告まで出されていた［横田，2002；カン，2003］。組織化が困難な女性労働者が中小・零細企業で多く働いていた（女性労働者の約60％が従業員５人未満の事業所で働いていた）ことや，既存労組が非正規職女性労働者を排除していたことは，従来の労働組合の組織を通して，女性労働者の雇用不安定性の問題やジェンダー差別の問題を提起することが，非常に難しいということを意味した。特に，1997年のアジア通貨危機の際，女性が労働組合に組織化されていないことから，組織的な反対行動もないまま，無条件で簡単に解雇されたり，労働組合があっても女性が男性より先に解雇されることが当然とされ，容認されていた［張，2006］。このような既存の労働組合の限界を克服するため，女性労働者の取り組みとして現われたのが，一般労働組合の形態をとる女性労働組合運動である。

1997年のアジア通貨危機の際，女性労働者の深刻な状態にいち早く気づいた韓国女性労働者会（KWWA）と韓国女性民友会（Korean Womenlink：KW）(5)は，民主労総・韓国労総へ女性労働者の積極的な組織化を呼びかけはじめた。一方，韓国女性労働者会（KWWA）は，1997年から「非正規女性労働者の組織化」問題に，独自的な検討および研究の取り組みを行い，女性独自の労働組合結成を試みていた。イ韓国女性労働者会（KWWA）前代表はその理由を次のように述べる。

既存の（企業別）労働組合が，非正規労働者の問題の深刻さを認識しても，非正規労働問題に関心がないというより，正規職の組織であるため，正規職の問題が全部解決できない限り，懸案の解決にあたって，非正規労働の問題まで力を注ぐ余力がないと考えた［インタビュー調査より：2011年２月17日］。

独自的な研究を進める一方，女性独自の労働組合の必要性に関して，社会的な雰囲気づくりの活動も同時に行ってきた。約２年間の研究および社会的雰囲気づくりの努力の結果として，韓国女性労働者会（KWWA）は，民主労総・韓国労総と共に，1998年11月に「非正規職女性労働者組織化方案」に関する共同研究発表会を行った。さらに，1999年１月には「女性労働運動の方向に関する女性幹部ワークショップ」をも２大労総（民主労総・韓国労総）と共同で主催した。この一連の研究会やワークショップで，女性労働者組織化の有効なモデルとして，また女性独自の組織形態として，女性労働組合が検討され，女性労働団体らが，女性労働組合の結成主体になるという提案がなされた［韓国女性労働組合・韓国女性労働者会協議会，2004］。

パク・ジンヨン韓国女性労働者会（KWWA）前政策委員によると，「（非正規女性労働者の組織化に関する）研究を行った理由は，民主労総と韓国労総を相手に非正規労働者を組織化するためには，新たな組織化方式，組織が必要であることを認めてもらうため」でもあったという。実際，当時の討論会では，「民主労総の関係者から女性労働組合ができたら，民主労総は連帯し，支援すると同意の意思を明らかにした」とパク前政策委員はいう［インタビュー調査より：2011年２月22日］。

このような女性労働団体と労働組合間の一連の動きの下で，女性独自の労働組合が登場したのである。韓国女性労働組合（KWTU）は，女性独自の労働組合という形態を通じて，女性労働者の組織力確保と労働現場での活動基盤を整えるねらいを持ち，韓国女性労働者会（KWWA）から400人の会員を韓国女性労働組合（KWTU）へ送ってもらい[6]，1999年８月29日結成されたのである[7]［働く女性の教育ネットワーク，2006；Sohn et al., 2008；韓国女性労働組合，2009a］。

3　10年間の主な成果

韓国女性労働組合（KWTU）は，結成初期400人であった組合員を，約10年間で6000人まで増やした。また，韓国の特殊雇用労働者の労働者性認定問題，最低賃金問題，公共部門の非正規労働の問題など，さまざまな労働問題を社会問題化し，非正規労働に関する問題提起をも主導してきた。本節では，簡単に韓国女性労働組合（KWTU）の過去10年間の成果をまとめてみる。

（1）特殊雇用労働者への労働法の適用問題

1999年10月，韓国京畿道の88Country Club（以下，88ccとよぶ）ゴルフ競技場のキャディーらが，韓国女性労働組合（KWTU）に加入し，88cc分会を結成した。結成後，88ccキャディーらは労働条件改善の問題に関して，会社側に団体交渉を申し込んだが，会社側は交渉の義務がないということで，交渉を回避した。会社側が団体交渉に応じなかった理由は，キャディーは法律上，個人事業主であって，労働者ではないということであった。

そこで韓国女性労働組合（KWTU）は，ゴルフキャディーに関する労働三権及び勤労基準法上の労働者権利の確保のため，特殊雇用労働者の労働者性をとりあげ，社会問題として提起した。特殊雇用労働者というのは，直接であれ間接であれ会社の指揮管理の下で働いているにもかかわらず，法律上「個人事業主」として規定されていることで，労働法の適用から外されている労働者を指す。雇用労働部(8)に対する質疑，雇用労働部への抗議訪問，雇用労働部の建物の前での抗議集会などの活動を通じて，2000年5月16日，88ccゴルフキャディーが「勤労基準法上の労働者である」という行政解釈を勝ち取った［Chun, 2009］。その後も，韓国女性労働組合（KWTU）は，特殊雇用労働者への労働法の適用のための法改正運動を展開し，2001年に韓国労使政委員会非正規職特別委員会へ政策を建議し，特別委員として参加した。そして，2008年には，韓国労使政委員会非正規職特別委員会の活動を通じて，ゴルフキャディーにも産業災害保険が部分的に適用できるという成果を得た。2009年10月には，88ccゴルフキャディーに対する不当解雇訴訟の裁判で，「ゴルフキャディーが勤労基準法上の労働者」であり，よって「不当解雇は無効」という判決がだされ，労働者性を認定する判決を勝ち取った［韓国女性労働組合，2009b］。

（2）労働界で初めて最低賃金の問題を提起

韓国女性労働組合（KWTU）は，2000年に仁川地域の仁苛大学の掃除請負女性労働者らを組織化し，労働争議を展開していた。この労働争議のなかで，韓国女性労働組合（KWTU）は，多くの労働者が最低賃金以下の水準の賃金で働いている現状に気づき，2001年全国9地域で，最低賃金の実態調査を行った。調査の結果，調査対象の22.9％の女性労働者の賃金水準が，当時の最低賃金を下回ることが明らかになった。これを受け，韓国女性労働組合（KWTU）は，最低賃金に関する討論会の開催や他の女性団体・市民団体・他の労働組合との共同キャンペーンを通じて，労働界で最初に最低賃金の問題を提起し，社会問題として人々の注目を集めた。2002年からは「最低賃金連帯」を発足させ，労働団体・市民団体・女性団体との連携を通じて，キャンペーンを継続している。「最低賃金連帯」は2大労総（民主労総・韓国労総）をはじめ，民主労働党・韓国女性団体連合（KWAU）・参与連帯（People's Solidarity for participatory Democracy）など22団体で構成されている。「最低賃金連帯」は発足以来，毎年最低賃金決定の際，最低賃金原則を違反した事業所の申告・告発，最低賃金に関する相談，最低賃金の実態調査などを通じて，最低賃金への関心を高める活動を主に行っている。

この最低賃金連帯の活動を通じて，2000年に42万1490ウォンの水準であった韓国の最低賃金は，2007年に78万6320ウォン（週44時間基準）まであがってきたのである［Chun，2009；韓国女性労働組合，2009b］。

（3）公共部門の非正規職労働者問題の提起

2002年から韓国女性労働組合（KWTU）は，学校で働く非正規労働者（例えば，給食栄養士，学校図書館司書，科学実験補助員など）の組織化と労働条件の改善に取り組みはじめた。2002年から2003年にかけて，全国11地域2369名を相手にした実態調査の結果を用いて，討論会や説明会を開くなど，韓国女性労働組合（KWTU）は公共部門非正規労働者の問題を，社会問題として提起するとともに，政府関係機関や国会議員に積極的な取り組みを要求した。2003年のロウ・ムヒョン大統領の当選の際には，大統領職引受委員会の労働担当者との面談会，教育科学技術部(9)長官の政策補佐官との面談，国家人権委員会への陳情書の提出，国政監査への質疑など，関係機関に対し闘争活動を行ってきた。

一方，一部の地域支部は，地域市教育庁と学校校長団を相手に団体交渉を申し入れ，勤労条件改善を臨んだ。教育庁と校長団が応じてこない際には，地方労働委員会へ不当労働行為に対する陳情や行政指導を要求するなど，集団的交渉を試みた。学校で働く非正規職労働者の労働条件は，教育科学技術部の基準を根拠にしているし，国家の予算で運営されている学校非正規職労働者に関する責任は，政府および市教育庁にあると，韓国女性労働組合（KWTU）は主張しつづけた。こうした関係機関に対する闘争を続けた結果，2004年5月，教育科学技術部が「学校会計職員(10)契約管理指針」という公共部門の非正規職労働者に対する処遇改善対策を発表するにまで至った。その内容には，賃上げをはじめ，各種手当てや慶弔休暇などが含まれていた。その後も，雇用不安の問題に関して，政府に対し闘争を続けた結果，2006年8月に「公共部門非正規職総合対策」が発表され，2007年7月1日に7万1861人が無期契約職へ転換されたのである。韓国女性労働組合（KWTU）は，学校のみならず，医療給与管理員などの他の公共部門で働く労働者の処遇改善や雇用安定のためにも，組合活動を続けている［韓国女性労働組合，2009b］。

以上，特殊雇用労働者の問題，最低賃金の問題，公共部門の非正規労働の問題を中心に，韓国女性労働組合の成果を簡単にまとめた。本節でとりあげた三つの問題は，韓国女性労働組合の成果であると同時に，過去10年間，韓国で注目が集まった非正規労働をめぐる主な争点でもある。これらは，労働現場の具体的で現実的な要求を取り上げてきた，韓国女性労働組合（KWTU）の成果として評価できると思われる。

4　組織構造と運営

（1）組織構成

韓国女性労働組合（KWTU）はソウルの中央本部と10カ所の地域支部と１カ所の産別支部で構成されている。10カ所の地域はソウル，仁川，釜山，光州全南，京畿，慶南，大邱慶北，大田忠清，全北，蔚山であり，いずれも大都市に位置している。地域支部には合計30人の専従者がいる（2009年現在）。各地域支部の傘下には70の「分会」と「支会」および「小グループ」がある。各地域支部傘下に位置する「分会」は組合員の事業所を中心とした集まりで，「支会」とは事業所別に集まることが困難な組合員が業種別に集まる単位である。つまり，「分会」は主に単一の事業所で働く組合員で構成されており，事業所別の構成が難しい場合，地域支部によっては同じ業種に働く組合員が「支会」という形態の集まりを組織する場合もある。

「小グループ」は韓国女性労働組合（KWTU）独特の組織形態である。この小グループには事業所別，業種別，趣味別等々のグループがある。例として，事務職・塾の教師の集まりのような業種別の集まりをはじめ，映画・山登り・料理教室・伝統音楽教室・天然石鹸づくり教室・勉強会など趣味や文化活動の小グループがあげられる。一般組合員のエンパワーメントという側面からみると，各地域支部に存在するさまざまな「小グループ」は重要な役割を果たしている。つまり，「小グループ」の活動を通じて，韓国女性労働組合（KWTU）は支部の組合員が集まって積極的に知り合う機会を多面的に提供している。さらに，韓国女性労働組合（KWTU）は，結成当初から全国的な規模で集まる夏のキャンプや文化活動イベントなども行ってきた。４年目からは，組合全体の規模が大きくなったため，地域支部別に夏のキャンプに取り組んでいる。その種類が多様であることから小グループは異なる事業所で働く組合員を集めうえで重要な役割を果たしている。韓国女性労働組合（KWTU）は１人１小グルー

図7－2　韓国女性労働組合の組織体系図

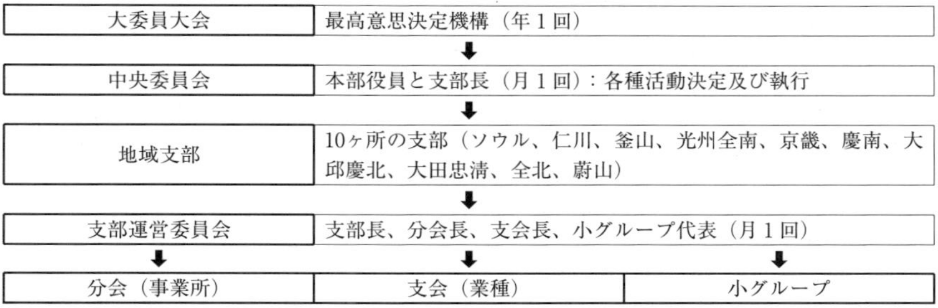

出所：チェ・サンリン［2009, 28］より作成。

プ参加を勧めており，組合員の積極的な参加を支援し，多様なグループ活動を援助する。

各地域支部は支部代表と支部内の分会長，支会長，小グループの代表が中心となって運営される。10–15人程度の役員及び代表が毎月一回の定期会議で各支部・分会・支会・小グループ活動の報告や組合員の意見を収集し，支部の活動や方針を決定・執行する。各地域支部の役員・代表らは選挙で選ばれる［チェ，2009］。この地域支部の意見はまた，毎月1回行われる中央本部の役員と各支部長間の定期会議で収集され，中央本部は全国各支部の現状を把握する。また，中央委員会での決定や方針，全国各支部の現状については各支部長を通じて各地域の組合員に伝えられるのである［パクほか，2001］。また，中央本部と地域支部，分会，支会，小グループはインターネット上のホームページやEメールを通じて，常に意見交換や情報交換を行っている。

（2）財　源

韓国女性労働組合（KWTU）の主な財源は労働組合費である。組合費は組合員の収入の1.5%となっている。組合費の比率は組合員の意見を反映し中央委員会で決定される。組合費はまず中央本部に集められ，そのうち3割は中央本部，7割は支部に渡される。中央本部に送られた組合費は本部専従者の人件費，組合活動費，脆弱支部支援費，新規支部開拓費などに使われる。また，支部の組合費は支部で働く専従者の人件費，組合員のための教育，合宿などのイベント，集会および闘争などの日常活動費として支出される［チェ，2009］。

しかし，ファン・ヨンミ韓国女性労働組合（KWTU）現委員長によると，組合費だけでは組織運営が困難であるため，政府の調査研究事業や後援事業に参加したり，物品販売（靴下，石鹸など）を行ったり，寄付・助成金を受けたりなどさまざまな活動で財源を補充しているという［インタビュー調査より：2011年２月17日］。しかし，これらはあくまでも補助的な収入源であり，常時的なものではないため，労組運営に占める額としてはかなり低いという。組合費とそれ以外の収入との比率は約９：１である［メールによるインタビュー調査より：2011年４月26日］。

（3）組織化戦略

① 実態調査

韓国女性労働組合（KWTU）は組織化にあたって，対象の人や団体に関する実態調査を行ってきた。調査を担当するのは地域支部の組合員で，対象の人に対して，直接アンケートをとる方式で行った。ファン・ヨンミ韓国女性労働組合（KWTU）委員長によると，「調査目標については各支部から意見を出してもらい，１年に１回，政策委員会で検討するが，支部独自で実施する場合もある」という［インタビュー調査より：2011年２月17日］。全国的な規模で行う場合，地域支部ごとに３－５人，全国的に30-50人が働くということになる。パク・ジンヨン韓国女性労働者会（KWWA）前政策委員は実態調査について，次のようにいう。

調査を通じて労働者の現実を明らかにし，世論の形成もできるが，実態調査を行うこと自体，組織化の一つの過程でもあった。労働者に調査をお願いすることで，組合と労働者が顔見知りになり，いろいろ話すことができる。アイス・ブレイクができる。また，調査に応じてくれた人をコンタクト・ポイントにして，次回また訪問することができた［インタービュー調査より：2011年2月22日］。

こうしたアンケート用紙を作成したり結果を集約し分析するのは，中央本部のスタッフが担当するが，外部の専門家と一緒に共同作業をする場合もある。その結果を持って世論に訴えたり，実態調査の結果に基づいて討論会を開催することで，労働者の組織化に活用してきた。先述したように，学校の非正規職労働者の問題と最低賃金の問題に取り組んだことは実態調査が有効に活用された例としてあげられる。

②　個別的な労働相談と集団的な組織化

韓国女性労働組合（KWTU）も多くの労働団体と同様，労働相談を行っている。大学で働く掃除請負労働者の問題は，相談から始まった代表的な事例である。大学掃除労働者から解雇に関する相談を受けてから，韓国女性労働組合（KWTU）は彼女らが解雇の問題のみならず，最低賃金・雇用の不安定などさまざまな問題を抱えていると判断した。さらに，これを相談者のみの問題ではなく職場全体の問題として取り上げた。組織化に際して重点を置くのは，相談に来た人に対して「自ら組織してみる」「できるだけ多くの人を集める」ことを勧めることである。ファン委員長は，「組合の関係者が組織化を説得することではなく，当事者自らが人を集める活動に取り組み，その後，集まった人々に対し労働組合に関する説明を行う」ことで，自発的な組織化をはかると，その組織方法の特徴を意味つけている［インタビュー調査より：2011年2月17日］。このことから，相談地域の大学で働く掃除請負の女性労働者を事業所別に組織化し，会社と交渉して解雇問題の解決のみならず雇用の不安定性，低賃金の問題も改善してきたのである。

（4）組織運営

韓国女性労働組合（KWTU）は，大企業製造業で働く男性労働者に重点を置いてきた既存の労働組合の組織運営方式は，女性労働者の持続的な労働組合参加において限界を持つことを認識していた。「女性の声」が反映できる組織運営方式が必要とされると考え，社会のなかで生きている女性の生活様式，社会的に構成された女性の経験，関心，価値観，態度，女性にあたえられた役割などを反映する組織構造がいかにできるかを研究してきた。また，「女性の特性」を組織運営にいかに適用するかということにも力を入れてきた。韓国女性労働組合（KWTU）は「女性が関係を重視」し，「主婦と母という多重的なアイデンティティを持つ」ことや，小規模の非公式的な集まりを選好すると女性的特徴を規定[11]し，これらの特徴を考慮した女性労組の運営方式を試みた。具体的に，韓国女性労働組合（KWTU）は「女性親和的組織運営方式」を強調しながら，⑴役割分担による積極的な参与，⑵民主的な意思決定，⑶家庭生活と職業生活の両立を支援する組合活動，⑷オルガナイザーと組合員のエンパワメントの重視，⑸共済会や地域活動を通じた連帯強化を模索してきた。

① 役割分担

韓国女性労働組合（KWTU）は，地域支部役員および支部傘下の支会・分会・小グループの役員のみならず，平組合員にも責任をもって組合活動に参加するように試みている。特に，小グループの活動のなかで，小さい責任を持つことで組合員の自発的参加を誘導し，「自分の組織」という認識を高めようとしている。この趣旨をいかすため，小グループの集まりでは，小さい役割をできる限り多くの構成員が分かちあっている。小グループの代表のみならず，司会，書記，広告，ミーティング準備チームなど役割を細かく分け，構成員全員の積極的な参加を呼びかける。参加者は無理なく自分ができる範囲で，参加することができる。この参加を通じて，組合員が自分の潜在力を自覚し，役割発揮能力を育むよう試みているのである。

② 民主的意思決定

女性は，大規模の公式的な場所より，小規模の集団で自然な意思表現を好むと考えた韓国女性労働組合（KWTU）は，各地域支部，小グループの集まりへの参加を組合員に積極的に推奨している。代表や運営委員の一方的な意思決定ではなく，組合員が持つさまざまなネットワークを通じて，自由に発言ができるように準備している。パク韓国女性労働者会（KWWA）前政策委員は，「小グループの集まりやインターネット上のつぶやきを通じて，率直で自由に意見を交換し，電話を通じて個別的に連絡することは，組合員と密接な関係づくりのための重要な方法である」という［インタビュー調査より：2011年２月22日］。

また，労働争議の際にも，労働争議やストの実施などを組合の役員が決定するのではなく，一般組合員の間で話し合いを通じて，段階的な目標をきめ，民主的に意思決定が行われる。組合員自ら争議の目標と戦略を立て，役割分担を全員で決めるなど，勝利のための上から決定された上意下達的な闘いではなく，自分らができる限りでの自発的な闘争の仕方を展開する。ファン韓国女性労働組合（KWTU）委員長は「労働争議やストの際，重点をおくのは闘争や争議に勝利することより，組合員が自ら主導することで自信を持つようにすること」であり，また，こうした過程を通じて，「地域と他の団体との連帯も重視するようになる」という［インタビュー調査より：2011年２月17日］。この発言から，韓国女性労働組合（KWTU）は，組合員自らが力を発揮することを通じて，組合員が自信をもつようにすること，すなわちエンパワーメントを重視することがわかる。

③　ファミリーフレンドリー・プログラム

ファミリーフレンドリー・プログラムというのは，女性組合員と子供が一緒に参加できるイベント・プログラムのことをさす。各種の集まりやイベント・プログラムの実施の際，外部で保育の担当者を呼んだり，組合役員が託児を支援したりすることで，組合員の労働組合活動への参加を高めるよう努力している。また，子供と一緒に参加できるキャンペーンを行ったり，子供との合宿・歌学び・遊びプログラムを通じて，組合員の育児負担を分かち合うよう試みてもいる［韓国女性労働組合・韓国女性労働者会協議会，2004］。

④　オルガナイザーの教育とエンパワーメント

韓国女性労働組合（KWTU）はオルガナイザーの育成と組合員のエンパワーメントに力を注いでいる。オルガナイザーの教育にはスタッフ向けと支部役員向けの二種類ある。スタッフの教育ワークショップは年１回から２回くらい，地域支部の役員のワークショップは年1回開催している。はじめの頃は，ワークショップを中心としたプログラムが多かったが，最近は，相談，交渉，会議の進め方を取り上げるなど，年々手法は変っている［韓国女性労働組合，2009a］。

さらに，組合員のエンパワメントをはかるために，自己発見および自己開放（OPEN）プログラムを実施している。ここで自己開放（OPEN）というのは，ありのままの自分をそのまま受け入れ，ありのままの自分を世の中へ伝えていくことを意味する。韓国女性労働組合（KWTU）は，多くの女性が自分自身を自分の人生の中心におくことができず，他の人との関係を中心にする生き方を強要され，女性が自分の感情と意見を適切に表現するのが苦手である場合が多いと判断している。こうした内面化された抑圧を克服するため，自己発見プログラムを組合員教育基礎プログラムとして配置している。すなわち，組合員のライフ・ストーリーの共有，自己の長所・短所の診断などを通じて，組合員が自分の問題を認識し，同じ問題を抱えている組合員との連携など，組合員自らが人生の主体となるよう，そのエンパワメントに力を注いでいる［韓国女性労働組合，2009b］。

⑤　共済会と地域活動を通じた連帯強化

韓国女性労働組合（KWTU）の一部地域支部では2009年から共済会を実施している。韓国女性労働組合（KWTU）の組合員は貧困層に陥る人が多いため，緊急に資金を必要とした際，一般の金融機関を利用するのが困難である場合が多い。また，非正規労働者という雇用形態から，通常一年ごとに退職金が精算される人が多い。さらに，年金もない人が多いので，老後の生活に対して，いつも不安感をぬぐうことができないという。こうしたことを背景に，2009年仁川支部で初めて，一口5万ウォン，借り出し金上限100万ウォン（1ウォン＝0.075円で換算して7万5000円）の共済会が始まり，全国支部への拡大を試みている［韓国女性労働組合，2010］。ファン委員長は共済会を通じて，退職した組合員とのつながりを持続することができるようになり，以前より労働組合に関する連帯感が強まったと評価している［インタビュー調査より：2011年2月17日］。

韓国女性労働組合（KWTU）は，2006年から「一緒に分かち合う実践」というタイトルで地域社会との連帯活動をしてきた。これは，全国に存在している各地域支部・分会・支会・小グループの構成員が自発的に，地域の一員として，地域共同体的な価値を追求し，社会的公共性に寄与する趣旨ではじまった活動である。韓国女性労働組合（KWTU）の大多数の組合員は，低賃金や劣悪な労働条件で苦しんでいるが，彼女らは，自分たちよりいっそう経済的に困難な移住女性労働者や貧困階層の子供へ，奨学金やお米を送る活動をしている。例えば，ソガン大学，仁荷大学，モクウォン大学の掃除請負労働者らがお金を集め，大学の学生運動団体の協力をえて，奨学金を渡したり，慶南科学実験補助員支会の小グループの会員らが障害者のためにボランティア活動に取り組んでいる。こうした多様な活動を通じて，韓国女性労働組合（KWTU）の組合員は地域社会への貢献をはかっている［韓国女性労働組合，2010］。さらに，地域支部間で物々交換などを進める一方，有機農産物（米，豆など）や精肉など環境に優しい農産物を産地から各地域の支部・分会・支会へ直接に販売するなど，その活動範囲を広げている［韓国女性労働組合，2010］。

5　韓国女性労働組合（KWTU）の意義

韓国女性労働組合（KWTU）は，中小・零細企業での勤務や非正規労働者としての勤務が多く，また，結婚・妊娠・出産・育児により就業と非労働力との間を行き来することが多い女性労働者が容易に加入できる組織化方式を通じて，女性労働者の権利保護や組織の拡大を図ってきた。これは，大企業労働組合の男性中心的な組織運営と，それに伴う女性の排除を克服するための試みでもある。大企業中心の企業別の労働組合が，政治的・戦闘的闘争を中心に活動しているため，女性労働者のイシューが全体労働者の問題として位置づけられにくい状況のなか，韓国女性労働組合（KWTU）は，女性労働者が抱えているさまざまな問題を「女性労働者だけの問題」または「非正規労働者だけの問題」ではなく，「すべての労働者の問題」として，また「社会全体の問題」として取り上げる運動を組織し，主導的な役割を果たしたのである。

韓国女性労働組合（KWTU）がこのような活動ができたのは，現場の要求や問題を実態調査や労働相談を通じて正確に把握していたからである。実態調査や労働相談から把握しえた事実は，政府や自治体を相手に圧力をかけたり，マスコミへ訴えたり，国会議員と話し合ったりする際，強力な根拠として用いることができたのである。こうした活動は，韓国女性労働組合（KWTU）が，「非正規労働者」として，「女性労働者」として，「当事者」の声を社会に発信できる主体として，役割を果たした成果でもあろう。「特殊雇用労働者の問題」「最低賃金問題」「公共部門非正規労働者の問題」などが社会的に大きな反響を呼んだのは，「当事者」の積極的な参加があったからであろう。さらに，こうした当事者の声を集約できたのは，女性労働者の特性をいかした韓国女性労働組合（KWTU）の組織化戦略・運営方式があったからであろう。具体的には，韓国女性労働組合（KWTU）は各地域支部に存在する小グループのリーダーを中心に一般組合員と役員間の密接な関係をはかってきた。また，会議や組合活動においても，臨時保育所を準備したり，活動時間の調整を通じて組合員の事情に合わせる方式をとることで，できるだけ多くの組合員が組合活動に参加できるよう努めてきた。

一方，女性労働者の不安定な雇用・低賃金の問題が，男女に共通する非正規労働者の問題であるという韓国労働市場の現実と嚙み合っていたがために，大きな反響を呼んだことも指摘する必要がある。すなわち，韓国女性労働組合（KWTU）は，非正規労働の問題を生存権の問題，人権の問題として位置づけたがゆえに，男性を含めた数多くの非正規労働者に共通する問題として，共感を得たことも看過することはできない。こうした大きな共感が得られたのは，韓国女性労働組合（KWTU）と市民団体，または既存の労働組合との活発な連合があったからである。最近，韓国の市民社会団体と労働運動団体の連合を韓国のコミュニティ・ユニオンの特徴としてあげた研究も出されている［李，2012］。市民社会運動と労働組合の連帯を中心に活動するという特徴は，韓国女性労働組合（KWTU）の事例にも見られる。韓国女性労働組合（KWTU）は女性運動団体とより密接な関係を持っており，民主労総と韓国労総に対しては，対等な立場で，女性の労働問題・非正規の労働問題を提起してきたというのが，その更なる特徴であるといえるであろう。

また，中小・零細企業で，非正規職として就業している未組織女性労働者を組織化の対象として設定することで，既存労組の組織対象と重複しないかたちで，女性労働者の組織率を高める方法を採用したことも，組織拡大の重要な一つの要因であると思われる。

注

(1) 1970年代の女性労働者と労働組合との関係についてより詳しい内容はKoo［2001=2004］とChun［2003］を参照。

(2)「韓国女性労働者会」は，その設立宣言文の中で，「女性としての自覚と労働者としての意識を堅持し……，女性として受ける搾取と差別を切り抜けないと，多くの女性労働者が，労働運動の主体として位置つけることはできない……労働解放と女性解放は，決して分離することができなく，統一的に結合していかないといけない……このような自覚と実践の要求のなかで，韓国女性労働者会が発足する」と，その趣旨をはっきり表明した。

(3) イ前代表は，当時活動の対象について次のように述べる。

当時（70年代）は，繊維・衣類など軽工業で，多くの女性労働者が働いていた。労働条件があまりにもひどく，その改善のため，労働組合結成に必死だった。……ところが，80年代に，民主的労働組合運動が盛んになる頃，70年代の労働運動の主役であった女性労働者の姿が見えなくなった。全部，どこに行ってしまったんだろう……結婚だった。当時，女性は結婚したら，退職をしなければいけないことから，自然に労働運動からも，姿を消すようになったのだ。その時，あ！民主的労働組合ができて，労働問題が解決されても，女性労働問題の解決までには，至らないんだと自覚した。こうしたことから，女性問題を解決しないといけないと思う人々が集まって勉強しはじめた。その勉強を通じて，「韓国女性労働者会」が結成されたのである。最初の活動は，ストに参加した男性労働者の妻や労働組合の女性役員に対する教育を行ってきた。結婚しても仕事ができるように，託児所や授乳時間確保・出産休暇確保などを活動の主な内容にしていた。もちろん，女性の賃金水準があまりにも低かったので，平等権に関する活動も展開していた。その後，職場内セクハラ問題なども扱ってきた。私が代表になってから，職場の中での性平等，つまり，賃金，セクハラ，昇進などが相談できる「平等の電話」活動など，職場での性平等の実現のために，活動してきた……［インタビュー調査より：2011年2月17日］。

(4) 1997年当時，7人以下の事業所で働いていた労働者は，雇用保険に適用対象から排除されていた。

(5) 1987年設立の「韓国女性民友会（Korean Womenlink：KW）」は，進歩的女性労働団体の一つである。性平等な民主社会の実現のための女性大衆運動を志向している。また，生活のなかでの運動活動を重視するため，職場と家庭，地域社会のなかで，日常的に起きる差別と疎外を運動の課題としてあげている。法と制度改善のための活動とともに，生活の価値観と文化を変えるための活動も展開しつつある。創立宣言文中で，「女性が経験している苦痛は，この社会の反民主的・反民衆的構造から起因している」ものとして女性問題を認識し，「女性の解放のためには，家庭を含め，この社会を，人間を尊厳する真の民主主義社会へと変えないといけない」と，その目標をはっきりと表明している［韓国女性民友会ホームページより：http://www.womenlink.or.kr/about_01.php，2011年4月10日アクセス］。

(6) イ・チョルスン韓国女性労働者会（KWWA）前代表は，設立当時のことを次のように説明する。

韓国女性労働組合（KWTU）が設立された初期の一番大きな問題は，活動家の能力を高めることと，仕事のできる活動家の収入をきちんと保障することであった。組合として自立できるまで，5年間，韓国女性労働者会（KWWA）による財政的な支援があった［インタビュー調査より：2011年2月17日］。

(7) 韓国女性労働組合（KWTU）は，1999年8月29日の創立宣言文のなかで，「今日我々は，女性労働者組織化と権益確保のための主体組織として，韓国女性労働組合（KWTU）を出帆する。……」とその目的を明記し，女性の働く権利を確立し，労働条件を改善するために，労働者の団結する権利を拡大・強化しようとする結成理由を明らかにしている。

(8) 日本の厚生労働省に当たる韓国政府機関。

(9) 日本の文部科学省に当たる韓国政府機関。

(10)「学校会計職員」というのは，学校の会計のなかで給与が支給される職員のことをさす。韓国では，学校で働く，給食調理員，科学実験補助員，行政補助，電算補助，教務補助，日雇い栄養士，日雇い司書などがこれにあたる。

(11) 韓国女性労働組合（KWTU）が規定した女性の特徴に関する詳しい内容はパク

ほか［2001］を参照。

参考文献

イ・チョルスン／小池恵子訳［2007］「アジアの女性たちと連帯をめざして」パク・ミンナ／大畑龍次監修『鉄条網に咲いたツルバラ――韓国女性８人のライフストーリー』同時代社。

李旼珍［2012］「コミュニティ・ユニオンの多様性」『大原社会問題研究所雑誌』640, 48-67ページ。

張芝延／横田伸子訳［2006］「韓国の女性労働と労働運動――非正規職化を中心に」『大原社会問題研究所雑誌』572, 1-16ページ。

働く女性の教育ネットワーク［2006］『誰でも学べる女性労働組合ガイドブック：韓国編』。

横田伸子［2002］「韓国の女性労働と労働運動」『東亜経済研究』61(1), 40-48ページ。

横田伸子［2004］「ジェンダー視点から見た韓国の非正規労働者化」『アジア女性研究』第13号, 94-97ページ。

Broadbent, Kaye ［2007］ “Sister organising in Japan and Korea: the development of women-only unions,” *Industrial Relations Journal*, 38(3), pp.229-251.

Chun, Jennifer Jihye ［2009］ *Organizing at the Margins: The Symbolic Politics of Labor in South Korea and the United States*, Cornell University Press, Ithaca.

Chun, Soonok ［2003］ *They Are Not Machines: Women Workers and Their Fight for Democratic Trade Unions in the 1970s*, Ashgate, Aldershot.

Koo, Hagen ［2001］ *Korean Workers: The Culture and Politics of Class Formation*, Cornell University Press, Ithaca（ク・ハーゲン［2004］『韓国の労働者――階級形成における文化と政治』御茶の水書房）.

Lawrence, Elizabeth ［1994］ *Gender and Trade Unions*, Taylor & Francis.

Sohn, Youngju, Evaluation Team KWWA ［2008］ *Weaving Tapestries of Hope-A History of 20 Years of The Korean Women Workers Association*, Korean Women Workers Association & Korea Democracy Foundation.

韓国語文献

イ・ソンヒ［1999］「現代の女性運動」韓国女性研究所女性史研究室編『我が女性の歴史』青年社，397-421ページ。

ジョン・ヤンヒ［1999］「自ら育つ草の根組織，ソウル女性労働組合」『進歩評論』2（冬），106-121ページ。

カン・イス，シン・ギョンア［2001］『女性と仕事――韓国女性労働の理解』図書出版 ドンニョック。

韓国女性労働組合［1999］『女性労働者と労働組合（新入組合員教育教材）』韓国女性労働組合。

韓国女性労働組合［2009a］『働く女性の希望――全国女性労働組合，10年の挑戦と成長』韓国女性労働組合。

韓国女性労働組合［2009b］『非正規女性労働者組織化診断と模索――全国女性労働組合10年活動を中心に』韓国女性労働組合。

韓国女性労働組合［2010］『新たな労働組合活動模索――一緒に分かち合う全国女性労働組合』韓国女性労働組合。

韓国女性労働組合・韓国女性労働者会協議会［2004］『女性労働者組織化・勢力化のための女性労働運動の診断と模索』韓国女性労働組合5周年記念ワークショップ資料。

「韓国女性労働者会発足」『マル』1987年5月20日（雑誌記事）。

カン・ヒョンア［2003］「大企業労働組合における非正規女性労働者の排除の様相」『韓国女性学』19(1)，81-111ページ。

キム・キョンヒ［1999］「韓国女性労働組合運動の出現――労働運動の新たなパラダイムに向けて」『経済と社会』43（秋），133-153ページ。

チェ・サンリン［2009］『'平等平和世界と新たな暮らしの共同体をつくっていく' 全国女性労働組合（新入組合員教育教材）』韓国女性労働組合。

チェ・ソンエ［2000］「労働組合と性の政治学」チョ・スンキョン編『労働とフェミニズム』梨花女子大学校出版部，268-296ページ。

チョ・ウン［1998］「女性運動団体の連帯と亀裂」『韓国社会科学』20(3)，75-104ページ。

チョ・スンキョン［2000］「経済危機と雇用平等の条件」チョ・スンキョン編『労働とフェミニズム』梨花女子大学校出版部，297-325ページ。

パク・ジンヨン，ハン・スンヒ，キム・ミョンスック，リ・ジュファン［2001］『女性の勢力化のための女性親和的組織方案——韓国女性労組出帆２周年記念討論会報告書』韓国女性労働組合。
ホ・ソンヒ［2007］「韓国女性運動の過去，現在，未来」『文化科学』49（春），102-120ページ。

第8章
中国における「工会」と草の根労働NGOの変容
——農民工の権益保護をめぐって——

澤田ゆかり

1　問題の所在——農民工の権利をとりまく変化

中国では，労働者の非正規雇化と階層化が戸籍制度に沿う形で進展した。その底辺に位置するのが，農村からの出稼ぎ労働者（農民工）である。彼らは名目上は農村に戸籍を置きながら，実態としては都市で就業するため，都市と農村のいずれの行政からも本来の管理と保護の対象から外れた存在として扱われた。その結果，農民工への賃金の不払いや違法な天引きが横行し，労働災害に際しても満足な補償を受けられない例が珍しくなかった。

このような問題に際して，既存の労働組織である全国中華総工会とその傘下の工会組織（以下，工会と略す）は，農民工の権利をかならずしも擁護し得なかった。工会の指導者はしばしば経営者と表裏一体であること，流動性の高い農民工は組織化しにくいことが理由として挙げられる。また農民工にとっても，土地の使用権を保有していることから，生活難に追い込まれた時には，郷里に帰って農業に戻るという選択肢が残されていた。このため改革開放の初期には，散発的なストライキがみられたものの，賃金の引き上げや時短といった成果にはつながらなかった。

しかし21世紀に入ると，中国の経済開発戦略は，それまでの外需主導の発展から内需重視に転換しはじめた。地域と戸籍による格差の存在は，国内市場にとって克服すべき課題となった。そのなかで農民工の所得保障は社会的な関心を集め，政治の責任として認識されるようになった。2008年1月から施行された労働契約法に見られるように，インフォーマルな存在であった農民工の権利は明文化されてきたのである。

また農民工自体の世代交代も進み，農業経験のない世代が労働力移動の主役になった。彼らは親の世代より高学歴で権利意識も強く，都市に定住する志向をもつ。こうした法政上の変化と農民工の新たな需要に応じて発展したのが，草の根の労働NGO(1)であった。彼らは独自のネットワークを通じて，農民工が未払い賃金を回収できるよう法律相談や弁護士への仲介を行い，農民工の権利意識を高めるエンパワメント活動に従事することから，既存の工会とは異なる面で現場の労働保護に貢献してきたといえる。

先行研究では，こうした草の根労働NGOの役割を認めつつも，法的資格の弱さと政治的リスクを強調するものが多かった。すなわち，これらの団体が存続できるのは，あくまで地元政府の「黙認」によるものであり，その活動内容にも資金調達にも人材の確保にも大きな制約があることが指摘されていた。代表例としては，和経緯らや何艶玲らの研究〔和・黄・黄，2009；何・周・張，2009〕が挙げられる。

しかし少数ではあるが，こうした問題を乗り越えて，安定的に活動を展開するのに成功したNGOも存在する。そこで本章では，第２節で工会の役割とその変化を確認したうえで，第３節で草の根労働NGOの発展の経緯を検討した。これらを通じて，中国の農民工の権利がどのように擁護されてきたかを明らかにするとともに，草の根労働NGOの意義について第４節で考察を行った。

結論としては，草の根労働NGOは，司法の力を借りて法が定める最低限の権利の実現に努めた。そのために，農民工への情報提供や法律相談，エンパワメント活動あるいは調停を手段として行使した。しかしNGOがそれを超えて農民工の権益を追及して，政府と対立するようになると，逆に取り締りの対象になりうる。こうした現状の下では，法改正を要求するアドボカシー型の労働NGOは小規模のまま先鋭化しやすいが，政府と協調して社会サービスを提供するNGOは活動領域を広げている。その成果を確定するには時期尚早であるが，通常の行政サービスがアクセスできない都市インフォーマル部門に農民工が数多く存在することを考えると，福祉の性格をもつサービス提供型NGOに対する社会的需要は大きいといえる。

2　工会の役割の変遷——上昇する組織率と機能の限界

（1）市場経済の導入による組織率の低下

現在，中国政府が「労働組合」として認める組織は，工会に限定されている(2)。しかし独占的な地位にもかかわらず，工会の影響力は，市場経済の浸透とともに後退した。小嶋華津子の推計によれば，工会の組織率(3)は改革開放が始まった1980年には45.5％であったものが1997年には31.0％まで低下した［小嶋，2006，1］。

その背景となったのは，国有企業の急速な縮小であった。都市部の就業者数に占める国有企業の比率は，1989年の時点では73.6％にも及んでいた(4)。ところが改革開放で外資系企業や私営企業，自営業が台頭し，1990年代後半に国有企業のリストラが加速すると，この割合は1999年には38.2％と大幅に低下し，さらに10年後の2009年には20.6％にまで減少している(5)。

この間，改革によって国の経営から切り離された国有企業は，倒産や売却の対象となり，そうでなかったものも株式会社など別の経営形態へと転換していった。計画経済時代には終身雇用を享受していた国有企業の従業員は早期退職や一時帰休を迫られ，大量の人員が職場を離れた。この20年間（1989-2009年）で，国有企業では3700万人弱の従業員が減少し，集団所有制企業と合わせると，実に6570万人が削減された。

1992年に改定された「工会法(6)」第13条によれば，企業が事業を停止または解散した場合，当該企業の工会も解散しなければならなかった［千嶋，2002，54］。もっとも株式会社など別の経営形態に転換してから，改めて工会を設置することはできる。しかし，黒竜江省では3619社の国有企業のうち，経営形態の転換後に工会の設置を見送った企業は560社に上った(7)［小嶋，2006，1］。また2000年には，北京市通州区のタクシー会社の従業員が，工会結成を経営者から拒否されたため，区の裁判所に提訴したところ，裁判所が訴状の受理を断るという事件も起きている。(8) こうした変化を反映して，工会の会員数は1991年の１億389万人から1999年には8690万人へと1700万人近く減少した。国有企業の改造は，同時に工会の縮小を意味したのである。

いっぽう私営企業や外資系企業といった非公有制の企業あるいは自営業の間では，工会の存在はもともと希薄であった。また国有企業に比べると，これらの企業では従業員の流動性が高く，工会の組織化が困難であった。経済改革の進展とともに，臨時雇用やパートタイム，派遣社員といった非正規雇用も増大した。とりわけ経済成長の著しい沿海部の輸出加工区や大都市周辺には，「農民工」と呼ばれる農村からの出稼ぎ労働者が出現していた。当初，彼らの主要な雇用先となったのは，コスト意識の高い外資や私営企業であった。

こうした事態に対し，2003年９月の中国工会第14回全国代表大会は，都市に流入した労働者の工会を建設することを工会活動の重点として規定した。これにより，農民工の工会加入が正式に認められた［徐，2007，173］。また彼らの転職率の高さに対応するために，企業ではなく居住する地区を単位とした工会を組織することが可能になった。(9)

しかし実際に入会する農民工は，まだ少数派である。中華全国総工会研究室によれば，2007年の時点で工会に入会済みの農民工は全国で5833万8896人と報告されている。同研究室の統計では，工会の会員総数は１億9328万9841人なので，会員全体に対する農民工の比率は30.2％にとどまる。また同年の農民工の総数を推計すると，(10) 農村部における企業の就労者数(11)が少なくとも１億7762万人である［中華全国総工会研究室，2008，表２－２］ことから，工会による農民工の組織率はどれほど高くても３分の１以下とみられる。(12)

以上の経緯をみると，あたかも中国が改革開放政策を採択し，グローバル化のもとで市場経済を推進したために，正規雇用の縮小と非正規の拡大が起き，そのことが工会という「労働組合」の組織力を後退させると同時に，非正規労働者を支援するNGOの社会的需要を喚起したようにも映る。しかし中国での動きをみると，事態はそれほど単純ではない。

図8－1　工会の会員数と組織率の推移戀

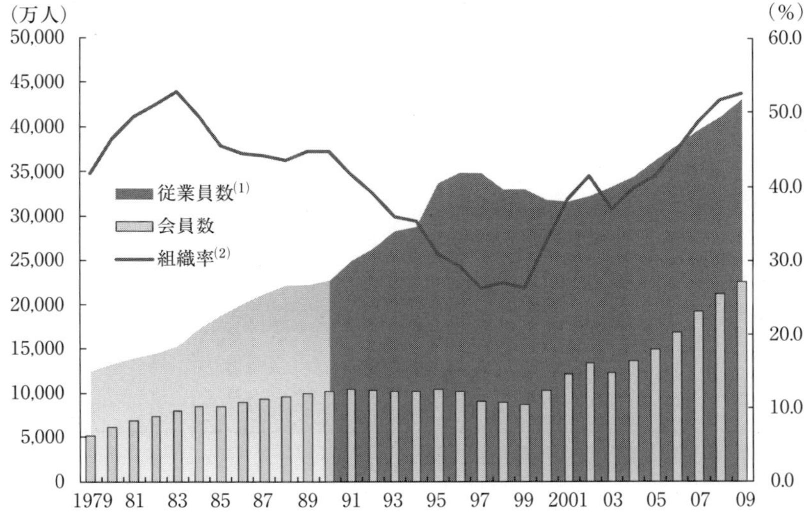

注：(1)　1991年以降は，都市部の従業員数と農村部の企業従業員の和。1990年以前は，第2次産業と第3次産業の従事者の和。自営業者の扱いについては章末の注(3)を参照のこと。
(2)　組織率＝会員数／従業員数
出所：『中国統計年鑑』1990年版，1996年版，2006年版，2010年版より筆者作成。

まず工会の組織率は2000年以降，急速に回復している。中国社会科学院の発表によれば，2009年の工会の組織率は73.7%に達した，という(13)。また筆者の推計でも，図8－1のとおり1999年を底にV字型の復活を遂げている。したがって量的低迷に関しては，工会の状況は大きく改善したといえる。

（2）工会の再建と求心力のギャップ

問題はむしろ工会の組織率の上昇が，必ずしも非正規労働者の権利強化に直結していない，という点にある。労働問題を扱う草の根NGOは，工会の組織率の退潮期よりもむしろその回復期に発展している(14)。筆者が上海で農民工の女性200人に対して行った2005年11月のアンケート調査では，トラブルが発生した場合に誰に助けを求めるかという設問（優先順に1位と2位を答える形式）に

表 8-1　農民工の女性が問題発生時に助力を求める相手（上海・2005年）

	賃金の遅配・ピンハネ			不当解雇			職場の安全性が欠如		
	1位(人)	2位(人)	総合(点)	1位(人)	2位(人)	総合(点)	1位(人)	2位(人)	総合(点)
親　族	36	4	76	27	1	55	44	1	89
同　郷	16	9	41	15	9	39	18	12	48
近　所	1	2	4	1	0	2	2	0	4
友　人	6	11	23	4	8	16	7	11	25
雇用主	49	11	109	39	7	85	62	15	139
工　会	2	6	10	1	2	4	3	2	8
裁判所	12	2	26	25	5	55	22	20	64
出稼ぎ先政府	54	17	125	60	15	135	20	21	61
出身地政府	0	0	0	0	0	0	0	0	0
農民工NGO	22	76	120	20	89	129	23	54	100
マスコミ	1	5	7	0	5	5	0	5	5
その他	1	0	2	3	2	8	1	4	6
なにもしない	4	5	13	8	7	23	1	5	7
合　計	204	148		203	150		203	150	

注：「総合」は１位を２点，２位を１点に換算して，１位と２位を合計した値。
出所：澤田［2009, 284-285］より筆者計算。

対して，労働問題に関しては，(15) 工会よりも農民工NGOを頼るという回答の方がはるかに多かった（表８-１）。

また広州市で2007年に謝建社らが非公有制企業の従業員を対象に行った調査(16)では，職場に工会があってもなくても，工会に対する期待値はそれほど変わらない，という結果が出ている。まず「困ったことがあれば工会を頼る」と答えた者は，職場に工会がない企業の従業員のべ291人中７人（2.4%）と低く，工会がすでに存在する企業の従業員のべ2292人中でも206人（9.0%）にとどまった。いいかえれば，非公有制企業に工会を設置しても，それへの期待値は8.6ポイントしか上がらないのである［謝，2010，80］。

しかも「工会あり企業」では，職場の党組織への期待が「工会なし企業」のそれを下まわっている。工会なし企業では困った時に頼る先として「職場の党組織」との回答がのべ28人（9.6%），「共産党青年団または婦女連合会」との回答がのべ３人（1.0%）で，両者を合わせると10.6%になった。これに対して「工会あり企業」では，党組織との回答者が55人（2.4%），青年団か婦女連との回答者が23人（1.0%）で，両者の合計はわずか3.4%にすぎず，「工会なし企業」よりも7.2ポイント低くなっている［謝，2010，80］。

後述するように，工会は党の指導を受けることが規定されているので，これを考慮して「党組織」に「工会」と「共産党青年団」を加えたものを広義の「党関連組織」としてみよう。すると非公有制企業の従業員のうちで，「党関連組織」に期待する者は「工会のない企業」で13%，「工会のある企業」で12.4%とほとんど変わらないことがわかった。このことから，党組織と工会は代替関係にあり，工会のない企業では職場の党組織に助けを求めるが，工会が成立すると，これらの者は直接工会に訴えることができるので，党組織には行かなくなる，という状況が推測できる(17)。

謝建社らの調査によれば，広州市では工会が組織されても，以下のパターンで形骸化するケースが目立つという。まず地元政府や上級組織の工会の圧力のもとで企業の工会を組織したため，内実よりも「ノルマ達成」や「数合わせ」といった量的追及が優先された。こうして成立した工会には，しばしば規約がなく，大会も開かれなかった。また執行部を選挙で選ばない工会も珍しくなく，従業員たちは自分が工会の会員であるという自覚をもちあわせていない，という例が見られた。さらに企業が法的に義務づけられた工会費(18)を支払わないので，収入が確保できない，という問題も発生した。このような状況下では，工会は企業のたんなる福利厚生の窓口として機能し，労使交渉や従業員教育には関与できない［謝，2010，78-79］。

こうした問題は，「先に組織を作り，後から内実を整える」という方針で，工会の組織化を進めた結果でもあった。いいかえれば，急上昇した組織率の副作用である。筆者が2000年に珠江デルタの広州市と深圳市で行った日系企業の経営者との聞き取り調査でも，工会設置の要請は自社の従業員からではなく，地元市政府の労働局から企業への通達という形で届いたという。またある日系企業の経営者は，工会を組織した場合には主として企業がその費用を負担しなくてはならないこと，また工会主席（委員長に相当）には副総経理（副社長）並みの待遇が要求されることから，当初は工会の設置に消極的であったが，地元政府の労働局の担当者が税務署員を伴って説得に来たため，税務署と良好な関係を保つために，工会の設置に同意したと述べていた。

以上のことから，工会の組織率が2000年代に急激に回復した背景には，地元の行政主導で非公有制企業に対し強力なトップダウンの組織化が推進された，という事情があった。このような経緯から，非公有制企業の工会からみれば，流動性の高い農民工の支持は組織にとって必要不可欠な存立基盤ではなかった[19]。そのため，農民工が自らの権益を守るために工会を動かすのは容易ではない。

それを可能にする方法の一つとして，農民工が直接司法に訴えて工会に要求を突き付ける，という手段が挙げられる。2005年1月4日，程洪亮ら83名の農民工が重慶市総工会を相手どって地元裁判所に訴訟を起こした。訴訟の直接の原因は，重慶市総工会が農民工に対して経済困難証明書の交付を拒否したことにあった。この証明書は，農民工が労働仲裁委員会に支払う調停費の減免に必要な書類であったが，重慶市総工会は2003年に自ら発布した「県レベル以上の地方工会が（経済的に）困難な従業員の証明を行うことに関する問題処理への意見の通知」に基づいて，農民工の申請を受理しなかった[20]。重慶市総工会の法律部部長の趙明生は，この事件について新華社の記者からインタビューを受けた際に，上記の通知が制定された時期には，農民工の権利侵害はまだ顕著ではなかったので，「（経済困難証明書の交付は）都市従業員にのみ適用するように規定されていた」と述べている［劉，2005］。

しかし歴史的にみれば，農村からの非正規雇用は計画経済期にすでに出現していた。1960年代初頭，「大躍進」運動からの経済調整にあたって，劉少奇は労働保険や企業内福利の適用を外した「臨時工」を採用して，常用労働者を削減する国務院規定を発布した［山本，2000，170］。また1970年から72年にかけては，農村から1400万人の移転労働者が都市に入っており，農村出身の通年性臨時工も存在していた[21]。山本によれば，初期工業化から文化大革命期には「国家権力と癒着した共産党主導の開発主義・軍備構築が貫かれ」ており，労働者と農民はそのための「動員の対象」であった［山本，2009，51］。

この指摘は，現在も部分的に当てはまる。工会は依然として，党の指導のもとで経済発展に貢献することが求められている[22]。とりわけ地方政府のレベルでは，経済成長が地元に利益をもたらし，行政担当者としての評価にも繋がるため，開発主義が強まっている。その結果，外資の誘致や地元企業の経営への支援に比べると，労働者の権益保護の優先順位は低くなった。工会にとっても，主たる収入が企業から交付されること，また政府からの補助金も受けていること，さらに経営者が工会の役員を兼ねるのが通常であることから，企業と政府に比して弱い立場にあり，その意向に背いた活動は実施が困難である[23]。結局のところ，工会は経営者と労働者の仲介役に徹して，労働紛争の回避を目指さざるを得ない［塚本，2009，9］。

以上のように，工会の機能不全は組織率のような量的問題ではなく，その歴史的経緯による政治的な位置づけに根差している。その結果，農民工の目には，工会は自分たちの労働組織というよりも，役所の関連機関あるいは企業の福利厚生担当部門と映る。このため農民工に対する工会の求心力は，組織率の上昇にもかかわらず，なかなか高まらないという現状がある。

この農民工の意識は，工会への加入によって実際に労働条件が改善するか否か，という実態とは別の次元にある。劉林平，孫中偉らの調査[24]によれば，同じ企業のなかでも工会に加入した農民工と未加入の者を比べると，平均賃金月額，給与の未払い，労働時間，休暇，社会保険の有無において，加入者の方が良い待遇を受けていた［劉・孫，2011，220-223］。しかし農民工の声を代表するという点では，工会に対する信頼は高いとはいえない。農民工は生活と権利を脅かされた場合には，自らを守るための組織を工会の外に模索する。その一つが，次に述べる農民工を対象にした草の根労働NGOである。

3　草の根NGOの成長と制約

（1）成長の背景

農民工の労働NGOは，いつ，どのようにして台頭したのだろうか。この問いに答えるには，まず前提として，中国で「NGO」といえば，「法定NGO」に関する資料が多いことに留意する必要がある。法定NGOとは，「社会団体」「民弁非企業単位」[25]「基金会」の三種類の法人を含むが，そのほとんどが設立や運営に政府が深く関わる官製NGOまたは半官半民NGOである。この背景には，中国独特の民間組織に対する登記の規制が存在する。NGOが法人格を申請するには，まず日常業務や活動，管理に対して責任を負う「業務主管単位」が必要である。これがなければ，NGOの登録先である民政部に非営利団体として登記することはできない［李，2008，3］。しかし地元政府や関連団体が，主管部門の責任を引き受けるのは，政府と繋がりのある団体に限られてくる。このため政府と無関係の民間組織にとって，NGOの法人格を取得するのは至難の業である。

以上の事情から，「NGO」の呼称を使うと，本来の民間組織が官製NGOのデータの山に埋もれてしまう恐れがある。この問題を避けるために，李妍焱は民間の非政府組織を指す場合には，「草の根NGO」と呼んで区別している［李，2008，10-12］。本章もこれに準じて，農民工の労働問題を対象にするNGOについては，「草の根労働NGO」と呼ぶこととする。

草の根NGOは法定NGOとは異なり，ほとんどが企業として法人登録をするか，または法人格をもっていない。このため，まとまった統計がなく，数量的な検証は難しい。そこで，まず法定NGOの推移をみることで，非営利団体への社会的需要の参考とする。法定NGOは，国の行政部門である民政部に登録している。その統計から作成したのが図８－２である。「社会団体」は工会と同じく1990年代後半に減少したのち，21世紀に入ってから回復している。また「民弁非企業単位」は2001年から，基金会は2004年から急増したことがわかる（図８－２）。

いっぽう草の根NGOについては，李妍焱によればNGOの第１世代が1995年から2005年にかけて誕生しているが，「2000年より以前，草の根NGO自身の発展が十分ではなかったため，マスメディアに注目されることはほとんどなく，報道数はごくわずかであった」[26]。しかし，2003年のSARS（重症急性呼吸器症候群）危機から第２世代の草の根NGOが劇的に増加し，社会的認知も高まったと

図8－2　政府統計による民間非営利団体数の推移

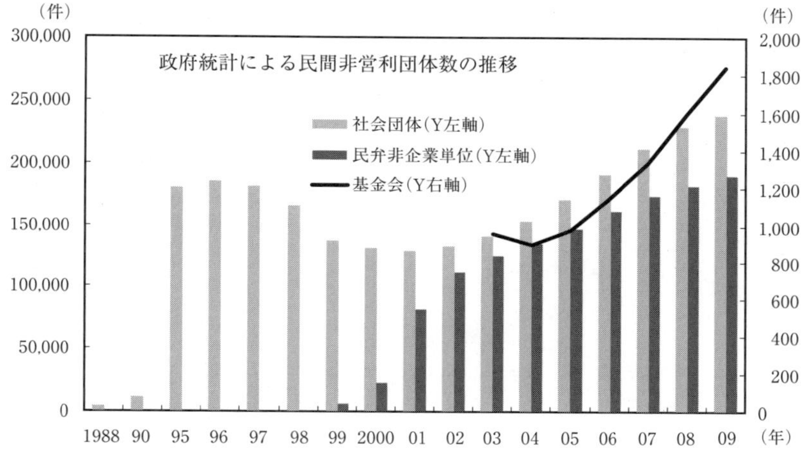

出所：『中国統計年鑑2010』より筆者作成。

いう［李，2008，13-14］。ただし李妍焱の研究は，労働NGOに限らず，衛生，環境，文化など，すべての分野の草の根NGOを対象にしている。

そこで本節では，農民工を対象にする草の根労働工NGOの実像を描き出すために，先行研究にある実態調査データと筆者自身の聞き取り調査を利用した。先行研究の実態調査では，広東省の珠江デルタを対象地域にしたものが多い。この地域は香港に隣接するという地理的条件から，改革開放の初期に経済特区が設置され，外資系企業が集中した。このため，全国的な農民工の出稼ぎ先であり，農民工の草の根労働NGOが数多く存在するうえに，労使紛争の報道が香港経由で海外にも伝わりやすい。代表例としては，珠江デルタに位置する広州と深圳で農民工の草の根労働NGOを対象に20団体で聞き取り調査を行い，さらに，２団体で参与観察を実施した和経緯らの研究［和・黄・黄，2009］が挙げられる(27)。

また余章宝と楊淑娣によれば，草の根農民工NGOが活発な地域には偏りがあって，珠江デルタと北京に集中しているという［余・楊，2011，65］。そこで

図 8－3　都市と農村の可処分所得からみた格差の推移

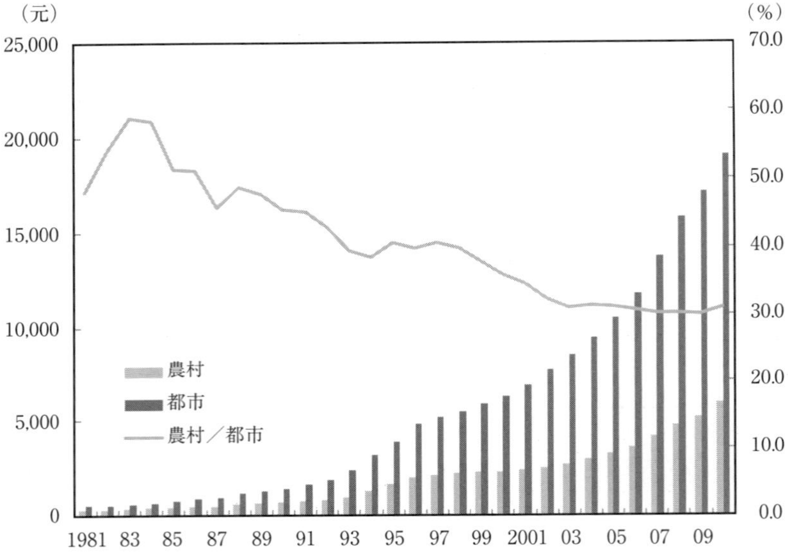

出所：国家統計局［2011］より筆者作成。

筆者は，2009年９月７日から10日にかけて北京市の５団体を訪問し，聞き取り調査を実施した。また珠江デルタの先行研究と比較するために，各2010年８月10日に深圳経済特区において，２団体からも聞き取りを行った。[28]

これらの先行研究や現地調査及び現地の報道を辿ると，農民工を対象にするNGOは2002年から2003年にかけて成長への転機を迎えている。[29] その背景には，2003年の９月１日に施行された「法律援助条例」と，同年10月に起きた熊徳明の「未払い賃金直訴」事件[30]が存在する。法律援助条例の第８条は，経済的に困難な国民に対して社会団体などの「社会組織」が法律上の支援を行うことを，国が支持しかつ奨励する，と規定していた。これにもとづいて「社会組織」が農民工の代理で弁護士を依頼したり，弁護人や代理訴訟人を推薦する活動が可能になった［余・楊，2011，61］。また熊徳明が賃金未払いを首相に直接訴えたことで，農民工の権利侵害への社会的な関心が高まった。これらの変化が追い風となって，農民工の未払いの賃金回収を支援する草の根NGOが2003年以降に次々と誕生した。和らの珠江デルタの調査では，20団体中14団体が2003年以降に成立している［和・黄・黄，2009］。

さらにこの年は，農村の可処分所得が都市の30％余りの水準で下げ止まるようになった時期とも重なる（図8－3）。珠江デルタでは2002年ごろから，製造業企業の求人に対して若年女性の農民工が十分集まらない，という採用難が報告されるようになった［稲垣，2005，7］。2004年に入ると，農民工不足は華南にとどまらず，東部沿海地方を中心に広がった。こうした農民工の労働力不足は「民工荒」と呼ばれ，現在にいたる最低賃金の引き上げや賃金上昇の背景となった。農民工の草の根労働NGOの増大は，こうした労働市場の転換期に当たっていることにも留意する必要があろう。

（2）活動内容と制約

以上の経緯から，農民工の草の根労働NGOの活動内容は，法律相談と研修（法律，都市の生活習慣など日常で必要な知識の学習）が最も多く，そのほかには書類の作成と代理人，リクリエーションの提供，労災被害者の支援が良く見られる。これらのNGOの創設者は，農民工と知識人の2種類に大別できるが，農民工の場合は自分自身が労働災害に遭って法的手続きの必要性を実感し，実践を通じて知識を蓄積した者が多い［和・黄・黄，2009］。珠江デルタのG市工友サービスセンター（2005年設立[31]）を例にとると，主な活動は以下の5分野であった。

⑴労災被害者の支援では，スタッフとボランティアが市内で外科手術を手がける医療機関を訪問し，工友センターの案内や『労働法律の手引』『労災の権利擁護』などの資料を渡す，⑵労使の衝突で訴え出てきた者に対しては，関連する法律や政策を解説し，証拠の収集を助けるとともに，必要な書類を作成する。また本人による行政（労働社会保障部門）への苦情の申し立てを指導，支援する。さらに必要に応じて法廷に本人の代理で出頭する。⑶定期的に「労働者が法に依拠して権利を擁護する連続講座[32]」を開催し，かつ高等教育機関と協力

して，法律診断や展示会，コミュニティサービスを提供する。(4)工場調査を実施する。具体的には2種類の方法を使っており，直接労働者に対してアンケート調査を行う場合と，目星をつけた工場に専門の調査員が潜入調査を行う場合とがある。(5)ボランティアを動員して，農民工を一対一で支援する。2006年10月の時点での実績は，訪問した労災被害者が約5000人，労災認定への支援はのべ600回，労使対立での訴えは200件余，連続講座は35回で参加人数は1000人余，調査した企業は19社で，回収したアンケートは約2000通であった［何ほか，2009，49］(33)。こうした草の根労働NGOの活動は，「部分的に工会を代替する役割を果たしている」(34)とマスメディアで評価された［黄，2003］。

しかし珠江デルタでの既存の調査研究は，いずれもこれらの草の根労働NGOには次のような限界があることを指摘している。前述したように，民間組織が法人登記を行うには，事前に「業務主管単位」の認可が必要である。つまり，その団体の活動分野の主管となる地元の党・政府部門の許可を得てから，ようやく民政部に登記することができるのである。しかし草の根労働NGOの場合は，環境，文化，福祉サービスといった分野のNGOよりも政治的なリスクが高いため，地方政府のどの部門も主管の役割を引き受けようとはしないのが通常である。したがって，草の根農民工NGOは設立するやいなや，非営利団体として民政部に登記できない，という現実を突きつけられることになる。その結果，これらのNGOは一般企業と同じく工商部に登記するか，あるいは法人登記のない状態に身を置くものがほとんどとなる［余・楊，2011，67］。

こうした法人登記の制約は，草の根NGOの立場を行政に対して極めて脆弱なものにしている。草の根NGOの台頭に際して，民政部は当初「三不方針（接触せず，承認せず，取り締まらず）」という「黙認」の態度をとっていた［岡村，2008，184-185］。しかし黙認という法律上のグレーゾーンに置かれることは，政府がその気になれば司法の取り締まりの対象となりうることを意味する。

実際に取締りを受けた例としては，深圳市で2004年に張治儒ら湖南出身の農民工が組織した深圳市外来工協会が挙げられる。この組織はホームページ上で，党の指導を受ける工会との違いを明言し，工会に隷属せず対等な社会団体として関係を築くことを謳っていた［小嶋，2009，71-72］。しかし2006年11月９日，深圳市外来工協会とその下部組織である深圳市労務工互助会は「未登記であるにもかかわらず社会団体の名義を用いて活動を行ない，利益を図ったこと」を理由に，深圳市民政局から「非合法の民間組織」と認定され，閉鎖に追い込まれた［李，2006］[35]。

また一般企業として工商部に登記していた草の根NGO「北京公盟コンサルティング有限会社（北京公盟諮詢有限責任公司）」は，公盟法律研究センターを傘下に抱えて法律相談を行っていたが，2009年７月14日に，北京市の国税局と地方税務局から脱税容疑で142万元の罰金を課すという通達を受けた。これにより代表者の許志永は逮捕され，公盟法律研究センターは民政部の取り締まりを受けて閉鎖した。税務局はアメリカのイェール大学から得た助成金の申告漏れを理由として挙げていたが［研研，2009］，それよりも公盟が民主化や人権問題をめぐって政府批判を行っていた[36]ことが影響したと思われる。

非営利団体の法人資格をもたない草の根NGOが募金活動を行うことは違法である。そのためこうしたNGOは主要な財源として，もっぱら国際NGOや海外の社会団体からの助成金[37]［和・黄・黄，2009］に頼っているが，それが得られない場合は，サービスの有料化や家族の支援で経費を賄わざるを得ない[38]。また不安定な法的位置づけのために，草の根労働NGOは財政基盤が弱く，規模も零細で，スタッフの流動性も高い。和経緯らの調査では，職員数は平均5.3人で，その平均年齢は25歳から30歳，学歴は高卒から大卒であった[39]。筆者が北京で調査した５団体の場合，職員数はおおむね７，８人から10人で，最大でも20人の規模であった。このように規模が零細で分散していること，資金と人材の供給が不安定なこと，また活動に制約があるという現実の前では，農民工の草の根労働NGOが大規模な組織に成長するのは難しいといわざるを得ない。

（3）安定に向けた動き――黙認から協力へ

しかし草の根労働NGOのなかには，さまざまな方法を通じて，法的に安定した立場を強めて活動を広げる団体も存在する。筆者が2009年に実施した北京での聞き取り調査にもとづき，３つの事例を紹介する。

第一の事例は，北京小々鳥労働者互助ホットライン（北京小小鳥打工互助熱線。以下，小々鳥と略す）である。[40] 農民工の魏偉が1999年に創設した草の根NGOで，主要な活動は(1)農民工のための未払い賃金の回収と(2)農民工向けの法律研修だが，他のNGOが(2)に重点を移しつつあるのに対して，この団体はあくまで(1)を中心にすえている。それが可能なのは，小々鳥が2004年に北京市東城区司法局と共同で労使紛争専門の調停組織「小々鳥人民調停委員会（小小鳥人民調解委員会)」を設置したからであった。これは流動人口の労使紛争を専門的に扱う全国唯一の人民調停委員会であり，居民委員会ごとに設置される一般的な調停委員会とは異なって地域的な制限を設けず，北京市の流動人口すべてを対象としている。

こうした地元政府との協力関係を築くきっかけは，2004年に『北京晩報』が小々鳥に関する記事を掲載したことであった。これを見た司法局側から，小々鳥に対して調停委員会を設立しようという申し出があった。小々鳥は2000年に北京ラジオ局で農民工の身の上話を語る番組を持っており，マスコミと良好な関係にあった。後に小々鳥が海外からの資金援助を受けていることを知ると，司法局はこの提携を再考しそうになったが，小々鳥が北京市政府や司法局の上層部と話し合って，彼らの活動には意義があるという結論を得たため，小々鳥調停委員会は継続した，という。

具体的な調停の手続きは，まず農民工から電話がかかってくると，小々鳥のボランティアが受け付け，事務所の住所を教えて，農民工本人に小々鳥オフィスまで証拠書類や情況証明書などを持参してもらい，所定の様式（章末参考資料４）に記入させる。これで本人から小々鳥が代理人として受託を得たことになる。そのあとは，小々鳥が一方の当事者である雇用主に電話して，調停の実施について話し合う。この時点で70％の相談は解決する，という。

電話だけで解決できない場合には，弁護士がボランティアとして工場や建築現場などの現場に出向いて解決する。小々鳥の北京事務所では，300人の弁護士ボランティアが登録しており，常時連絡がとれるという。このようにして出先で解決できる案件はおよそ20％であり，そのほかに，訴訟になる案件や証拠が集まらない，あるいは雇用主が行方不明といった事情から解決できない案件も10％ほどある。それらについては，労働社会保障部門の仲裁委員会に仲裁を申請し，その裁定に不満があれば，基層裁判所で訴訟を起こすことになる。弁護士ボランティアの80％は農村出身者で，若手弁護士に対しては小々鳥が今まで蓄積してきた調停のノウハウを教えている。こうした弁護士育成プロジェクトには，カナダ大使館が10万元を支援したという。

小々鳥も他の多くの草の根NGOと同様に，民政部ではなく工商部に法人登記しているが，それでも相談の70％を調停で解決できるのは，公的な「人民調停委員会」の看板を有しているためにほかならない。それ以前の４年間（1999-2003年）の累積取り扱い件数が，2009年の一年分（約4000件）にも及ばないことからも，この看板がいかに小々鳥の活動に大きな意味を持つかが伺える。創設者の魏偉は，筆者の聞き取りに対して「権益擁護に必要なのは，第一に政府の支持だ。第二に，メディアのプラットフォーム，第三にボランティアの力，第四にNGOスタッフの知識・能力だ。この４つの条件がそろうことで，はじめて農民工というグループを救済することができる。一部のNGOに不足しているのは第一の政府の支持だ。この条件のうちのどれかが不足していれば，NGOは力を発揮することができない」と述べていた。

第二の事例は，「北京市協作者文化普及センター（北京市協作者文化伝播中心，以下，「協作者」と略す）」である。[41]この草の根NGOは，雑誌記者の李涛らが2003年のSARS危機の際に，農民工の窮状（給与を受け取れない，居住区に戻れないなど）を助けるために結成された。設立当初の活動は，農民工に体温計，消毒液や予防・衛生に関する啓蒙資料を配布するという内容であったが，国際NGOのオックスファムからの資金援助を得て活動を広げた。近年は健康診断[42]のほかに，シンポジウムや書籍出版，農民工による演劇や写真展を実施し[43]，ソーシャルワーカーの育成や農民工の子女のサマーキャンプも手掛けている。

労働関連では農民工の賃金未払いの訴えにも対応しているが，協作者は法的手続を代行せず，本人に書類を作成させるという方針を貫いている。その理由は，協作者の法律支援の目的が，効率の良い賃金回収ではなく農民工のエンパワメントに置かれているためである。創立者の李涛は筆者のインタビューに答えて「どれだけ時間がかかっても，農民工には起訴状を自分で書くよう促す。『字が書けない』『何年もペンを持っていない』という者にも，時間をかけてゆっくりゆっくり書かせる。農民工に『自分はやれる』という自信を持たせるために，このプロセスはとても大事だ」と強調していた。

こうした方針のため，協作者には2名のボランティアの法律顧問（弁護士）がいるが，法律サポートの主力は農民工のスタッフである。かつては弁護士のネットワークとも提携したが，協作者のスタッフには実際の手続きの進め方や経験が蓄積されているので，弁護士に対してむしろノウハウを教える側になった，という。協作者は，弁護士よりも政府や北京の女性法律扶助センターとの協力を重視していた。特に北京以外の地方にかかわる案件の場合は，現地政府の法律扶助センターに協力依頼することが多い，という。

以上のように，草の根レベルで社会サービスを提供し，農民工の個別エンパワメントに力点を置く協作者は，政治的リスクが低い分野で地元政府と良好な関係を築いたといえる。そうした例として2009年には民政部が協作者に対して，農民工に関する研究プロジェクトを委託したことが挙げられる。さらに2010年6月，協作者の下にある北京市協作者社会工作発展センターは，民政部から念願の法人登記を認可された。これは当該分野の草の根NGOでは初の出来事であった。また同年7月12日，協作者社会工作発展センターは北京市民政局の委託を受けて，政府による社会組織からの公益事業の購入に関するシンポジウムを開催している［北京市協作者文化伝播中心・北京市協作者社会工作発展中心，2011］。このように協作者は地元政府の社会サービスを一部代行する機能を発達させて，安定と発展の道を探っているように見える。

第三の事例は，北京工友の家文化発展センター（北京工友之家文化発展中心，以下，「工友の家」と略す）である。(44) このNGOは，農民工の孫恒らが結成した音楽バンド「出稼ぎ労働青年芸術団（打工青年芸術団）」を母体にして，2002年に草の根の文化活動の団体として成立した。このため歌や劇を通じて，精神的な強さを農民工が身につけるエンパワメントを目的にしている。したがって活動の内容は，農民工のダンス，映画の上映会，図書の貸し出し，農民工の文化を展示する「打工文化芸術博物館」の運営，農民工の子女のための学校やリサイクルショップの経営など多岐にわたる。

農民工の権益の擁護については，政治的に敏感な問題でもあることから，「自分たちの活動の重点ではない」と筆者とのインタビューでは答えていたが，そのいっぽうで工友の家は農民工に対して毎年10回，労働法に関する知識の研修を行うと同時に，ホットラインを通じて法律相談を実施している。法律支援を求める農民工は多くても1日数人にとどまるが，案件としては未払い賃金の請求が最も多いという。こうした手続きに疎い農民工に対しては，工友の家が代理人の役を引き受ける時もある。もっとも雇用主と談判を行う際に，工友の家のスタッフが同行することはほとんどなく，事前に農民工に談判のノウハウを教えるのが通例とのことであった。

このような直談判で解決するケースは40％以下で，残りの60％は労働局や法院などに訴えることになる。労災案件は他の労使案件と比べて仲裁を申請する者が多いが，それでも時間コストにすると2000元はかかるので，「数百元の金しかとりもどせないなら働いた方がよい」と考えて仲裁を申請しない者のほうが多数派である，という。労使交渉に当たっては企業からの協力依頼もあったが，「工友の家」は使用者に情報提供はしないとのことであった。

この団体で興味深いのは，工会との関係の変化である。工友の家自体は，工商部門に「企業」として法人登記しているが，筆者との聞き取り調査の少し前に全国中華総工会の担当者が工友の家を訪問し，「工友之家工会」の設立が決まった。この工会は北京市と地元の金盞郷総工会のトップの立ち会いのもとで批准されており，工友の家の会員だけでなく，周辺の村に住む農民工も加入できることになった。工友の家の所在地である皮村の住民は約1万人だが，その大半が外地出身の農民工で，元からの村民は1000人にすぎない。ちなみに郷の工会の方から，工友の家の会員以外の労働者も加入させてくれ，と申し入れてきたとのことである。聞き取り調査の時点では，まだ選挙で工会主席を選んだばかりで，工友の家の法律相談や代理の活動にどのような影響が出るのかは不明であった。とはいえ，工会が農民工を組織するのに，従来とは違って草の根NGOを利用したことは確かである。

これらの３つの事例からは，草の根労働NGOに対する地元政府の姿勢が，ようやく「警戒と黙認」から「利用と協力」へ転じつつあるように見える。これに応じた団体を「政府のエージェントと化した」あるいは「既存の工会組織に取り込まれた」とみなして，独立した労働NGOとしては後退である，と評価することも可能であろう。しかし前述したように，法人としての合法性を問われる状態にあっては，草の根労働NGOが規模の零細性や人材，資金の制約を突破し，活動を発展させることは困難である。その意味で，法人としてより安定的な地位を得ることは，草の根労働NGOの存続と発展にとって重要な意味をもつと筆者は考える。

4　草の根労働NGOの意義と展望

草の根労働NGOによる農民工の権益の擁護は，法律相談や調停，弁護士の動員または法律知識の研修という手段をとってきた。それは司法の力を借りて，法が定めた最低限の権利を実現させる試みであった。草の根労働NGOの活動が有効だったのは，農民工の労働条件については，長らく法が遵守されていなかったこと，そして近年において労働関連法が整備され，最低賃金の引き上げや労働契約の厳格化が進んだことが挙げられる。つまり法律での「最低限」が改善されたがゆえに，法律の遵守を要求して得られるものも大きくなったのである。

ただし，この法を利用した労働条件の改善は，政府や工会にも実行しやすいものであった。もとは都市戸籍の貧困層を対象にしていた無料の法律サービスも，今では農民工に門戸を開くようになり，農民工専用の法律相談ホットラインも設置された。政府や工会が提供するサービスは，資金の裏付けや規模からいって農民工NGOとは比較にもならないほど大きく，安定している。しかも多くの草の根農民工NGOは，権利擁護の活動が突出するほど，取り締まりのリスクが高まる，というジレンマを抱えている。法人登記に手続き上の制約が設けられているため，NGOがなかなか合法的な団体として活動できないという状況は，このジレンマを悪化させている。

この問題に対して，一部の草の根NGOは，文化や福祉の分野での社会サービスを活動の中心に据えるとともに，地元政府に対して草の根コミュニティへのアクセスを提供し，そうすることで政治的リスクを回避して，組織の安定的発展を図っている。また政府の法律サービスセンターと競合するのではなく，そちらに相談者を紹介して行政の資源を利用する局面も見られた。さらに近年顕著になった大卒の就職難と若手弁護士の供給過剰から，農村出身の大卒者やパラリーガルが草の根労働NGOをキャリア形成の足がかりとして利用するようになり，著名なNGOには高学歴のスタッフとボランティアが集まるようになってきた。[(45)]

また草の根NGOは零細であるがゆえに，素早く組織を立ちあげることができる。このためいったんは行政の取り締まりで閉鎖されても，名称を変えて活動を続ける団体も出てきている。2006年に閉鎖された深圳市外来工協会（第3節）は，閉鎖を免れた傘下の深圳市春風労働争議サービス部に活動を引き継ぎ，海外からの支援を受けて新たな組織を誕生させた。[(46)]また北京公盟は，2010年3月に「公民」の名称で活動を再開している［研研，2009］。こうした動きからも，草の根労働NGOに対する政府の統制は，以前に比して緩和しているように見える。

留意すべきは，農民工が労働条件を改善する手段として，直接の労使交渉，ストライキやデモ，または抗議運動も同時に進行している点である。2010年5月，広東省で賃上げを要求する南海本田の一部労働者がストライキに入り，4工場が操業を停止した。交渉のすえ，6月4日に労使双方が集団契約書に署名し，賃金と待遇の引き上げが実現した。これはほんの一例にすぎない。こうした運動は，開発主義に封じ込められたこれまでの労使関係のあり方に対して，根底から変革を迫っている。

ただし，自主労働組合の結成が禁じられていること，そしてインフォーマル部門での雇用の多さを考慮すると，すべての農民工がこうした運動に参加できるわけではない。中国における農民工の草の根労働NGOは，小さいながらも生活に直結した需要に応えエンパワメントを推進することで，農民工の間に文字通り根を張りつつある。

＊　北京での調査にあたっては，李妍焱先生のご尽力でNGO 5団体を訪問することができた。同行の遠藤公嗣先生からは，質疑応答を通じて多大な示唆を得た。東京外国語大学の博士後期院生の佐藤奈緒さんは，通訳と記録係として長時間の聞き取りデータを翻訳・整理し，原稿執筆時に貴重なコメントを提供してくれた。各位に心より謝意を表したい。

注

(1)　本章では，李妍焱の定義に準拠して，NGOを指す場合は「草の根NGO」の呼称を使用する［李，2008，10-12］。理由については，本章第3節を参照。

(2)　既存の工会組織に属さない自主労組の結成は，2001年改定された工会法第11条で実質的に禁じられている。第11条は「(末端から地方，産業別の）工会の設立に当たっては，必ず上位の工会に報告し，許可を得なければならない」と定めている［小嶋，2009，67］。

(3)　小嶋が使用した組織率は，企業・事業・機関単位の総従業員数に占める工会会員数の比率である［小嶋，2006，1］。これに対して，本章の図8-1では総従業員数に自営業を加えている。その理由は，自営業にも工会の会員が少なからず存在するためである。2007年時点では，自営業に区分された工会組織数は草の根レベルで29万4000件，会員数は631万人に上る［中華全国総工会研究室，2008］。なお複数の草の根組合から構成される連合工会を1件と数えた場合，自営業の工会組織数は5万5400件たらずになる。

(4)　同じく公企業である集団所有制企業の比率は25.5%であった。国有企業のそれを加算すると，1989年の従業員の99%は公企業に所属していた［国家統計局，1991］。

(5)　集団所有制企業の場合は，さらに縮小が顕著である。1989年には都市部の従業員総数に占める比率が4分の1であったものが，1999年には7.6%，2009年には2.0%まで低下した［国家統計局，1991；2003；2010］。

(6)　工会法は1950年に制定され，1992年に修正・改定されたのち，2001年にふたたび改定されて，現行にいたっている。

(7)　また集団所有制企業に関しては，同様の企業は2294社のうち957社と4割以上に達した［小嶋，2006，1］。

(8)　裁判所側は「現行工会には訴訟の手続きを定めた規定がない」ことを理由にしていた［千嶋，2002，52］。

(9)　工会法（2011年改定）の第11条2項の規定による。具体的には「街道」と呼ばれる末端行政地区や「社区」と呼ばれる草の根コミュニティで工会が組織された。

(10)　農民工の総数について，国家統計局が全国的な調査に基づく統計調査制度を確立したのは2008年末になってからである［国家統計局農村司，2010］。なお2008年の数値は2億2542万人（うち地元を離れた「外出農民工」は1億4533万人），2009年は総数2億2978万人（外出農民工は1億4041万人）である。

(11)　農村部の企業である郷鎮企業の就業者（1億5090万人）と私営企業のそれ（2672万人）の合計。自営業の就業者数（2187万人）は含まない［中華全国総工会研究室，2008，表2－2］。

(12)　厳善平の推計によれば，2007年の外出農民工は1億2625万人［厳，2009，52-53］である。上記の国家統計局農村司の2008年と2009年の外出農民工と総数の比率を，2007年に当てはめると，2007年の農民工総数は1億9961万人から2億269万人になるので，農民工の組織率は28.8％から29.2となる。傍証としては，2009年10月30日，全国人民代表大会（日本の国会に相当）の常務委員会第11回会議の席上で，内務司法委員会の主任である黄鎮東が「いま我が国には2億人あまりの農民工がいるが，工会に加入した者は三分の一に満たない」と発言したことが挙げられる［常・高・張，2009］。

(13)『人権藍皮書2011』掲載情報として，9月30日に発表［常，2011］。

(14)　草の根NGOの発展時期については，第3節に詳述。

(15)　生活面では親族や同郷者や友人に頼るものが多い。なお本調査で工会への期待が低い理由の一つは，「女性」のみを対象にしているためとも考えられる。全国の工会会員に占める女性会員の比率は，1981年の時点で35％であったが，1990年に38％，2000年に38％，2009年に36％と，あまり変化せず30％台の後半にとどまっている。男女を対象にした謝建社らによる広州市の調査でも，工会会員中の女性比率については同じ傾向の結果が出ている（謝らの調査については後述）。

(16)　この調査は広州大学教授の謝建社らが，2007年8月に広州市で行った訪問調査，座談会，アンケート調査から構成されている。アンケートは，地元の非公有制企業18社において1078人の従業員から回答を得ている。この調査対象のうち，内部に工会がある企業の従業員は781人，工会が存在しない企業の従業員297人であった。アンケート発信者の名義は，「広州市総工会の『広州における従業員の賃金集団協議制度についての研究』および『広州の非公企業における工会設置および機能発揮についての研究』プロジェクトチーム」となっている。座談会には，地元の非公有制企業18社（企業内に工会が成立している９社と工会の存在しない９社）を招き，従業員の代表260名が参加した。訪問調査は60名の工会関係者を対象にしている［謝，2010，51；72–73］。以上のことから，回答者らは工会からの調査という印象のもとで答えた可能性が高いが，そのような状況下でも本文で述べたとおり工会への期待値は低い水準にとどまったのである。

⒄「工会なし企業」でも「工会あり企業」でも，従業員が最も助けになると答えたのは「自分または配偶者の親族・友人」が１位（工会なし企業で26.5％，工会あり企業で31.7％），２位と３位に「自分または配偶者の同窓生」（工会なし企業で21.6％，工会あり企業で15.5％）と「自分または配偶者の同僚」（工会なし企業で18.2％，工会あり企業で16.8％）であった［謝，2010，80］。謝らの調査は2007年実施だが，2010年８月20日の報道によれば，共産党青年団の広東省委員会が指導した珠江デルタでの調査（仏山，深圳，東莞で実施。仏山市では，アンケート600部を配布し，474部の有効回答。回答者のほとんどは外資系や私営企業など非公有制企業で働く外地籍の若者）でも，同様の傾向がみられた。すなわち困った事態に直面した時の対策としては「家族，友人，同窓生に頼る」という回答者が多く，工会や共青団や婦女連に助けを求めると答えた者はわずか6.2％であった［李，2010］。

⒅ 2001年の「工会法」第42条は，企業が毎月，全従業員の賃金総額の２％に相当する金額を，工会に納付することを定めている。

⒆ 上記の広州市の調査で，非公有制企業の従業員が工会に加入した動機を見ると，「加入しなくてはならず，選択の余地はなかった」という回答が44.6％で首位を占めている。また，すでに工会が成立した企業でも，従業員のうち工会に未加入の者は59.2％に上っていた［謝，2010，100］。

⒇ この事件の背景と経緯については，［小嶋，2009，78］が詳しい。

(21) また労働条件の過酷な鉱山や炭鉱では，1960年代から農村出身の青年を定期的に受け入れて，前任者と交代させる雇用契約を人民公社と結んでいた［山本，2009，51］。

(22) 工会法が2001年に改定された際には，第4条に「(工会は) 経済建設を中心とし，(中略) 中国共産党の指導を堅持し」という文言が新たに加筆された。

(23) その一例として，唐小東事件を挙げよう。2004年8月30日，日中合弁の北京市三環相模新技術有限公司の工会主席，唐小東が「会社の利益に重大な損害を与えた」という理由で解雇された。唐小東は2000年9月から総務部マネージャーとして，職場の総務，安全，労働人事を担当していたが，2003年9月に従業員の要請を受けて，工会の設立を所在地である北京市海淀区総工会に申請し，許可を得た。同時に海淀区総工会から，工会設置の指導も受けている。工会が成立したのち，唐小東は従業員が文書化された契約なしで働くという事態を是正すべく，労働契約書の締結要求を雇用主である三環相模に提出し，メディアにも訴えたところ，企業側から解雇を申し渡された。海淀区総工会と北京市総工会，北京市の労働部門の働きかけで2004年1月に，三環相模は唐小東の処分を撤回したものの，同年8月に業務上の理由で再び解雇した (『工人日報』)。唐は同年9月に労働仲裁委員会に調停を申請したが，2006年1月の時点では結果は出ていない [王，2006]。

(24) 2009年7-8月に珠江デルタで行った農民工に対するアンケート調査に基づく。この調査では，中山大学が広州，深圳，珠海，仏山，肇慶，東莞，恵州，中山，江門の9都市で，1806通のアンケートを配布，1766通の有効回答 (有効回答率97.8%) を得ている [劉・孫，2011，8]。なお2008年に同様の調査を行った厳善平も，工会の加入が賃金水準の上昇に有意であったと結論づけている [厳，2009，30]。

(25) 民弁非企業単位は，国有企業から従業員向けの福利厚生部門が切り離されることで，1998年以降に誕生した組織 [李，2008，13]。

(26) 李によれば，1995年から2002年が第1世代，2002-2003年以降が第2世代にあたり，メディア報道では2004年が「中国におけるNGO元年」と呼ばれている [李，2008，10-12；14]。

(27) この他には，広州市の番禺労働者書類処理サービス部 (番禺打工族文書処理服務部) を対象にした事例研究 [鄧・王，2004] や，農民工の権利保護の観点から分析した研究 [余・楊，2011] がある。

(28) 深圳小々鳥打工互助熱線の事務所にて，専従スタッフ2名とインタビュー。また同上の事務所で，深圳市春風労働争議服務部と深圳市外来工法律援助中心の代表である張治儒氏から聞き取り調査を行った。

(29) 例えば1995年に世界女性会議が北京で開催され，北京宣言の文中で「NGO」という言葉が用いられると，1996年４月には北京で出稼ぎ女性を対象とする「打工妹之家」が成立した。また同じ年に，香港のNGO「女性ネットワーク（女性網絡）」が深圳南山区総工会と連携して「南山区女職工服務中心」を設立している［余・楊，2011，60-61］。

(30) 2003年10月24日，温家宝首相が重慶市の農村でダム建設に伴う移住民の視察を行った際に，訪問を受けた地元住民の熊徳明（女性）が，前年に都市で出稼ぎをしていた夫の賃金2000元余りが１年間も未払いであることを首相に直訴した事件。

(31) 何艶玲らの論文の内容から，この草の根労働NGOは広州市の珠江工友サービスセンター（珠江工友服務中心）と思われる。

(32) 連続講座のテーマは「人権と国際労働基準」「労働契約」「労働者の権利」「雇用主を訴える方法（労働仲裁）」「雇用主を告訴する方法（労働告訴）」「労働災害に遭ったらすること」「労災保険の障害認定と待遇」「辞職の方法」「労働者の勤務時間」「工会とはなにか」など［何・周・張，2009，49］。

(33) 広州市番禺労働者書類処理サービス部（番禺打工族文書処理服務部）の事例も，ほぼ同じ活動内容で，外科病院にて訪問した労災被害者は2000名，企業調査で接触した労災被害者は5000名，労働者の権利侵害について行った法律支援は680件（うち労災が80％，賃金未払い10％，労働契約が10％）であった［鄧・王，2004］。

(34) 華南師範大学法学院の王金紅教授の言葉として，『中国経営報』に引用された［黄，2003］。

(35) その後の報道や張治儒自身の言葉によれば，2006年３月と10月の２度にわたり，労働仲裁費の撤廃を求めて，街頭で「万人署名運動」を行ったのが原因であるという［張，2011］。労働仲裁費とは，争議の当事者が労働仲裁委員会に支払う費用であるが，地方によって金額の規定が異なっていた。当時の『広東省労働争議仲裁収費管理弁法』では，争議の金額が大きいほど労働仲裁費も高くなった。

(36) 例えば公盟は，2008年３月14日のチベット暴動について，調査報告書を公表し，そのなかで「中国政府の過ち」を指摘している［公盟法律研究中心，2010］。また中央政府への陳情者に対する支援や，メラミン入り粉ミルク事件の被害者に対する法律支援，さらに地元政府批判の『南方都市報』の弁護も行い，注目を集めた。

(37) 一例を挙げると，番禺労働者書類処理サービス部の場合は，2002年にドイツのキリスト教系団体であるEED（Evangelische Entwicklungs Dienst）から25万元の助成金を得た［余・楊，2011，65］。

(38) 余章宝，楊淑娣によれば，深圳市の春風労働争議サービス部（春風労働争議服務部）の場合，収入の70％は相談サービス料から出ている。残りは職員の家族から25％，その他が５％であった［余・楊，2011，65］。

(39)　余章宝らの研究では，正規の職員は４-10名，ボランティアは60-150名，動員できる資金は50万元（610万円）以下で，直接の受益者は数千人から数百人であった［余，楊，2011，65］。

(40)　2009年９月11日，北京にて創設者の魏偉及び調停業務担当の劉明（敬称略）からの聞き取りによる。

(41)　2009年９月９日，北京にて創設メンバーで代表の李涛及び創設メンバーでスタッフの李真（敬称略）からの聞き取りによる。

(42)　2007年には１万人の農民工児童向けに健康診断を行って，全員のカルテを作成し，必要な者には病院への手配を行った，という。

(43)　例えば農民工が自分の労災時の経験を，公衆の面前（長安大劇場や北京郵電大学，清華大学）で語るプロジェクトがある。

(44)　2009年９月10日，北京にてスタッフの王徳志（敬称略）からの聞き取りによる。

(45)　筆者が2010年８月10日，深圳市にて小々鳥深圳支部を訪問した際には，アメリカのマサチューセッツ工科大学（MIT）から３名の院生がボランティア研修生として日常業務に参加していた。もっともボランティアとNGOスタッフの間で対立が起きる事件も起きている。春風労働争議サービス部では創始者とボランティア部門の責任者が法廷で争う結果となり，当該部門は活動を停止した［張，2011］。

(46)　2010年８月10日，深圳市にて，張治儒（敬称略）からの聞き取りによる。

参考文献

稲垣博史［2005］「華南を中心とする中国の労働力不足問題――事態はいっそう深刻化するか」『みずほ総研論集』Ⅲ号，１-57ページ。

岡村美恵子［2008］「第10章　草の根NGOと政府――中国における民間非営利活動の規制緩和」李妍焱編『台頭する中国の草の根NGO』恒星社厚生閣，177-199ページ。

厳善平［2009］「農民工の就業と権利保障――2008年珠江デルタ９市農民工アンケートに基づく」『大原社会問題研究所雑誌』(614)，20-33ページ。

小嶋華津子［2006］「中国の市場経済化と『工会』改革をめぐる議論」『アジア研究』52(1)，１-18ページ。

小嶋華津子［2009］「労働者の権益保障をめぐるガバナンス」佐々木智弘編『現代中国の政治安定』（アジ研選書17，現代中国分析シリーズ２），日本貿易振興機構アジア経済研究所，59-79ページ。
澤田ゆかり［2009］「第７章　中国における労使関係の変化と社会保障制度の変容」宇佐見耕一編『新興工業国における雇用と社会保障』日本貿易振興機構アジア経済研究所，259-295ページ。
千嶋明［2002］「中国の労組法改正――工会法改定にみる中国の労働事情」『海外労働時報』26(5)，52-72ページ。
塚本隆敏［2009］「中国における労使関係の変容」『大原社会問題研究所雑誌』(614)，１-19ページ。
塚本隆敏［ 2010］『中国の農民工問題』創成社。
山本恒人［2000］『現代中国の労働経済1949-2000――「合理的低賃金制」から現代労働市場へ』創土社。
山本恒人［2009］「現代中国社会における客体的存在としての労働者」『現代中国研究』(25)，42-57ページ。
李妍焱編［2008］『台頭する中国の草の根NGO』恒星社厚生閣。

中国語文献（著者名ピンイン表記アルファベット順）
北京市協作者文化伝播中心，北京市協作者社会工作発展中心［2011］「北京市協作者文化伝播中心2010年度工作報告（2010年１月１日-2010年12月31日）」２月１日［http://www.facilitator.ngo.cn/cn/nianduzongjie2010.htm，2011年９月30日アクセス］。(中国語)
常紅・高星・張海燕［2009］「非公企業工会組建困難　農民工入会率不足三分之一」『人民網中国人大新聞』10月30日記事［http://npc.people.com.cn/GB/14957/53049/10291811.html，2011年９月30日アクセス］。(中国語)
常紅［2011］「全国31省份月最低工資標準最高档平均為870元」『人民網』９月30日記事［http://politics.people.com.cn/GB/99014/15796762.html，2011年12月25日アクセス］。(中国語)
陳建勝・劉志軍［2010］「加入工会抑或成立自組織――関与農民工組織権的思考」『人文雑誌』(5)（ウェブ版）［http://rwzz.qikan.com/ArticleView.aspx?titleid=rwzz20100521，　アクセス日2011年９月30日］。(中国語)
鄧莉雅・王金紅［2004］「中国NGO生存与発展的制約因素――以広東番禺打工族文書処理服務部為例」『社会学研究』(2)，89-97ページ。(中国語)
公盟法律研究中心［2010］「蔵区３・14事件社会、経済成因調査報告」［http://www.

justicecn.com/?action-viewnews-itemid-129。2012年2月11日アクセス]。
『工人日報』「誰在与法争鋒——唐小東事件追蹤」2004年11月1日記事，新浪網アーカイブ版［http://news.sina.com.cn/c/2004-11-01/10444103517s.shtml,2011年9月24日アクセス］。(中国語)
国家統計局［1991］『中国統計年鑑1991』北京：中国統計出版社。
国家統計局［2003］「中国統計年鑑2003」北京：中国統計出版社，ウェブ版［http://www.stats.gov.cn/tjsj/ndsj/yearbook2003_c.pdf，2011年12月24日アクセス］。(中国語)
国家統計局［2010］「中国統計年鑑2010」北京：中国統計出版社，ウェブ版［http://www.stats.gov.cn/tjsj/ndsj/2010/indexch.htm，2011年12月24日アクセス］。(中国語)
国家統計局［2011］「中華人民共和国2010年国民経済和社会発展統計公報」2月28日，［http://www.stats.gov.cn/tjgb/ndtjgb/qgndtjgb/t20110228_402705692.htm，2011年10月25日アクセス］。(中国語)
国家統計局農村司［2010］「2009年農民工監測調査報告」ウェブ版3月19日［http://www.stats.gov.cn/tjfx/fxbg/t20100319_402628281.htm，2011年10月25日アクセス］。(中国語)
和経緯・黄培茹・黄慧［2009］「在資源与制度之間：農民工草根NGO的生存策略——以珠三角農民工維権NGO為例」『社会』29(6)，1-21ページ。(中国語)
何艶玲・周暁鋒・張鵬挙［2009］「辺縁草根組織的行動策略及其解釈」『公共管理学法』6(1)，48-54ページ。(中国語)
黄鈣［2003］「珠三角：一年冒出10個NGO」『中国経営報』12月12日，新浪網アーカイブ版［http://finance.sina.com.cn/roll/20031212/1734559698.shtml，2011年9月24日アックセス］。(中国語)
李舒瑜［2006］「我市取締両非法民間組織」『深圳特区報』11月10日記事，新浪網アーカイブ版［http://finance.sina.com.cn/s/2006-11-10/025410458272s.shtml，2011年9月24日アクセス］。(中国語)
李暁莉［2010］「為外来工青年解圧，仏山将建千個非公団組織」『南方日報』8月20日記事。(中国語)
劉林平・孫中偉［2011］『労働権益：珠三角農民工状況報告』長沙，湖南人民出版社。(中国語)
劉明俊［2005］「工会頻頻成為被告背後的制度性難題」『商務周刊』(4)，2月24日，

新浪網アーカイブ版［http://finance.sina.com.cn/g/20050224/15141381451.shtml，2011年９月24日アクセス］。（中国語）
劉茜・呉城華［2011］「労資糾紛工会成擺——維権変成同郷『鬧事』」『南方日報』2011年９月１日記事，ウェブ版［http://epaper.nfdaily.con/html/2011-9/07/content_7004295.htm，2011年12月25日アクセス］。（中国語）
王暁雁［2006］「工会法為何保護不了他」『法制日報』１月20日。（中国語）
謝建社，等［2010］『中国当代労働関係研究——以広州企業工資集体』北京：中国書籍出版社。（中国語）
徐建玲［2007］『中国農民工就業問題研究：基於農民工市民化視角』北京：中国農業出版社。（中国語）
研研［2009］「中国民間組織“公盟”面臨滅頂之災」『徳国之声（中文網）』７月17日，新浪網アーカイブ版［http://dailynews.sina.com/bg/chn/chnpolitics/dwworld/20090717/0352483730.html，2011年９月24日アクセス］。（中国語）
余章宝・楊淑娣［2011］「我国農民工維権NGO現状及困難——以珠三角築為例」『東南学術』(1)，59-69ページ。（中国語）
章剣鋒［2011］「張治儒：星星之火，終将燎原」『南風窓』26期，ウェブ版［http://www.nfcmag.com/articles/3280，2012年１月２日アクセス］。（中国語）
張治儒［2011］「張治儒簡介」（本人ブログ，張治儒博客「真相与谎言」2011年５月16日記事）［http://blog.sina.com.cn/s/blog_4b79809f0100uivv.html，2011年９月30日アクセス］。（中国語）
中華全国総工会研究室［2008］『中国工会統計年鑑』北京:中国統計出版社。（中国語）

【参考資料1】

小々鳥人民調停委員会

権益擁護登録表　　　No.010005XX

氏　名	B	性別　男	年齢	25	身分証番号	xxxxxxxxxxx xxxxx	
実家住所	山西省C市G区H鎮I村				電話番号	xxxxxxxxxxx	
北京住所	大興区E鎮F　XX号				電話番号	xxxxxxxxxxx	
支援依頼者の基本資料	当事者数			2	借金金額	12000元	
	事件発生地			北京市			
	どのように小々鳥を知ったのか			友人が教えてくれた			
	なぜ相手方は支払ってくれないのか			金がない			

	あなたの証拠と理由（事件の簡単な経過）	私たち（の手元）には借用書と（相手方の）電話番号がある。		
相手方の状況	会社名称		連絡先（固定電話，携帯電話）	xxxxxxxxx
	責任者氏名	A		
	相手方住所	大興区E村F　XX号		
以下は職員により記入				
処理過程	処理過程	①相手方の電話，通じない　28/7/09 ②A，午後解決に向けて話し合いをする，と言う28/7/09 ③すでに解決 ④オフィスに来てその場で支払う　13/8/09		
	取扱人：D*1	取扱日：09.07.28		
	アフター・ケア			
受付人	D	面談日：09年7月28日	解決日：09年8月13日	

注：裏面に事件の経過を書くとともに，あなたの別の知人（原文＝工友）の氏名と連絡方法も書き残してください！

＊1：Dは小々鳥のスタッフ。

【参考資料２】

授権委託書

委託人氏名：B

被委託人氏名：D　　　　　性別：男

勤務先：小々鳥人民調停委員会

住所：東城区王府井大街318-113　XXX室　　　　　　電話：010-XXXXXXX

　Dに対し，私とAとの間の
案件において，私が訴訟に参加するに当たっての委託代理人となることを委託する。委託権限は以下のとおりである：訴訟請求の承認・放棄・変更，和解の進行，反訴および上訴の提起を代わりに行うこと。

委託人：B

09年８月13日

【参考資料3】

人民調停合意書

通し番号：字【2009】5XX号

当事者（自然人　氏名，性別，年齢，民族，職業，勤務先あるいは住所，法人および社会組織の名称，法定代表人の氏名と職務）①A，男，江西省出身，縫製加工工場経営者，②B，男，25歳，山西省C市出身，Aの縫製加工工場にて勤務。

紛争の概要：B夫妻は2009年4月から2009年7月までAの縫製加工工場で勤務していた。夫妻二人の月給は3000元であった。B夫妻は2009年7月末に工場を辞めたが，Aの縫製工場はB夫妻に対して給与をまだ支払っていない。

調停により，双方は自発的に以下の合意にいたった：①Aは2009年8月X日，二回に分けて，Bが未払い状態にされている給与5000元を支払う。②残りの2500元は，2009年10月X日までにすべて支払う。

合意履行の方式，場所，期限：①一回目の支払い金額と二回目の支払い金額はそれぞれ，当事者に対してその場で支払う。②残りの未払い金額は小々鳥調停委員会オフィス宛に送る。

本協議書は一式3部とし，双方の当事者と調停委員会がそれぞれ1部を所有するものとする。

当事者（サインまたは捺印）：　　A　　　　B
調停員（サイン）：D

北京市小々鳥人民調停員会
09年8月13日

【参考資料４】

領　収　書

本日，Ｂから以下の手形を受け取りました。

①９月１日－９月30日の給与借用書一枚：金額2000元（原本）

②1000元の借用書一枚（第二聯）通し番号：XXXXXX

③1900元の借用書一枚（第二聯）通し番号：XXXXXX

④900元の保証金預かり書一枚（第一聯　原本）通し番号：XXXXXXX

合計領収書４枚

受領：Ｄ

送付：Ｂ

2009年８月13日

終　章
排除された労働者の権利擁護の研究にむけて

遠藤公嗣

2012年1月6日，アメリカ合衆国シカゴで開催された労働雇用関係学会（LERA）第64回大会のセッション「Alternative Forms of Worker Representation（労働者代理の別形態の可能性）」で，遠藤は，山崎憲（JILPT）とともに，Endo and Yamazaki [2012] “Individual Affiliate Unions (IAUs) and Labor Non Profit Organizations (Labor NPOs) in Japan（日本における個人加盟ユニオンと労働NPO）”を発表した。この発表は，本書に結実したところの〈排除された労働者の権利擁護の研究〉が，各国で別個に行われる研究にとどまらず，相互の研究交流を含みつつ，国際的に大きな研究潮流を形成しつつあることを示す一コマであったように思う。そのいきさつについて，序章の叙述との重複をいとわず，ここで述べよう。

1　米国と英国の研究企画

本書の序章で言及したOsterman et al. [2001]［邦訳，2004］は，アメリカ合衆国における「排除された労働者」の権利を擁護するところの，多様な新しい労働者組織を研究対象として重視していた。この書は，MITを中心に組織された大規模な研究プロジェクト（MITプロジェクトと便宜的に呼ぶ）の成果報告書であって，フォード財団やロックフェラー財団が多額の研究資金を援助していた。研究プロジェクト参加者は，MITなど多数大学に所属する多数の学際的な研究者や大学院生，新しい労働組織やNPOのリーダー，既存の労働組合関係者，それに経営者など259人であった。

Osterman et al.［2001］を引きついで発展させた研究成果のうち，ファイン（Janice Fine）による著書『ワーカーセンター（*Worker Centers*）』［2006］の公刊がもっとも重要であったと思われる。ファインは，MIT大学院生としてMITプロジェクトに参加していて，その中間報告書的なレポートを公表（Fine［1998］［邦訳，2001］）していた。そして，その研究途上で，「排除された労働者」の権利を擁護する組織としてのワーカーセンターに特に注目することになり，2つのワーカーセンターについての事例研究を博士論文として提出した（Fine［2003］）。さらに，博士論文をもとにしつつ，より包括的にワーカーセンターを議論した内容で公刊したのがFine［2006］であった。ワーカーセンターは，それまでのアメリカの労働研究でもあまり注目されてこなかった存在であったが，Fine［2006］の刊行によって，ワーカーセンターの革新的重要性の認識はアメリカの労働研究の中で一挙に高まったといってよいと思う。

Osterman et al.［2001］はまた，英国の労使関係研究者による研究企画を生み出した。それは，ヒーリィ（Edmund Heery）を中心とした企画であって，British Journal of Industrial Relations（BJIR）誌が論文を公募し，2005年9月に開催した学術コンファランス「労使関係の新アクター」（BJIR誌コンファランスと便宜的に呼ぶ）である。その趣旨は，既存の労使関係のアクターを周知の三者（労働者側組織，経営者側組織，政府）に限定せず，それらを拡大することによって，既存の労使関係にカバーされないという意味での「排除された労働者」の権利擁護状況を解明しようとしたことである。応募論文は50を越え，その中からコンファランス発表論文が選ばれた。そして，そのうちの6論文が，BJIR誌44巻4号（2006年12月刊）に特集として収録された（Heery and Frege［2006］）。

収録6論文の最初に，アメリカ合衆国の状況を議論したHeckscher and Carré［2006］とOsterman［2006］の2論文が置かれたことは意味があろう。前者は「疑似ユニオン」との概念を使い，ワーカーセンターなど，既存の労働組合でない労働者の権利擁護組織を包括的に議論した。後者はIndustrial Areas Foundation（IAF）を議論した。IAFは，日本に近似する組織が存在しないと思われるコミュニティ組織ネットワークであるが，労働者の生活を支援する活動に関わっている。また，序章で遠藤がもっとも共感できると評価したPiore and Safford［2006］も，実は，このコンファランス発表論文であった。これら3論文の著者は，その全員がMITプロジェクトに参加していて，3論文はその研究成果であった。そして3論文とも，事実上は招待論文であろう。いいかえるとBJIR誌コンファランスは，アメリカ合衆国におけるMITプロジェクトの研究成果を，イギリスに伝達する機能を果たしたのである。

ヒーリィは，他の研究者とともに，ナフィールド財団の研究助成をえて，BJIR誌コンファランスを発展させる研究プロジェクトを企画した（CSOsプロジェクトと便宜的に呼ぶ）。彼らは，労使関係の新アクターとして，Civil Society Organizations（CSOs）との概念を設定した。CSOs とは，単一問題でのキャンペーンないし権利主張のための組織全般を意味し，「コミュニティ・ユニオン，疑似ユニオン，労使交渉しない（雇用関係）アクター，労働NGO，非会員組織，さらには非労働者組織など」といわれている。そして，それら組織が労働者の権利擁護にどれほど影響しているか，がCSOsプロジェクトの主要な研究関心である。プロジェクトの研究成果は複数の論文として発表途上であって，国際労働雇用関係学会（ILERA）第15回大会（2009年，シドニー）で発表されたものはWilliams，Abbott and Heery［2011］であり，最新のものはHeery，Abbott and Williams［2012］である。(1)

2　日本の研究企画

本書は，序章で述べたように，科学研究費補助金（2008-2010年度，研究代表者：遠藤公嗣）による共同研究（科研費プロジェクトと便宜的に呼ぶ）の成果である。遠藤が2007年秋に執筆して提出した研究計画調書をいまふり返ると，この科研費プロジェクトの企画自体が，国際的な研究動向を意識したものであったことをあらためて感じる。それに付随した結果の一例を付言しておくと，この科研費プロジェクトの一環として，横田伸子氏の尽力により，2008年秋に韓国の研究者の来訪を受けて，韓国の非正規労働者についての公開研究会を明治大学で開催できたことであり，そして，この来訪がきっかけとなって，2009年12月に，「日韓非正規労働フォーラム2009」と名付けたところの，日韓両国の研究者による公開の研究フォーラムを中央大学校（ソウル市）で開催することができたことである［遠藤 2010］。研究フォーラムの日本側組織委員長は遠藤であった。

さて，科研費プロジェクトとはまったく別個に，しかし近接する問題関心から，法政大学大原社会問題研究所プロジェクト「労働運動再活性化の国際比較——日米韓豪の労働運動の変容の分析」（2009-2010年度，研究代表者：鈴木玲，大原社研プロジェクトと便宜的に呼ぶ）が組織された。遠藤は大原社研プロジェクトに参加した。大原社研プロジェクトは，英語による国際コンファランス開催を最初から企図していて，それは2010年12月に法政大学で開催された。遠藤が国際コンファランスに提出したペーパー［Endo 2010］の主要な内容の1つは，日本の労働NPOの代表例としてワーキング・ウィメンズ・ネットワーク（WWN）をとりあげ，その発展と機能を考察したものであった(2)。WWNは，差別処遇是正を求める訴えを裁判所に起こした女性労働者にたいして，彼女らを支援することを目的として結成された組織であった。彼女らを組合員とする企業内組合が彼女らをまったく支援しないため，WWNはそれに代わる機能を果たしたのである。いうまでもないが，提出ペーパーは科研費プロジェクトの成果でもある。

さらに，科研費プロジェクトとも大原社研プロジェクトともまったく別個に，日本労働政策・研修機構（JILPT）の研究企画「アメリカの新しい労働組織とそのネットワーク」（2010-2011年度，JILPTプロジェクトと便宜的に呼ぶ）が組織された。JILPTプロジェクトは，Osterman, et al.［2001］を先行研究として意識して，アメリカ社会における多様な新しい労働組織の組織構造と活動の特徴を解明することを企図した。研究方法としては，オフィスの訪問と役員・職員や研究者とのインタビューを重視した。遠藤はJILPTプロジェクトに参加した。そして，2011年1月にアメリカ合衆国に調査出張した際に，山崎憲とともにラトガース大学を訪問し，ファインと面談して意見を交換した。

調査出張から帰国直後の1月中に，ファインから遠藤と山崎に電子メールが来信した。電子メールは，ファインとカレ（Francoise Carré, Heckscher and Carré［2006］の第2著者）が1年後のLERA第64回大会において組織する予定のセッション「Alternative Forms of Worker Representation（労働者代理の別形態の可能性）」で，遠藤と山崎が日本の状況を発表する意思があるか，を問うものであった。遠藤は，両者連名で発表の意思があると答えるとともに，Endo［2010］を参考用に添付した。ファインの読後の感想は“Perfect!”であった。なお，JILPTプロジェクトの報告書は日本労働政策・研修機構［2012］である。

さて，LERA第64回大会で発表したEndo and Yamazaki［2012］は，Endo［2010］をもとにしつつ，新しいタイトルに内容を一致させる修正を加えるとともに，2011年中のアメリカ調査出張の成果をふまえた日米比較の試論などを加えたものであった。セッション司会はLERA会長のペイヴィ（Gordon Pavy）がつとめた(3)。セッション中や終了後に，ファインやカレのほか，イギリスから出席のスチュワート（Paul Stewart, Urano and Stewart［2009］の第2著者）やマクブライド（Jo McBride, McBride and Greenwood［2009］の第1編者）と意見を交換することができた。もちろんであるが，彼ら彼女らは類似の研究関心をもつゆえに出席したのである。

本章の第1節で述べたところの，国際的な広がりをもって形成されつつある労働研究の潮流は，かつての労使関係論から出発したものといってよい。そして，本書に結実した〈排除された労働者の権利擁護の研究〉は，この研究潮流と基本的に一致している。それを象徴する一コマが，LERA第64回大会でのEndo and Yamazaki［2012］の発表であったといってよいと思う。

ところで，本書の校正中に，石田［2012］と中村［2012］を遠藤は読んだ。序論で述べたように，彼らの主張は経営学を志向し接近する主張であるが，それを労使関係論の「発展」と認識するところに彼らの独自性がある。しかし，その独自の認識は，国際的な広がりをもって形成されつつある労働研究の実際の潮流から，遠く隔たっている。

注

(1) Michelson, Jamieson and Burgess eds.［2008］は，その書名や他文献での引用から推測すると，MITプロジェクトないしBJIR誌コンファランスから影響を受け，オーストラリアにおける「新しい雇用アクター」を考察した共同研究の成果である。しかし，遠藤はこの書を未見である。

(2) 遠藤のペーパーを含む国際コンファランス提出ペーパーは，修正のうえ，イギリスの出版社であるPeter Langから鈴木玲編著で出版される予定である。

(3) セッション司会は，当初案では，カレ（Francoise Carré)がつとめることになっていた。しかし，2011年春ごろ以降の案では，ペイヴィ（Gordon Pavy）に交代した。AFL-CIO出身のLERA会長であるペイヴィが，やや異例と思うが，セッション司会をかって出たのである。これが象徴するのは，近年のAFL-CIOが，既存の労働組合でない労働者の権利擁護組織を重視していることである。このAFL-CIOの重視については，日本労働政策・研修機構［2012］の第５章（特に193-196ページ，遠藤執筆）を参照されたい。

参考文献

石田光男［2012］「労使関係論」『日本労働研究雑誌』621号，24-29ページ。

遠藤公嗣［2010］「日韓非正規労働フォーラム2009をふりかえって」『労働法律旬報』1720号，2010.5.25，32-38ページ。

中村圭介［2012］「『日本のリーン生産方式』『日本自動車企業の仕事・管理・労使関係』『GMの経験』を読んで」『日本労務学会誌』13(1)，29-41ページ。

日本労働政策・研修機構［2012］『アメリカの新しい労働組織とそのネットワーク』JILPT労働政策研究報告書No.144。

Endo, Koshi［2010］"Women's Labor NPOs and Women's Labor Unions in Japan," Paper presented at the Conference on Cross-National Comparison of Labor Union Revitalization, December 18-19, 2010, Hosei University Tama Campus.

Endo, Koshi and Ken Yamazaki［2012］"Individual Affiliate Unions (IAUs) and Labor Non Profit Organizations (Labor NPOs) in Japan,"Paper presented at the Symposium Session "Alternative Forms of Worker Representation: Lessons from Selected Sectors and Countries," LERA 64th Annual Meeting, January 6-8, 2012, Palmer House Hilton Hotel, Chicago.

Fine, Janice [1998] "Moving Innovation from the Margins to the Center for a New American Labor Movement," in Gregory Mantsios ed. *A New Labor Movement for the New Century,* Monthly Review Press, New York (邦訳, ジャニス・ファイン [2001]「周辺から中心に向けて改革を進める」グレゴリー・マンツィオス編『新世紀の労働運動――アメリカの実験』緑風出版).

Fine, Janice [2003] "Community Unions in Baltimore and Long Island: Beyond the Politics of Particularism," Ph.D. Dissertation, MIT, Boston.

Fine, Janice[2006] *Worker Centers,* IIR Press.

Heckscher, Charles and Françoise Carré [2006] "Strength in Networks: Employment Rights Organizations and the Problem of Co-Ordination," *British Journal of Industrial Relations.* 44(4), pp.605–628.

Heery, Edmund, Brian Abbott and Stephen Williams [2012] "The Involvement of Civil Society Organizations in British Industrial Relations: Extent, Origins and Significance,"*British Journal of Industrial Relations.* 50(1), pp.47–72.

Heery, Edmund and Carola Frege [2006] "New Actors in Industrial Relations," *British Journal of Industrial Relations.* 44(4), pp.601–604.

McBride, Jo and Ian Greenwood eds. [2009] *Community Unionism: A Comparative Analysis of Concepts and Contexts,* Palgrave Macmillan.

Michelson, Grant, Suzanne Jamieson and John Burgess eds. [2008] *New Employment Actors: Development from Australia,* Peter Lang, Bern.

Osterman, Paul [2006] "Community Organizing and Employee Representation," *British Journal of Industrial Relations.* 44(4), pp.629–649.

Osterman, Paul, Thomas A. Kochan, Richard M. Locke and Michael J. Piore eds. [2001] *Working in America: A Blueprint for the New Labor Market,* MIT Press, Cambridge and London (邦訳, P.オスターマンほか [2004]『ワーキング・イン・アメリカ――新しい労働市場と次世代型組合』ミネルヴァ書房).

Piore, Michael J. and Sean Safford [2006] "Changing Regimes of Workplace Governance, Shifting Axes of Social Mobilization, and the Challenge to Industrial Relations Theory," *Industrial Relations.* 45(3), pp. 299–325.

Urano, Edson I. and Paul Stewart [2009] "Beyond Organized Labor in Japan: The Case of the Japanese Community Union Federation," in McBride and Greenwood[2009].

Williams, Stephen, Brian Abbott and Edmund, Heery [2011] "New and Emerging Actors in Work and Employment Relations: the Case of Civil Society Organizations," in Townsend, Keith and Adrian Wilkinson eds., *Research Handbook on the Future of Work and Employment Relations,* Edward Elgar, Cheltenham, UK and Northampton, USA.

索　引

さ　行

た　行

な　行

は　行

《執筆者紹介》（執筆順）

遠藤公嗣（えんどう・こうし）**序章**

奥付編著者紹介参照。

上原慎一（うえはら・しんいち）**第１章**

北海道大学大学院教育学研究院准教授。
主　著　『鉄鋼業の労働編成と能力開発』（共著，御茶の水書房，2008年），「労働と社会的排除」鈴木敏正編著『排除型社会と生涯学習』（北海道大学出版会，2011年），「地域就労支援の現状と可能性」北海道教育学会編『教育学の研究と実践』（共著，第４号，2009年），「鉄鋼業における保全工の技能形成と労働調査」日本労働社会学会編『労働調査を考える　90年代以降を見るアプローチを巡って』（年報18号，東信堂，2008年），「鉄鋼社外企業における合理化と労働編成」社会政策学会編『働きすぎ　労働・生活時間の社会政策』（社会政策学会誌15号，法律文化社，2006年），「求人票から見た地域労働市場」鹿児島経済大学地域総合研究所『地域総合研究』（31-1，2003年）。

福井祐介（ふくい・ゆうすけ）**第２章**

上海理工大学外国語学部日本語学科外籍教師。修士（社会学）。
主　著　「コミュニティ・ユニオンが個別紛争解決に果たす役割について――アンケート調査を手がかりに」『共生社会学』（２号，九州大学大学院人間環境学研究院，2002年），「コミュニティ・ユニオンの取り組みから――NPO型労働組合の可能性」『社会政策学会』（９号，法律文化社，2003年），「日本における社会運動的労働運動としてのコミュニティ・ユニオン――共益と公益のあいだ」『大原社会問題研究所雑誌』（562号・563号，2005年），「職場トラブルにおける相談ニードと相談先選好構造」『共生社会学』（６号，九州大学大学院人間環境学研究院，2008年）。

チャールズ・ウェザーズ（Charles Weathers）**第３章**

大阪市立大学大学院経済学研究科教授。
主　著　『日本生産性運動の原点』（共同編著，生産性労働情報センター，2004年），"In Search of Strategic Partners: Japan's Campaign for Equal Opportunity," *Social Science Japan Journal*,（2005年），『アメリカの貧困と福祉』（共編著，日本経済評論社，2006年），「IT革命，グローバリゼーションと雇用システム」中本悟編著『アメリカン・グローバリズム』（日本経済評論社，2007年），"*Shuntō* and the Shackles of Competitiveness," *Labor History*,（2008年），"Overtime Activists Take on Corporate Titans: Toyota, McDonald's, and Japan's Work Hour Controversy," *Pacific Affairs*（共著，2009-10年），"The Rising Voice of Community Unions," in Henk Vinken et al., *Civic Engagement in Contemporary Japan*（Springer, 2010年），『アメリカの労働組合運動――保守化傾向に抗する組合の活性化』（昭和堂，2010年）。

橋口昌治（はしぐち・しょうじ）**第4章**

立命館大学衣笠総合研究機構ポストドクトラルフェロー。

主　著　『税を直す』（共著，青土社，2009年），『〈働く〉ときの完全装備——15歳から学ぶ労働者の権利』（共著，解放出版社，2010年），「定着率を高める個人加盟ユニオンの戦略と構造——首都圏青年ユニオンの事例を中心に」社会政策学会編『社会政策』（第2巻第2号，ミネルヴァ書房，2010年），『若者の労働運動——「働かせろ」と「働かないぞ」の社会学』（生活書院，2011年），「メンタルヘルスに関わる労働相談をめぐる困難」『大原社会問題研究所雑誌』（642号，2012年）。

小関隆志（こせき・たかし）**第5章**

明治大学経営学部准教授。

主　著　『「都市再生」がまちをこわす——現場からの検証』（共著，自治体研究社，2004年），「アメリカ・イギリスのコミュニティ開発金融機関（CDFI）によるマイクロファイナンス」社会政策学会編『格差社会への視座』（社会政策学会誌第17号，法律文化社，2007年），「コミュニティ金融の基盤整備」塚本一郎・柳澤敏勝・山岸秀雄編著『イギリス非営利セクターの挑戦』（ミネルヴァ書房，2007年），「ソーシャル・エンタープライズとソーシャル・ファイナンス」塚本一郎・山岸秀雄編著『ソーシャル・エンタープライズ』（丸善，2008年），『金融によるコミュニティ・エンパワーメント』（ミネルヴァ書房，2011年）。

大山小夜（おおやま・さや）**第6章**

金城学院大学人間科学部准教授。

主　著　「消費者信用取引にみる法的コントロールの成立と変容——貸し手と借り手の絶えざる攻防」宝月誠・進藤雄三編著『社会的コントロール論の現在』（世界思想社，2005年），『反貧困の学校』（共著，明石書店，2008年），「多重債務の社会的世界」好井裕明・藤村正之ほか編集『現代の差別と排除　第4巻——福祉・医療における排除の多層性』（明石書店，2010年），「愛知派遣村の支援活動——貧困と排除に取り組むある地域組織のエスノグラフィー」『フォーラム現代社会学』（第10号，世界思想社，2011年），「惻隠の心——多重債務と貸金業市場のコントロールをめぐって」『現代の社会病理』（No. 26，2011年）。

金美珍（キム・ミジン）**第7章**

一橋大学大学院社会学研究科博士課程。

主　著　A Comparative Study of Non-regular Labor Movement in Japan and Korea: Focusing on Similarities and Differences of Social Movement Unionism, Master Thesis in Global Studies, 2009, Sophia University.

澤田ゆかり（さわだ・ゆかり）**第8章**

東京外国語大学大学院総合国際学研究院教授。

主　著　『植民地香港の構造変化』（編著，アジア経済研究所，1997年），「グローバル化と華南の女性」神奈川大学人文学研究所編『ジェンダーポリティクスのゆくえ』（勁草書房，2001年），「中国における労使関係の変化と社会保障の変容――コーポラティズムへの期待と現実」宇佐見耕一編『新興工業国における雇用と社会保障』（日本貿易振興機構アジア経済研究所，2007年），『高まる生活リスク――社会保障と医療（叢書・中国的問題群10）』（共著，岩波書店，2010年），「香港における貧困の高齢化――リスク社会の言説による生活保障の転換」宇佐見耕一編『新興諸国における高齢者生活保障制度』（日本貿易振興機構アジア経済研究所，2011年）。

《編著者紹介》

遠藤公嗣（えんどう・こうし）

1950年　岡山県生まれ。

1974年　東京大学経済学部卒業。

現　在　明治大学経営学部教授，経済学博士（1990年，東京大学）

主　著　『日本占領と労資関係政策の成立』（単著，東京大学出版会，1989年）。

『日本の人事査定』（単著，ミネルヴァ書房，1999年）。

『賃金の決め方——賃金形態と労働研究』（単著，ミネルヴァ書房，2005年）。

『労働，社会保障政策の転換を』（共編著，岩波書店，2009年）。

現代社会政策のフロンティア⑤

個人加盟ユニオンと労働NPO

——排除された労働者の権利擁護——

2012年6月10日　初版第1刷発行　　検印廃止

定価はカバーに
表示しています

編著者　遠　藤　公　嗣

発行者　杉　田　啓　三

印刷者　藤　森　英　夫

発行所　株式会社　ミネルヴァ書房

607-8494　京都市山科区日ノ岡堤谷町1

電話代表（075）581-5191番

振替口座　01020-0-8076番

亜細亜印刷・兼文堂

ISBN978-4-623-06358-1

Printed in Japan